Michael Seemann

Heim-Netzwerke – Tipps und Tools

Michael Seemann

Heim-Netzwerke
Tipps & Tools

Router einrichten • Daten speichern • Musik und Filme für alle

Mit 233 Abbildungen

FRANZIS

Bibliografische Information der Deutschen Bibliothek

Die Deutsche Bibliothek verzeichnet diese Publikation in der Deutschen Nationalbibliografie;
detaillierte Daten sind im Internet über http://dnb.ddb.de abrufbar.

Satz: DTP-Satz A. Kugge, München
art & design: www.ideehoch2.de
Druck: Bercker, 47623 Kevelaer
Printed in Germany

ISBN 978-3-645-60130-6

Inhaltsverzeichnis

1 Über Breitband zum Heimnetz

Unter der Bezeichnung »Heimnetz« oder auch »Heimnetzwerk« können sich nach wie vor nur wenige Menschen etwas Konkretes vorstellen. So mancher denkt dabei gleich an ein kompliziertes Firmennetzwerk, das sich nur von einer professionellen EDV-Abteilung, den sogenannten »Netzwerkern« oder »IT-lern«, beherrschen lässt. Dass dem nicht so ist, möchte Ihnen dieses kleine Buch zeigen.

Es versorgt Sie mit allen erforderlichen Grundlagen und liefert Ihnen zahlreiche Anwendungsbeispiele sowie praxisorientierte Tipps. Zudem werden Sie eine Reihe nützlicher Geräte und Anwendungen kennenlernen, die sich hervorragend für den Einsatz in Ihrem Heimnetz eignen.

Denn erfreulicherweise haben die meisten Netzwerkhersteller aus den Fehlern vergangener Jahre gelernt: Sie bieten endlich Produkte an, die speziell für den Heimanwender entwickelt wurden. Das bedeutet: Einrichtung und Bedienung eines Großteils dieser Geräte sind sehr viel einfacher und komfortabler geworden.

Damit einher geht eine weitere erfreuliche Entwicklung: die nahezu flächendeckende Verfügbarkeit von breitbandigen Onlinezugängen sowie die stark gesunkenen Gebühren für solche Anschlüsse. Auch diese Entwicklung hat maßgeblich dazu beigetragen, dass ein Anwender überhaupt erst die Möglichkeit hat, sein persönliches Heimnetz zu gestalten.

Tatsächlich ist jeder, der zu Hause einen Breitbandinternetzugang nutzt, bereits ein kleiner »(Heim-)Netzwerker«. Und besser können die Voraussetzungen eigentlich gar nicht sein.

1.1 Netzbetreiber und Weiterverkäufer

Anfangs war DSL noch nicht flächendeckend verfügbar, und die Telekom diktierte als einziger Anbieter oder »Provider« den Preis für den schnellen Onlinezugang. Schnell zogen andere Telefonnetzbetreiber nach und statteten ihr Telefonnetz ebenfalls mit DSL-Technik aus, unter anderem der ebenfalls überregional vertretene Anbieter Arcor (heute Vodafone) sowie zahlreiche kleinere, regionale Anbieter (Mnet, NetCologne etc.).

Neben den Netzbetreibern mit eigener Infrastruktur drängten kurz darauf auch sogenannte DSL-»Reseller« (deutsch: »Weiterverkäufer«) auf den boomenden Breitbandmarkt und boten ebenfalls DSL-Zugänge an. Reseller wie zum Beispiel 1&1 oder Freenet kauften größere Kontingente an DSL-Zugängen von den Netzbetreibern und gaben diese zu oft deutlich günstigeren Preisen an die Endkunden weiter. Spätestens seit diesem Zeitpunkt gingen die ursprünglich recht hohen monatlichen Kosten für einen Breitbandzugang spürbar nach unten.

Provider, Netzbetreiber und Reseller
Ein Unternehmen, das Onlinezugänge anbietet, bezeichnet man neudeutsch als **Provider**, was nichts anderes als »Anbieter« bedeutet. Bei den Providern unterscheidet man zwischen Netzbetreibern und Resellern. **Netzbetreiber** sind in der Regel Telefonnetzbetreiber, die ihre Leitungen und Anschlüsse mit DSL-Technik ausgestattet haben. Sie können somit über ihre eigene Infrastruktur Onlinezugänge bereitstellen. **Reseller** hingegen besitzen diese Infrastruktur nicht. Sie mieten stattdessen Onlinezugänge bei Netzbetreibern an und verkaufen diese dann an die Kunden weiter (engl. to resell = weiterverkaufen). Bei Problemen oder Störungen in der Zugangsinfrastruktur kann ein Reseller seinem Kunden meist nicht direkt helfen, sondern ist seinerseits auf den Support des jeweiligen Netzbetreibers angewiesen.

1.2 Breitbandzugänge in Deutschland

Laut aktuellem Jahresbericht der Bundesnetzagentur verzeichnete Deutschland im Jahr 2010 rund 26,2 Millionen fest verlegte Breitbandanschlüsse. Das sind ziemlich genau zwei Drittel (65 Prozent) aller deutschen Privathaushalte. Allein rund 23 Millionen Anschlüsse entfallen dabei auf die Verbindungstechnik DSL, was einem Marktanteil von knapp 90 Prozent bei den schnellen Festnetzanschlüssen entspricht.

Wegbereiter DSL

Mit ihrem T-DSL-Angebot läutete die Telekom eine neue Ära bei den privaten Onlinezugängen ein. Mit 768 kBit/s erreichte T-DSL eine etwa 12- bis 14-mal höhere Geschwindigkeit als die bis dahin standardmäßig genutzten Telefonverbindungen über ISDN- oder Analogmodem. Dabei verwendet DSL dasselbe Kupferkabel als Übertragungsmedium, allerdings mit einer höheren Übertragungsfrequenz. Dennoch ist DSL schon lange nicht mehr die einzige Möglichkeit, breitbandig ins Internet zu gelangen.

Onlinezugang über TV-Kabel

In Ballungsräumen, aber auch in vielen ländlichen Gebieten, haben die großen Kabelnetzbetreiber, wie beispielsweise Kabel Deutschland, Unity Media oder Kabel BW, ihr TV-Kabelnetz für die Internetnutzung ausgebaut.

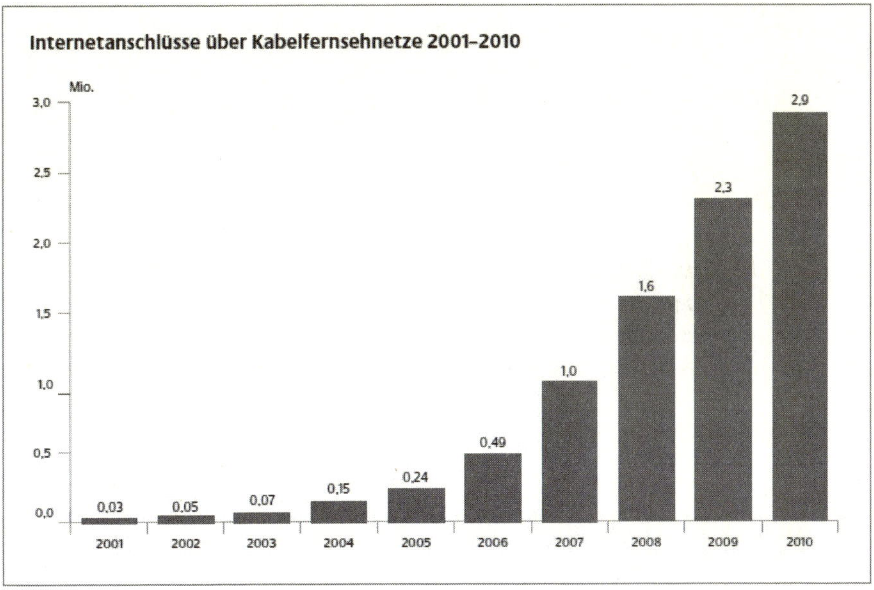

Bild 1.1: Laut Bundesnetzagentur erreichten die Breitbandanschlüsse der Kabelnetzbetreiber im Jahr 2010 einen Bestand von rund 2,9 Millionen Anschlüssen. (Quelle: Bundesnetzagentur)

Onlinezugang über den Mobilfunk UMTS

Eine weitere Möglichkeit, flott ins Internet zu kommen, ist der Zugang über den schnellen Mobilfunk UMTS. Bis vor Kurzem waren die Datentarife für Privatpersonen kaum erschwinglich oder vom Leistungsumfang her erheblich eingegrenzt, doch mittlerweile finden sich auch hier interessante Angebote. Im Gegensatz zu den Festnetzlösungen ist man beim Internetzugang via Mobilfunk komplett unabhängig von Telefon- oder TV-Kabeldosen.

Laut Bundesnetzagentur waren bis Ende des Jahres 2010 rund 4,3 Millionen (UMTS-)SIM-Karten im Umlauf, die ausschließlich zur Datenübertragung (Surfstick, UMTS-Router) verwendet wurden.

Onlinezugang via Satellit

Für alle, die weder DSL noch TV-Kabel noch UMTS nutzen wollen oder können, sei als letzte Möglichkeit die des Onlinezugangs via Satellit genannt. Diese Möglichkeit ist im Preis etwas höher und bringt gewisse Einschränkungen gegenüber den erstgenannten Zugangsarten mit sich, hat jedoch einen entscheidenden Vorteil: Satelliteninternet ist selbst in den entlegensten Gebieten Deutschlands verfügbar. Immerhin 42.000 Kunden sollen bis Ende 2010 per rückkanalfähige Satellitenschüssel online gegangen sein.

1.3 Verfügbarkeitscheck für Breitbandanschlüsse

Doch für welchen Zugang soll man sich nun entscheiden, falls man seinen Anbieter wechseln möchte oder generell eine neue schnelle Onlineanbindung sucht? Zunächst einmal ist zu klären, welche Anschlussmöglichkeiten am eigenen Wohnort verfügbar sind.

Überblick über verfügbare Breitbandzugänge

Einen Überblick über sämtliche verfügbaren Breitbandzugänge verschafft die Webseite *www.zukunft-breitband.de.*

1. Rufen Sie die Webseite in Ihrem Browser auf und klicken Sie in der Menüleiste links auf die Rubrik *Breitbandatlas.* In dem sich nun öffnenden Untermenü gehen Sie auf *Breitbandsuche.*

Bild 1.2: Der Breitbandatlas ist ein guter Einstieg für die Suche nach Anschlussmöglichkeiten.

2 Eine Deutschlandkarte wird angezeigt. Tragen Sie im Eingabefeld oben links direkt über der Karte den Namen Ihres Wohnorts oder Ihre Postleitzahl ein. In der Legende am rechten Kartenrand können Sie zwischen den Zugangstechnologien *Drahtlos* (z. B. UMTS) und *Leitungsgebunden* (z. B. DSL, TV-Kabel) wählen. Setzen Sie die Auswahl zunächst auf *Leitungsgebunden.*

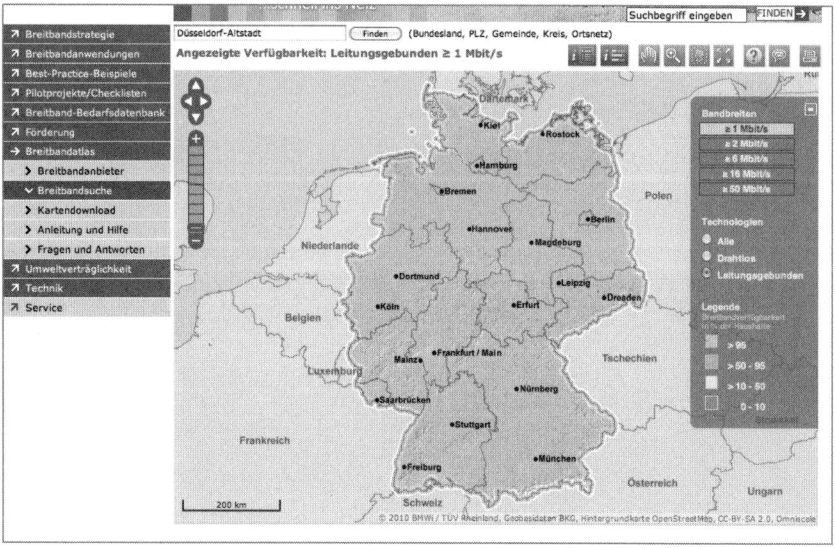

Bild 1.3: Tragen Sie links oben Ihre Postleitzahl oder Ihren Wohnort ein.

3. Belassen Sie die Bandbreite auf dem voreingestellten Wert von ≥ *1 Mbit/s*. Nach einem Klick auf die Schaltfläche *Finden* erscheint ein Kartenausschnitt der gewählten Region (in unserem Beispiel ist es die Region um Düsseldorf).

4. Der Kartenausschnitt zeigt anhand von kleinen, unterschiedlich gefärbten Quadraten, ob und mit welcher prozentualen Wahrscheinlichkeit ein Anschluss für einen Haushalt jeweils verfügbar ist.

5. Mithilfe des Lupensymbols oder des Vergrößerungsreglers können Sie recht weit in die Karte hineinzoomen, bis Sie schließlich das Straßennetz erkennen. Auf diese Weise lässt sich der Standort Ihres Hauses oder Ihrer Wohnung sehr genau eingrenzen.

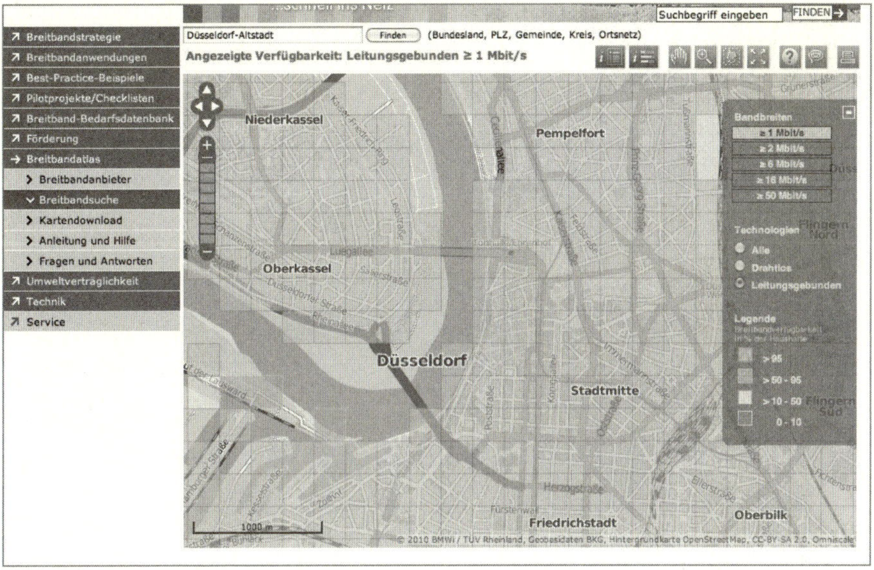

Bild 1.4: Die Genauigkeit der Breitbandatlaskarte geht bis auf Straßenebene.

In unserem Beispiel (Düsseldorf) ist die Verfügbarkeit von Breitband ab einer Übertragungsrate von 1 MBit/s nahezu vollständig gegeben. Jeder Haushalt, der sich innerhalb eines gelben Quadrats befindet, kann mit mindestens 95-prozentiger Wahrscheinlichkeit kabelgebundenes Breitband (DSL, TV-Kabel) mit mindestens 1 MBit/s erhalten.

Dieses Bild ändert sich natürlich von Region zu Region und auch, wenn Sie in der Legende rechts mit der Mindestbandbreite nach oben gehen, zum Beispiel auf einen Wert von ≥ *6 Mbit/s.* Dadurch lässt sich jedoch rasch ermitteln, welche Bandbreite oder »Download-Geschwindigkeit« bei Ihnen zu Hause mindestens verfügbar ist.

Mögliche Anbieter am Wohnort finden

Ist die Verfügbarkeit erst geklärt, möchten Sie sicher wissen, welche Anbieter oder Provider denn überhaupt an Ihrem Wohnort einen Breitbandanschluss anbieten. Hierzu bietet der Breitbandatlas eine besonders komfortable Funktion:

1. Fahren Sie mit dem Mauszeiger oberhalb der Karte auf das erste Symbol von links (es enthält ein *i* und eine Liste). Das Symbol steht für *Abfrage Breitband-*

anbieter. Sobald Sie auf das Symbol klicken, ändert es seine Farbe. Damit ist die Funktion aktiviert. Klicken Sie auf das Symbol und anschließend auf das Quadrat in der Karte, in dem sich Ihr Wohnsitz befindet.

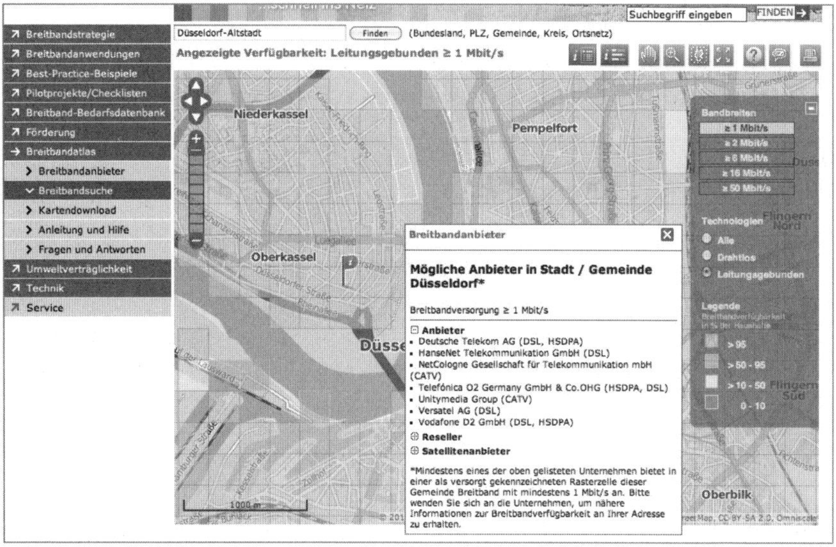

Bild 1.5: Über das Auswahlfeld *i* markieren Sie Ihren Wohnsitz mit einem Fähnchen. Mithilfe der Abfragefunktion werden alle vor Ort verfügbaren Breitbandanbieter aufgelistet.

2 In dem gewählten Quadrat ist nun ein kleines Fähnchen mit einem *i* zu sehen. Wenige Augenblicke später werden in einem Pop-up-Fenster unter *Breitbandanbieter* alle Provider aufgelistet, die an Ihrem Standort Onlinezugänge anbieten.

Falls Sie den neuen Internet Explorer 9 verwenden und Probleme mit der Darstellung oder den Funktionen des Breitbandatlas haben, aktivieren Sie den Kompatibilitätsmodus Ihres Browsers. Klicken Sie dazu im Adressfeld des Internet Explorer auf das kleine Symbol, das wie eine zerrissene Seite aussieht. Im Anschluss aktualisiert sich die Seite und sollte nun korrekt dargestellt werden.

In fast allen Regionen Deutschlands stehen meist mehrere breitbandige Zugangsmöglichkeiten bereit. Um Ihnen die Entscheidung zu erleichtern, gehe ich im folgenden Abschnitt auf die wichtigsten überregional verfügbaren Breitbandzugänge ein.

1.4 DSL: Breitband über Telefondraht

Die Verbindungstechnik DSL überträgt Daten über die Telefonleitung (Kupferkabel) zwischen der Telefondose im Haushalt und der Vermittlungsstelle des Netzbetreibers. Die Leitung diente ursprünglich nur für Telefonate. Da jeder Haushalt in Deutschland über einen Telefonanschluss verfügt, könnte (theoretisch) auch jeder einen Breitbandanschluss über DSL nutzen. Dass dem nicht so ist, liegt unter anderem daran, dass es in einigen dünner besiedelten Regionen nach wie vor Vermittlungsstellen gibt, die nicht mit DSL-Technik aufgerüstet sind.

Außerdem spielt die Entfernung zur Vermittlungsstelle eine wichtige Rolle. Je länger das Kabel, desto höher die Dämpfung und desto geringer die maximal mögliche Übertragungsrate. Ist die Dämpfung zu hoch, kommt gar keine Verbindung mehr zustande, was vor allem abseits gelegene Haushalte betrifft.

Infos zur genauen Verfügbarkeit

Wer nun wissen möchte, ob DSL auch tatsächlich in seinem Haushalt verfügbar ist, sollte zunächst den oben bereits beschriebenen Breitbandatlas zurate ziehen. Im Anschluss empfiehlt sich der Besuch der einzelnen über den Breitbandatlas ermittelten Provider-Webseiten.

Auf den Webseiten der jeweiligen Breitbandanbieter helfen Ihnen weitere Verfügbarkeitschecks dabei, die vor Ort verfügbare Bandbreite bereits recht genau zu ermitteln. Hierzu geben Sie entweder Ihre Adresse oder Ihre aktuelle Festnetztelefonnummer ein.

In der Regel erhält man diese wichtige Information auch mit einem Anruf bei den meist kostenlosen Service-Hotlines der Provider.

Sind an Ihrem Wohnort neben der Telekom noch weitere DSL-Netzbetreiber verfügbar, zum Beispiel Telefonica/O2/Alice, Vodafone oder ein regionaler Netzbetreiber, sollten Sie alle Verfügbarkeitstests nacheinander durchprobieren. Die installierte DSL-Technik zweier Netzbetreiber in einer Vermittlungsstelle kann unterschiedlich alt sein, deshalb liefert Betreiber A möglicherweise höhere Bandbreiten als Betreiber B.

Die Qual der Tarifwahl

Ist DSL bei Ihnen zu Hause verfügbar, haben Sie die Auswahl zwischen den verschiedensten Vertragsmodellen. Da wären zunächst mal die Rundum-sorglos-Pakete mit DSL- plus Telefon-Flatrate inklusive Hardware (DSL-Modemrouter) und noch einem Handyvertrag dazu.

Bild 1.6: 1&1 bietet als führender DSL-Reseller kostengünstige DSL-Komplettpakete inklusive hochwertiger Hardware – bei 24-monatiger Vertragslaufzeit. (*www.1und1.de*, Stand April 2011)

Solche Komplettpakete inklusive Hardware wollen allerdings auch finanziert werden und binden den Kunden in der Regel 24 Monate an den Provider. Nur wer sich relativ sicher ist, dass er in den kommenden zwei Jahren seinen Wohnort nicht wechselt, sollte ein Angebot mit einer so langen Laufzeit wählen.

Erfreulicherweise bieten immer mehr DSL-Provider Verträge mit kürzeren Laufzeiten an. Hier gibt's dann die Hardware (DSL-Modemrouter) allerdings nicht ganz umsonst, die Zusatzleistungen sind nicht ganz so üppig, oder es wird eine zusätzliche Einrichtungsgebühr erhoben, die bei Verträgen mit längerer Laufzeit entfällt.

Der Provider Alice (*www.alice-dsl.de*) beispielsweise lässt seinen Kunden die freie Wahl zwischen Verträgen mit 24 Monaten Mindestlaufzeit und solchen ohne Mindestlaufzeit. Letztere kann der Kunde monatlich vier Wochen zum Monatsende hin kündigen.

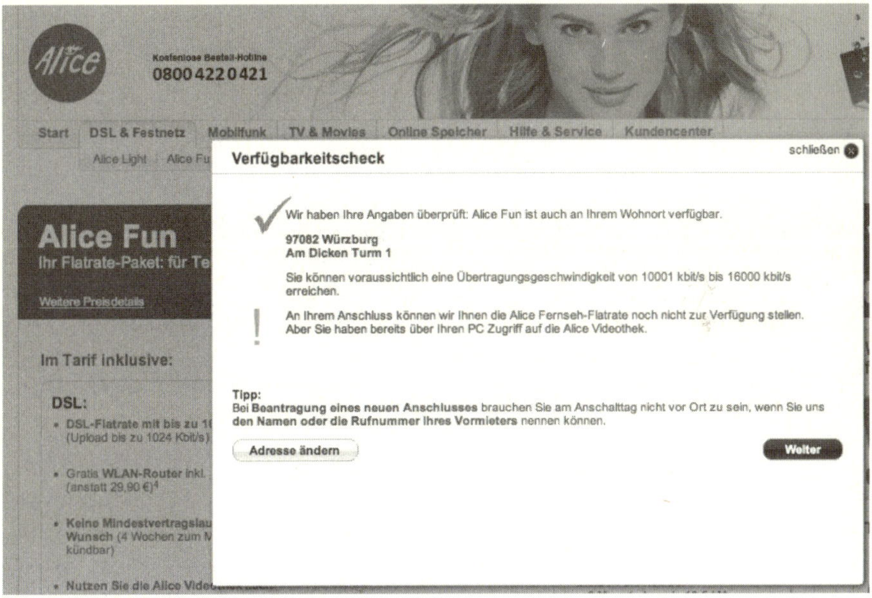

Bild 1.7: Der Verfügbarkeitscheck des DSL-Anbieters Alice (O2/Telefonica) liefert bereits recht genaue Angaben zur verfügbaren Übertragungsrate – *www.alice-dsl.de.*

Jeder DSL-Provider bietet neben dem Datenzugang auch immer einen Telefonanschluss an. Der Trend geht hier allerdings klar vom Festnetzanschluss (PSTN, ISDN) hin zur Internettelefonie (VoIP). Ein VoIP-Anschluss ist für den Provider kostengünstiger zu managen, hat aber nach wie vor mit diversen Qualitätsmängeln zu kämpfen.

Schließlich finden sich auch DSL-Provider, wie beispielsweise der regionale Netzbetreiber Mnet, die neben den herkömmlichen Tarifen auch einen reinen DSL-Datenanschluss ohne Telefonie anbieten.

(A)DSL-Geschwindigkeiten

Mit dem aktuellen Verbindungsstandard ADSL2+ lassen sich übers Kupferkabel Download-Raten von bis zu 16 MBit/s (16.000 kBit/s) erreichen. Das gilt jedoch nur für Anschlüsse, die relativ nahe an der Vermittlungsstelle liegen oder – genauer gesagt – bei denen das Verbindungskabel möglichst kurz ist.

Außerdem muss neben dem DSL-Modem zu Hause auch die Hardware in der Vermittlungsstelle – die sogenannten DSLAMs – mit ADSL2+ ausgestattet sein. Dies kann, wie schon angesprochen, der Grund dafür sein, dass Sie über dasselbe Kupferkabel von Netzbetreiber A (DSLAM mit ADSL2+) eine größere Bandbreite erhalten als von Netzbetreiber B (DSLAM mit ADSL/ADSL2).

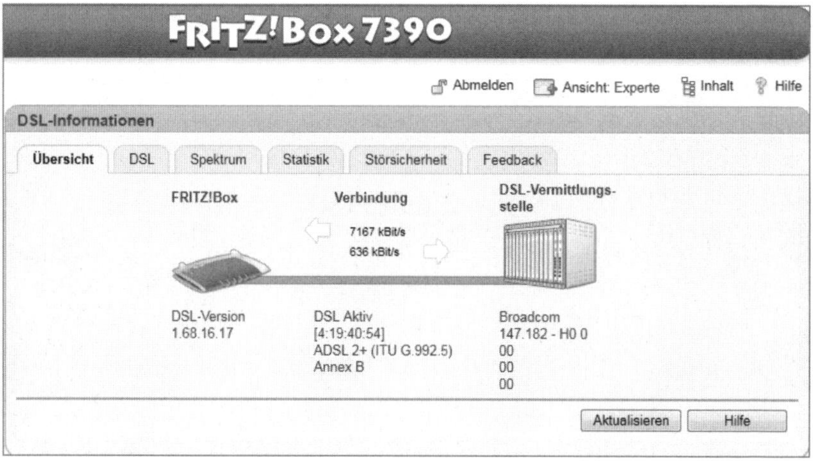

Bild 1.8: Die FRITZ!Box-Router von AVM zeigen die maximal verfügbaren Down- und Upload-Geschwindigkeiten an.

Die Kosten für einen DSL-Zugang mit einer Bandbreite bis maximal 16 MBit/s (= 16.000 kBit/s) sowie einem unbegrenzten Daten- und Zeitvolumen (der sogenannten Flatrate) betragen ab etwa 20 Euro im Monat (Stand Juni 2011).

Hochgeschwindigkeits-DSL

Die maximale Übertragungsrate für Privathaushalte liegt beim Einsatz der VDSL-Technologie derzeit bei 50 MBit/s. Allerdings muss der Netzbetreiber (in der Regel die Telekom) dazu die Verbindungsstrecken zwischen der Vermittlungsstelle und der Telefondose beim Kunden entsprechend nachrüsten.

Der VDSL-Ausbau ist allerdings recht aufwendig, da hier über Teilstrecken Glasfaserkabel neu verlegt und vorhandene Kabelverzweiger mit sogenannten »Outdoor-DSLAMs« nachgerüstet werden müssen. Derartige Investitionen tätigt die Telekom derzeit jedoch nur in dicht besiedelten Regionen, sprich: Großstädten.

Verfügbarkeit und Ausbaustatus von VDSL lassen sich auf der Homepage der Telekom abfragen.

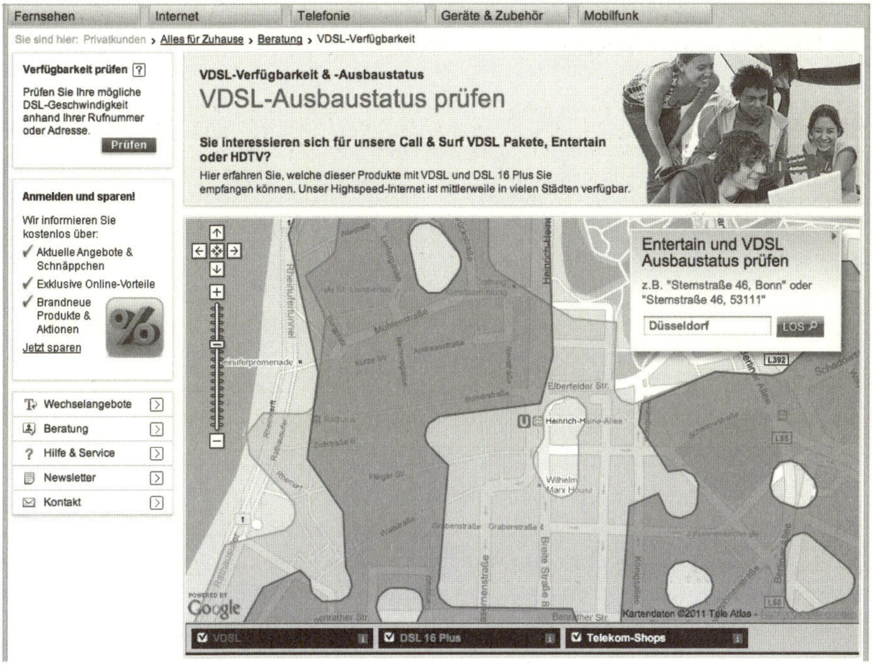

Bild 1.9: Der Ausbau von VDSL wird aktuell nur in einigen Großstädten vorangetrieben – *www.telekom.de.*

Der nächste Schritt – Glasfaser bis zum Haus

Für die nächste Geschwindigkeitsstufe nach VDSL wird das Kupferkabel komplett durch die Glasfaser ersetzt. Hier sind dann Übertragungsraten von 100 bis 200 MBit/s im Download und unglaublichen 50 bis 100 MBit/s im Upload möglich.

Das bedeutet allerdings: Von der Vermittlungsstelle bis zum Haus oder der Wohnung des Kunden müssen Glasfaserkabel verlegt werden. Darum nennt sich diese Verbindungstechnik auch FTTH, die Abkürzung für den englischen Begriff »Fiber To The Home«, was sich mit »Glasfaser (bis) nach Hause« übersetzen lässt.

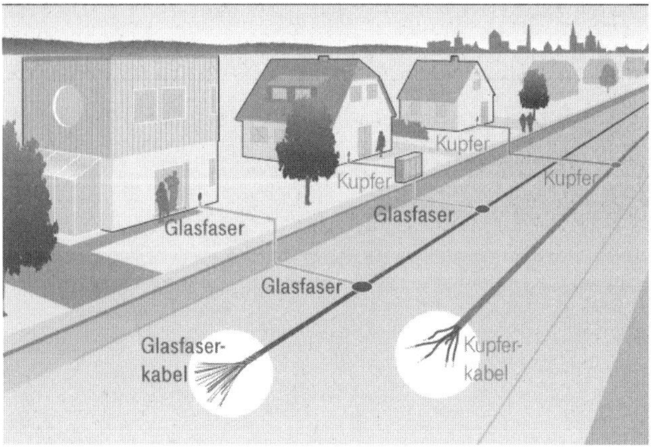

Bild 1.10: Für FTTH müssen Glasfaserkabel bis ins Haus des Kunden verlegt werden. (Quelle: *www.telekom.de*)

Die Telekom will bereits 2011 die ersten Haushalte an ihr neues Glasfasernetz anschließen. Andere regionale Netzbetreiber, wie zum Beispiel Mnet oder NetCologne, haben bereits ein FTTH-Netz in Betrieb.

Riskieren Sie einen Blick auf die Infoseiten der Netzbetreiber (z. B. *www.telekom.de/glasfaser* oder *www.m-net.de/glasfaser_dsl*), auch wenn die Chancen momentan eher gering sind, dass Sie selbst in einem der genannten Ausbaugebiete wohnen. Leider sind FTTH-Zugänge momentan nur in wenigen Regionen Deutschlands verfügbar (Stand Juni 2011).

1.5 Kabelanschluss: Internet aus der TV-Dose

Wer sein Fernsehprogramm über TV-Kabel bezieht, hat gute Chancen, über dasselbe Kabel auch einen breitbandigen Internetzugang zu erhalten. Voraussetzung hierbei ist ein vorhandener Rückkanal. Denn über das ursprüngliche TV-Kabelnetz ließen sich Informationen nur in eine Richtung übertragen, nämlich vom Sender zum Empfangsgerät. Für den Zugang ins Internet ist jedoch auch der Weg zurück, also vom Anwender zum Kabelnetzbetreiber, zwingend erforderlich.

Inzwischen haben die Kabelnetzbetreiber ihr Netz weitgehend rückkanalfähig ausgebaut. Auf deren Homepages finden sich entsprechende Verfügbarkeitschecks, zudem geben kostenlose Telefon-Hotlines Auskunft.

Bild 1.11: Die Kabelnetzbetreiber bieten als überregional verfügbare Anbieter recht attraktive Bandbreitenpreise an. (*www.kabeldeutschland.de*, Stand Juni 2011)

Während DSL-Anbieter fast immer als gegenseitige Konkurrenten auftreten, ist der Einflussbereich der Kabelnetzbetreiber regional klar abgegrenzt. Verfügt man über einen Kabelanschluss, ist man automatisch Kunde des regionalen Kabelanbieters – eine Alternative wie bei DSL gibt nicht. Das reduziert natürlich die Angebotsvielfalt ganz erheblich.

Allerdings haben die großen Kabelnetzbetreiber, allen voran Kabel Deutschland, ihr eigenes Produktportfolio ganz erheblich erweitert. Der Kunde kann wählen zwischen den Tarifen für Internet und Telefon, nur Telefon, nur Internet sowie für zusätzliche Kombinationen mit Fernsehen und Mobilfunk. Zudem kann man sich jeweils noch zwischen 6, 32 und 100 MBit/s Download-Rate entscheiden.

Im Gegensatz zum dünnen, schlecht abgeschirmten DSL-Kupferkabel ermöglicht das qualitativ hochwertige, gut abgeschirmte TV-Kabel sehr hohe Übertragungsraten von derzeit bis zu 100 MBit/s im Download.

Bild 1.12: Aus der oberen Buchse eines digitalen Kabelanschlusses sprudeln aktuell bis zu 100 MBit Daten pro Sekunde. (Quelle: *www.kabeldeutschland.de*)

Wer den Kabelanschluss ausschließlich als Internetzugang (mit und ohne Telefon) nutzt, muss keine Gebühren fürs TV-Programm des Kabelbetreibers zahlen.

So bietet Kabel Deutschland allen Kunden, die nur ihren Breitbandanschluss, nicht jedoch ihr TV-Programm übers Kabel nutzen möchten, auch einen reinen Onlineanschluss an. Die monatliche Grundgebühr für einen solchen Internetanschluss mit 100 MBit/s im Download und 6 MBit/s im Upload beläuft sich derzeit im ersten Jahr auf monatlich 20 Euro, im zweiten Jahr auf 40 Euro – bei einem Jahr Mindestvertragslaufzeit.

Anstelle eines DSL-Modems benötigt man beim Internetzugang via TV-Kabel ein Kabelmodem, das vom Anbieter gestellt wird. An das Modem kann man beispielsweise einen WLAN-Router anschließen, der den Onlinezugang auf mehrere PCs, Notebooks und andere Geräte überall in der Wohnung verteilt. Wer statt zwei Geräten lieber nur eines im Wohnzimmer herumstehen haben möchte, kann inzwischen auf WLAN-Router zurückgreifen, die bereits ein integriertes Kabelmodem haben.

Bild 1.13: Alles in einer Kiste: AVMs FRITZ!Box 6360 ist ein WLAN-Router mit integriertem Kabelmodem, Telefonanlage und DECT-Basisstation. (Quelle: *www.avm.de*)

1.6 Breitbandzugang über Satellit

Im Vergleich zu DSL und Kabel hat der Internetzugang per Satellit einen entscheidenden Vorteil: Er ist flächendeckend verfügbar – selbst in den abgelegensten Regionen. Vor einigen Jahren waren für den Privatbereich nur Sat-Angebote erschwinglich, bei denen der Downstream (Empfang) über Satellitenschüssel, der Upstream jedoch über einen alternativen Kanal, in der Regel die Telefonleitung (ISDN), realisiert wurde.

Inzwischen haben sich im Privatbereich die rückkanalfähigen Satellitenschüsseln durchgesetzt, auch als Zwei-Wege-Systeme bezeichnet, deren Antenne nicht nur empfangen, sondern auch senden kann. Hier stehen dann schnellere Upload-Raten zur Verfügung.

Im Vergleich zu den zuvor genannten Zugangsarten ist Internet via Satellit in der Anschaffung erheblich teurer, was vor allem an den hohen Investitionskosten für die Hardware liegt (Schüssel, Antenne, Befestigungen, Kabel, Sat-Modem etc.). Hier werden einmalig 200 Euro oder mehr fällig.

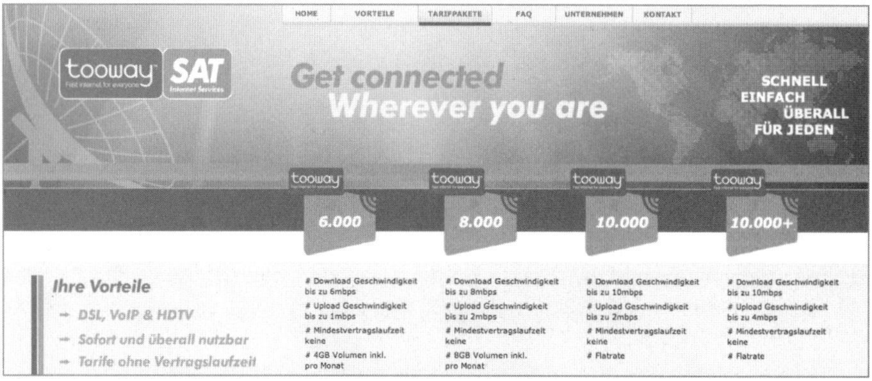

Bild 1.14: tooway SAT startet mit 6 MBit/s bereits für 30 Euro im Monat. Allerdings liegen die Anschlusskosten bei 200 Euro, und die Geschwindigkeit sinkt nach 4 GByte Datentransfer – *http://de.toowaysat.com.*

In der Regel werden keine echten Flatrates angeboten, sondern die Bandbreite wird nach Überschreiten eines bestimmten Monatsvolumens gedrosselt. Ähnliches gilt für die sogenannte Fair-Use-Flatrate, bei der die Bandbreite des Vielnutzers einem internen Punktesystem folgend gegenüber der Bandbreite des Wenignutzers herabgesetzt wird.

Die Installation des Satellitensystems ist nicht unbedingt einfach, da die Schüssel eben nicht nur empfängt, sondern über den Rückkanal auch treffsicher senden muss. Deshalb empfiehlt es sich, die Installation und Ausrichtung der Satellitenschüssel von Profis durchführen zu lassen. Diese Kosten sollten ebenfalls mit einberechnet werden.

Weite Wege

Die Entfernungen, die die Daten beim Satelliteninternet zurücklegen müssen, sind enorm. So wird eine Anfrage des Anwenders zunächst von der Erde zum Satelliten und dann wieder zurück zur Bodenstation und von dort ins Internet übertragen. Die Antwort auf die Anfrage wird auf demselben Weg zurückgeschickt, muss also erneut zweimal die Strecke Erde – Satellit zurücklegen, bis die Daten schließlich beim Anwender landen.

Aus diesem Grund eignet sich Breitband per Satellit nicht für Anwendungen, die eine Übertragung mit geringer Verzögerung erfordern, wie zum Beispiel Onlinespiele oder Internettelefonie (VoIP). Umso unverständlicher, dass manche Sat-Provider VoIP, die Telefonie übers Internet, als zusätzliche Option anbieten.

Bild 1.15: Alle Astra-Provider listet die Seite *www.astra2connect.de* auf.

Astra oder Eutelsat?

Aktuell gibt es in Deutschland etwa ein halbes Dutzend Anbieter für Satelliteninternet, die über Eutelsat oder SES Astra senden. Die höheren Bandbreiten bieten seit dem Frühjahr 2011 die Eutelsat-Provider (siehe *www.tooway.de/kauf*) über den erst kürzlich in die Umlaufbahn geschossenen High-Throughput-Satelliten KA-SAT.

KA-SAT kann Download-Raten bis zu 10 MBit/s und Uploads bis zu 4 MBit/s liefern. Die monatlichen Grundgebühren beginnen bei 30 Euro bei einem Downstream von 6 MBit/s (Upstream: 1 MBit/s) und 4 GByte ungedrosseltem Transfervolumen.

Astra-Provider (siehe *www.astra2connect.de*) bieten derzeit maximal 4 MBit/s im Download und 256 kBit/s im Upload. Die monatlichen Grundgebühren für diese Bandbreite und 4 GByte ungedrosseltem Transfervolumen beginnen bei 60 Euro.

1.7 UMTS: Der mobile Onlinezugang

Mittlerweile ist auch der Mobilfunkstandard UMTS samt seiner schnellen Variante HSPA (»High Speed Packet Access«) in Deutschland so weit ausgebaut, dass er als Breitbandzugang genutzt werden kann. Bis zu 3,6 MBit/s, teilweise sogar 7,2 MBit/s im Downstream sind in Mobilfunknetzen mit aktivierter HSPA-Technik derzeit möglich.

Doch ebenso wie bei DSL oder Kabel hängt auch die Verfügbarkeit von UMTS/HSPA von den verantwortlichen Netzbetreibern und deren Ausbaustrategien ab. Selbstverständlich sind Ballungsräume und generell dicht besiedelte Regionen meist hervorragend versorgt. In dünner besiedelten Regionen oder kleineren Ortschaften kann es aber durchaus sein, dass das GSM-Netz für Handytelefonie zwar vorhanden, die Umrüstung der Antennen auf HSPA aber noch nicht erfolgt ist.

Verfügbarkeit

Wer prüfen will, ob UMTS in der näheren Umgebung verfügbar ist und mit welcher Geschwindigkeit in etwa zu rechnen ist, kann auch hier für einen ersten Überblick im Breitbandatlas unter *www.zukunft-breitband.de* nachsehen. Hier lässt sich zum Beispiel ermitteln, welcher Mobilfunknetzbetreiber überhaupt mit einem HSPA-Netz verfügbar ist. Wählen Sie dazu unter *Technologien* die Einstellung *Drahtlos*.

Bild 1.16: Das Kürzel HSDPA in Klammern hinter dem Anbieter zeigt an, dass der schnelle Mobilfunk in der gewählten Region verfügbar ist.

Sehr häufig wird anstelle von HSPA das erweiterte Kürzel HSDPA verwendet. Das »D« in der Mitte steht dabei für »Downlink« und gibt an, dass damit die maximale Datenrate vom Internet zum Anwender (bzw. UMTS-Modem) gemeint ist. Dementsprechend steht das »U« im Kürzel HSUPA für »Uplink« und meint die Datenrate vom Anwender (UMTS-Modem) zum Internet.

Verbreitungskarten der Mobilfunkbetreiber

Noch genauere Informationen zur Verfügbarkeit bieten die Netzausbaukarten der Mobilfunkbetreiber. Die entsprechenden Verbreitungskarten für UMTS/HSPA stellen die vier Mobilfunknetzbetreiber T-Mobile, Vodafone, O2 und E-Plus jeweils auf ihrer Homepage bereit.

Netzbetreiber	URL
T-Mobile	*www.t-mobile.de/funkversorgung*
Vodafone	*www.vodafone.de/privat/hilfe-support/netzabdeckung.html*
O2	*www.o2online.de/nw/support/mobilfunk/netz/netzabdeckung.html*
E-Plus	*http://eis03sn1.eplus-online.de/geo/portal/umts*

Ist einer dieser vier großen Mobilfunknetzbetreiber T-Online, Vodafone, O2 oder E-Plus an einem Standort nicht per UMTS (HSPA) verfügbar, wirkt sich das eins zu eins auch auf alle Reseller-Mobilfunkprovider aus, die auf diesem Netz aufsitzen. Ein Beispiel: Der Mobilfunk-Reseller XYZ greift für seinen Datentarif auf das Vodafone-Netz zurück. Bietet Vodafone in einer bestimmten Region nur UMTS-Abdeckung (384 kBit/s), muss sich logischerweise auch der Vodafone-Reseller-Kunde mit dieser vom Netzbetreiber vorgegebenen Geschwindigkeit begnügen. Dasselbe gilt natürlich ebenfalls für die Reseller der Mobilfunknetze von T-Mobile, O2/Telefonica und E-Plus.

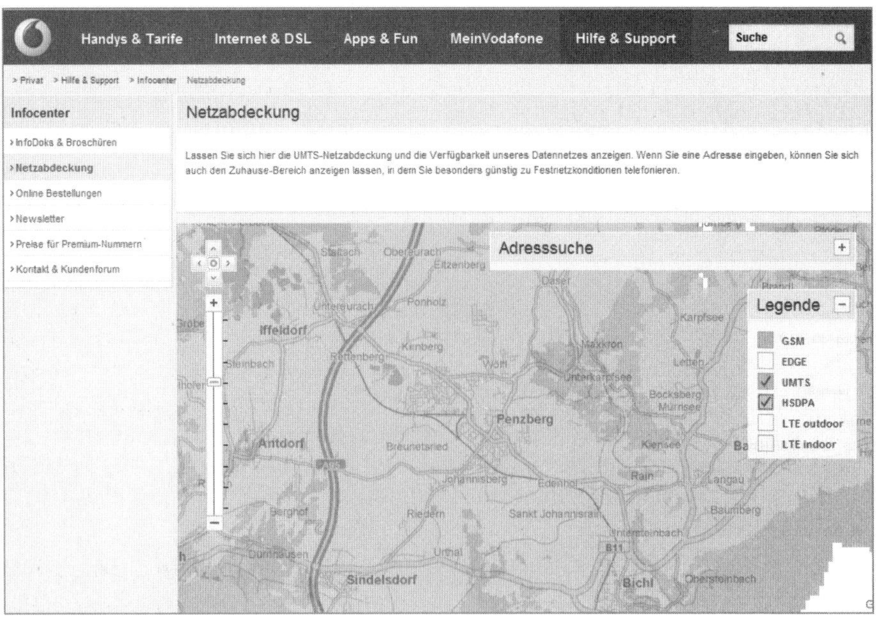

Bild 1.17: Vodafone bietet in der angezeigten Region eine nahezu flächendeckende Versorgung mit der schnellen Mobilfunktechnik HSPA – *www.vodafone.de.*

Der Haken an der (Mobilfunk-)Flatrate

Im Gegensatz zu den fest installierten Breitbandzugängen DSL und Kabel bietet der Onlinezugang über Mobilfunk keine echte Flatrate, auch wenn die Tarife mit Flatrate oder Monatsflat beworben werden. Sie zahlen eine Monatspauschale und erhalten dafür ein bestimmtes monatliches Datenvolumen (zum Beispiel 5 GByte).

Dieses Datenvolumen können Sie bei maximal möglicher Download-Geschwindigkeit (z. B. 7,2 MBit/s) nutzen. Ist es jedoch vor Ablauf des Monats aufgebraucht, wird Ihr schneller Mobilzugang bis Monatsende auf GPRS-Geschwindigkeit (64 kBit/s) gedrosselt. Immerhin müssen Sie keine Mehrkosten fürchten. Je nach eingeschlossenem Volumen und maximaler Download-Geschwindigkeit liegen die Monatsgebühren solcher Tarife zwischen 10 und 25 Euro.

Bild 1.18: Dieser Mobilfunkprovider bietet eine 5-GByte-Flatrate bereits ab 15 Euro im Monat an.

Wer also mit dem Gedanken spielt, sein Heimnetz per UMTS/HSPA mit dem Internet zu verbinden, sollte sich darüber klar sein, dass eine Traffic-intensive Onlinenutzung (Film-Downloads, IP-TV etc.) damit nicht möglich ist. Wer hingegen seinen Onlinezugang vornehmlich zum Surfen oder zum Aktualisieren des Virenscanners verwendet, kann mit 5 GByte auskommen.

UMTS-Datentarife

Grundsätzlich lassen sich alle auf dem Markt verfügbaren mobilen Datentarife in zwei Gruppen unterteilen: die reinen Datentarife für Notebooks und die gemischten Daten-/Telefontarife für Smartphones. Für das Heimnetz interessieren uns nur die reinen Datentarife.

Reine Datentarife werden meist in Verbindung mit sogenannten Surfsticks angeboten. Ein Surfstick ist dabei nichts anderes als ein handliches UMTS-oder HSPA-Modem. Ähnlich wie ein DSL-Modem kann es auf Wunsch eine Onlineverbindung herstellen, sobald es in den USB-Port eines Rechners eingesteckt wird. Das funktioniert jedoch nur dann, wenn sich in dem Surfstick eine gültige, aktivierte SIM-Karte befindet.

Wie kommt UMTS ins Heimnetz?

Das Praktische an einem Surfstick: Er ist klein und lässt sich zudem an verschiedene Rechner anschließen. Hier liegt auch der entscheidende Vorteil von UMTS gegenüber DSL oder Kabel: Ist man mit Note- oder Netbook unterwegs, hat man seinen Breitbandzugang immer dabei. Wer viel unterwegs ist, wird diesen Vorteil zu schätzen wissen.

Und auch im Heimnetz lässt sich solch ein UMTS-Zugang einsetzen. Zum einen gibt es WLAN-Router mit integriertem UMTS-Modem. An anderen Routern wiederum kann der Onlinezugang über Mobilfunk ganz einfach nachgerüstet werden, indem man einfach den UMTS-Surfstick an einen entsprechend konfigurierten USB-Port am Router einsteckt.

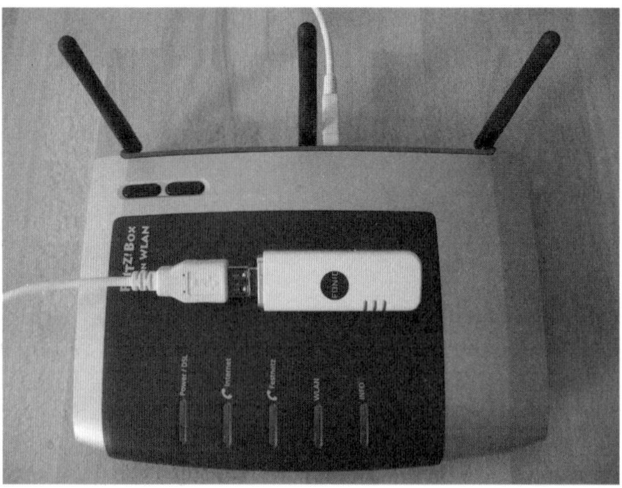

Bild 1.19: Manche Heimnetzrouter mit USB-Schnittstelle, wie diese FRITZ!Box 7270 von AVM, können eine Onlineverbindung zur Not auch per UMTS bereitstellen.

Heimnetz per Mobilfunk

Der folgende Workshop beschreibt, wie Sie einen Surfstick an die FRITZ!Box Fon WLAN 7270 anschließen und eine Onlineverbindung via Mobilfunk herstellen. Auf diese Weise können Sie den Breitbandzugang Ihres Surfsticks, der ja sonst immer nur einem Gerät zur Verfügung steht, mit allen Geräten teilen, die über Kabel oder WLAN mit der FRITZ!Box verbunden sind.

FRITZ!Box mit UMTS-Stick: Vorbereitung

Bevor Sie Ihr FRITZ!Box-Modell mit einem UMTS-Surfstick verbinden, sind noch einige Vorbereitungen zu treffen. Für diese Vorbereitungen benötigen Sie einen bestehenden Onlinezugang. Stecken Sie Ihren Surfstick also erst einmal in Ihr Notebook ein.

1. **UMTS-Stick und FRITZ!Box kompatibel?**
   Prüfen Sie zunächst, ob Ihr Surfstick/UMTS-Modem überhaupt von AVM unterstützt wird. Eine Liste der Surfsticks, die von AVM auf Kompatibilität getestet wurden, finden Sie unter *http://tinyurl.com/49sq2gv*.

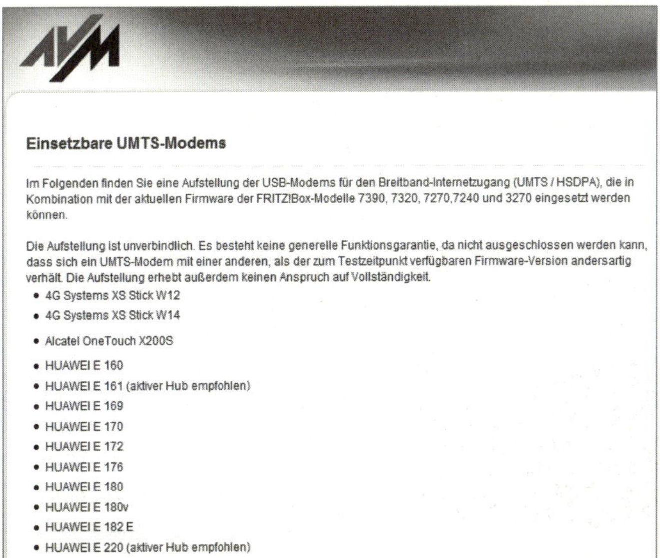

Einsetzbare UMTS-Modems

Im Folgenden finden Sie eine Aufstellung der USB-Modems für den Breitband-Internetzugang (UMTS / HSDPA), die in Kombination mit der aktuellen Firmware der FRITZ!Box-Modelle 7390, 7320, 7270,7240 und 3270 eingesetzt werden können.

Die Aufstellung ist unverbindlich. Es besteht keine generelle Funktionsgarantie, da nicht ausgeschlossen werden kann, dass sich ein UMTS-Modem mit einer anderen, als der zum Testzeitpunkt verfügbaren Firmware-Version andersartig verhält. Die Aufstellung erhebt außerdem keinen Anspruch auf Vollständigkeit.

- 4G Systems XS Stick W12
- 4G Systems XS Stick W14
- Alcatel OneTouch X200S
- HUAWEI E 160
- HUAWEI E 161 (aktiver Hub empfohlen)
- HUAWEI E 169
- HUAWEI E 170
- HUAWEI E 172
- HUAWEI E 176
- HUAWEI E 180
- HUAWEI E 180v
- HUAWEI E 182 E
- HUAWEI E 220 (aktiver Hub empfohlen)
- HUAWEI E 270 (aktiver Hub empfohlen)

Bild 1.20: AVM hat eine Reihe von UMTS-Modems auf Kompatibilität mit der FRITZ!Box getestet.

Beachten Sie auch, dass AVM den Anschluss eines Surfsticks nur bei seinen FRITZ!Box-Modellen 7390, 7320, 7270, 7240 und 3270 unterstützt. Die Modellbezeichnung Ihrer FRITZ!Box finden Sie auf der Geräteunterseite.

2. **Firmware-Update durchführen**
Führen Sie, falls erforderlich, ein Update auf die aktuelle Firmwareversion Ihrer FRITZ!Box durch. Ist Ihre FRITZ!Box gerade mit dem Internet verbunden, lässt sich das mit einem Knopfdruck erledigen. Alternativ stellt AVM die aktuelle Firmware für jedes einzelne Modell auch als Datei-Download bereit.

3. **UMTS-Zugangsdaten ermitteln**
Suchen Sie auf der Homepage Ihres Mobilfunkanbieters nach den UMTS-Zugangsdaten, mit denen sich die FRITZ!Box dann über den Surfstick ins Mobilfunknetz einwählt. Wichtig ist hier vor allem der Name des Zugangspunkts, auch »APN« genannt. Manchmal sind auch eine Einwahlnummer, ein Benutzername sowie ein Kennwort erforderlich. Notieren Sie sich die Zugangsdaten oder drucken Sie sie aus. Der UMTS-Anbieter Fonic beispielsweise verlangt nur nach dem Namen des Zugangspunkts (APN).

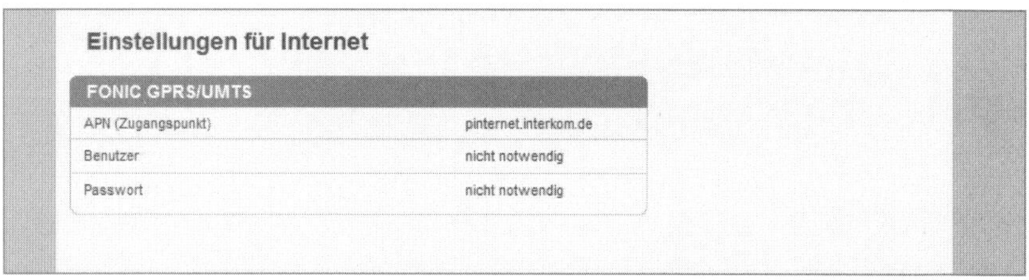

Bild 1.21: Jeder Mobilfunkprovider listet auf seiner Homepage die UMTS-Zugangsdaten auf.

Wo finde ich die Zugangsdaten für meinen UMTS-Datentarif?
Jeder Mobilfunkanbieter hinterlegt seine UMTS-Zugangsdaten auf der eigenen Homepage. Meist finden sie sich in den FAQs oder im Hilfebereich. Ansonsten geben Sie im Suchfeld der Provider-Homepage einfach den Begriff *APN* ein. Alternativ lässt sich auch mit Google nach den Zugangsdaten suchen. Dazu kombinieren Sie als Suchbegriff einfach den Namen Ihres Providers mit der Zeichenfolge *APN*.

Surfstick anschließen und FRITZ!Box einrichten

Nachdem Sie alle Vorbereitungen abgeschlossen und alle erforderlichen Daten zusammengetragen haben, verbinden Sie nun Ihren FRITZ!Box-Router mit dem Mobilfunknetz.

1. **UMTS-Surfstick mit FRITZ!Box verbinden**
   Stecken Sie den Surfstick in den USB-Hostanschluss der FRITZ!Box. Setzen Sie sich dann vor einen Rechner, der per Netzwerkkabel oder WLAN mit der FRITZ!Box verbunden ist, und rufen Sie die Benutzeroberfläche der FRITZ!Box auf. Geben Sie dazu in das Adressfeld Ihres Browsers *fritz.box* ein und bestätigen Sie mit der [Enter]-Taste. Es öffnet sich zunächst die *Übersicht* der FRITZ!Box-Oberfläche.

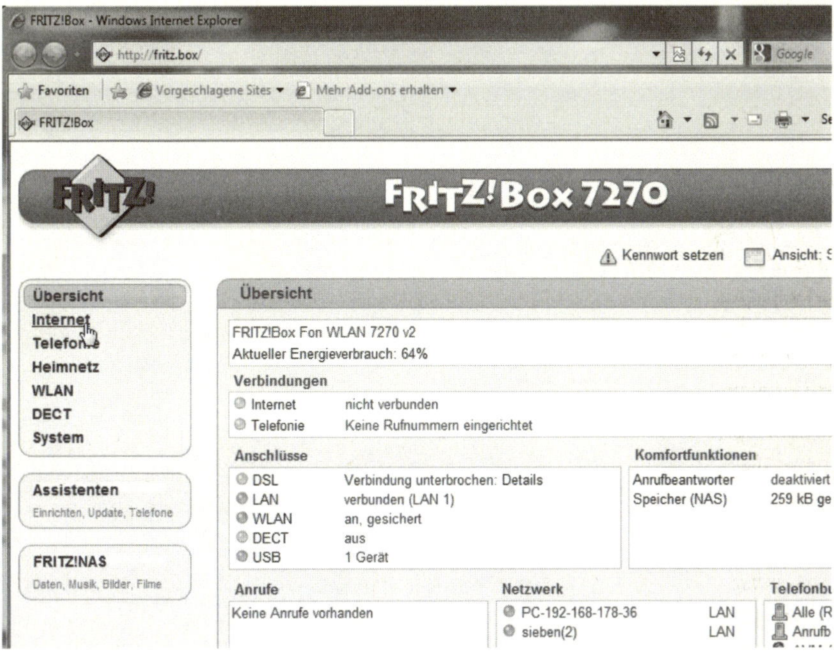

Bild 1.22: Öffnen Sie die Benutzeroberfläche des FRITZ!Box-Routers im Browser.

Klicken Sie im Menüfenster links oben auf die Option *Internet* und anschließend auf den Eintrag *Mobilfunk*. Achtung: Dieser Eintrag wird nur angezeigt, wenn der Surfstick bereits in die FRITZ!Box eingesteckt ist.

❷ Mobilfunk aktivieren

Unter *Mobilfunk* können Sie nun alle Einstellungen vornehmen, die für den Onlinezugang mittels Surfstick erforderlich sind. Setzen Sie zunächst ein Häkchen vor *Mobilfunk aktiv*. Erst danach lassen sich auch die Einstellungen und Eingabefelder darunter bearbeiten.

Im Bereich *Anmeldung im Mobilfunknetz* tragen Sie jetzt die vierstellige PIN der SIM-Karte ein, die sich in dem Surfstick befindet. Bitte beachten Sie, dass Ihre SIM-Karte auch hier bei der dritten Fehleingabe der PIN gesperrt wird und sich anschließend nur durch die PUK-Nummer wieder freischalten lässt.

Unter *Internetzugang* benötigen Sie nun die Internetzugangsdaten Ihres Mobilfunkproviders. Leider lassen sich im Drop-down-Menü nur die vier großen Netzbetreiber auswählen, nicht die vielen Mobilfunkanbieter, die auf einem dieser großen Netze aufsitzen (die sogenannten Reseller). Ist Ihr Mobilfunkbetreiber nicht aufgeführt, wählen Sie *Anderer Betreiber*.

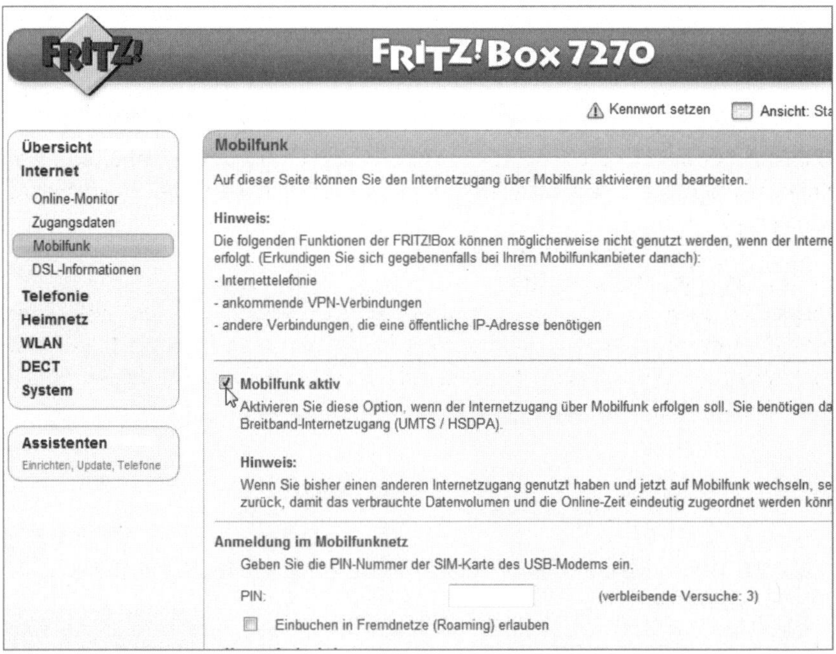

Bild 1.23: Die Option *Mobilfunk* erscheint erst, wenn der Surfstick bereits eingesteckt ist.

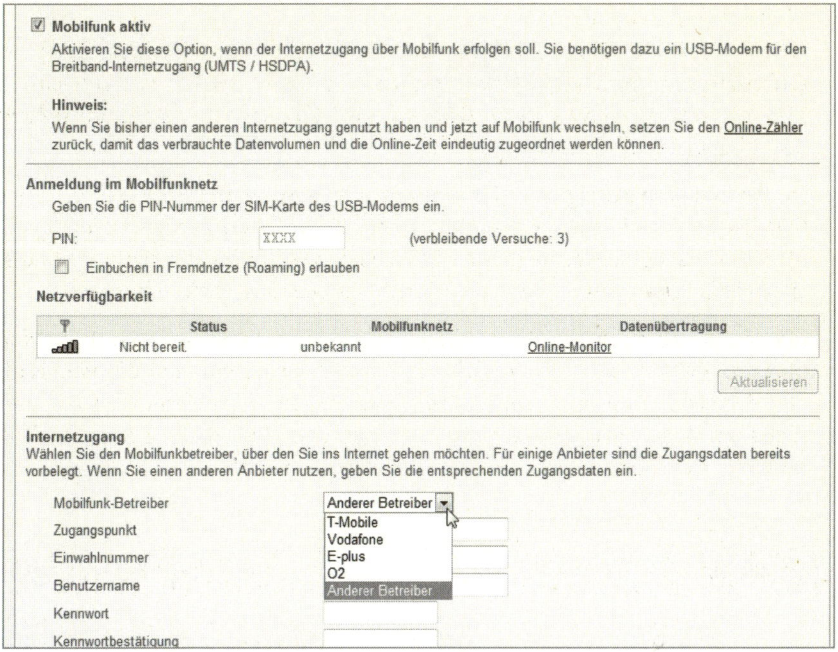

Bild 1.24: Auch die FRITZ!Box benötigt eine PIN, um sich ins Mobilfunknetz einbuchen zu können. Leider sind im Drop-down-Menü nur die großen Netzbetreiber gespeichert.

③ UMTS-Zugangsdaten eintragen

Tragen Sie dann den Namen des Zugangspunkts (APN) ein, den Sie sich zuvor auf der Homepage Ihres Mobilfunkbetreibers herausgesucht haben. Bei Fonic lautet er zum Beispiel *pinternet.interkom.de*, bei Callmobile *web.vodafone.de.*

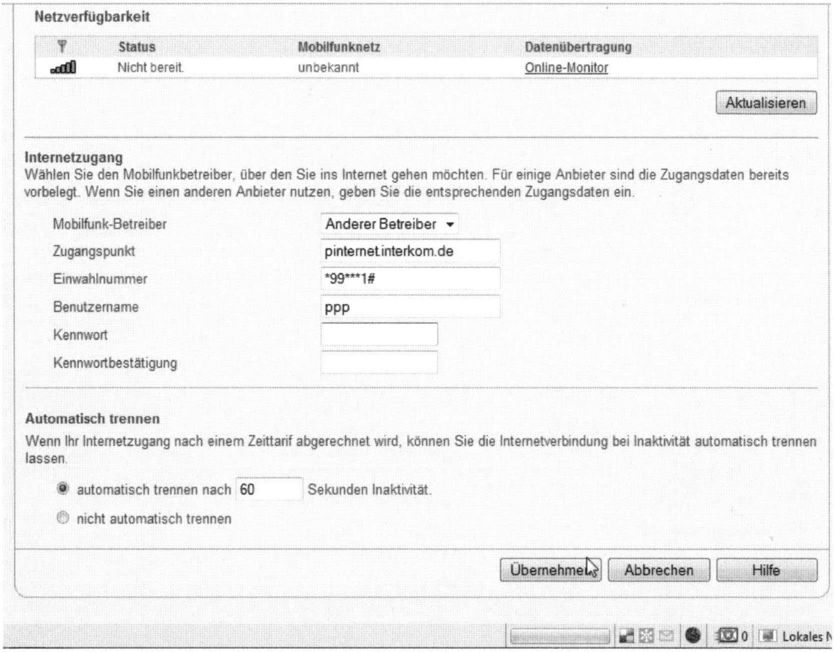

Bild 1.25: Zugangspunkt und Einwahlnummer, eventuell auch Benutzername und Kennwort sind erforderlich, damit sich der Router ins Mobilfunknetz einbuchen kann.

Viele Provider geben Einwahlnummer, Benutzername und Passwort für den Zugang nicht an, da es nicht notwendig ist. Allerdings verlangt die FRITZ!Box zumindest für die Felder *Einwahlnummer* und *Benutzername* einen Eintrag. Verwenden Sie dann einfach Einwahlnummer und Benutzername des Mobilfunknetzbetreibers, auf dessen Netz Ihr (Reseller-)Provider aufsitzt. Die entsprechenden Daten liefert die FRITZ!Box im Drop-down-Menü *Mobilfunk-Betreiber* für *T-Mobile*, *Vodafone*, *O2* und *E-Plus.*

4 UMTS-Verbindung herstellen

Die Einstellung im Bereich *Automatisch trennen* hängt von der Art Ihres Mobilfunktarifs ab. Im Zweifelsfall belassen Sie es bei der Voreinstellung *Automatisch trennen nach 60 Sekunden Inaktivität.* Mit einem Klick auf die Schaltfläche *Übernehmen* schließen Sie die Mobilfunkeinrichtung ab, und die FRITZ!Box baut die Verbindung über den UMTS-Stick auf. Dass dem so ist, sollte nun auch aus der Anzeige unter *Netzverfügbarkeit* hervorgehen.

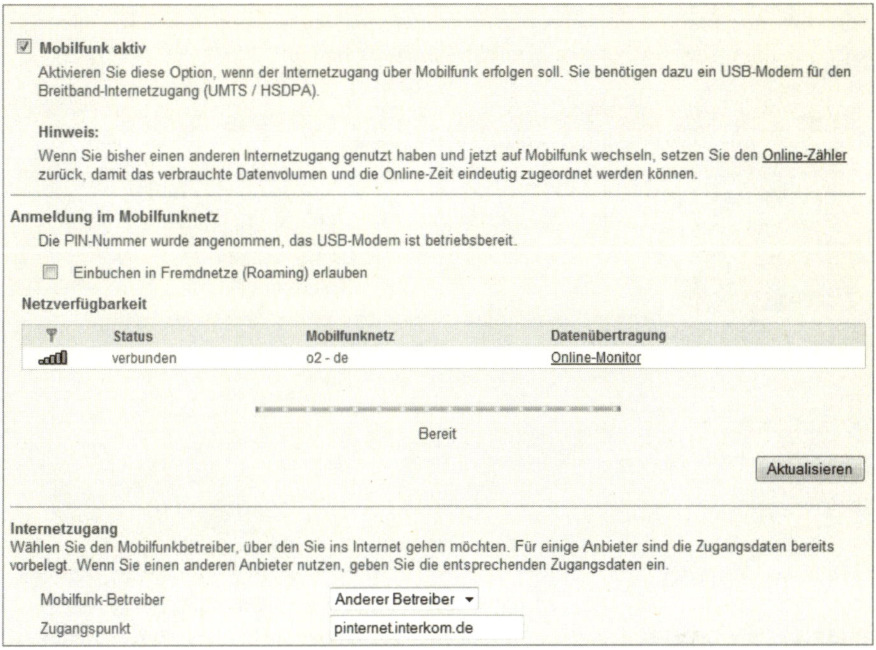

Bild 1.26: Die Verbindung steht: Die FRITZ!Box hat sich in das Mobilfunknetz (hier: O2) eingebucht.

Selbstverständlich lässt sich der Stick auch weiterhin mobil mit dem Notebook nutzen. Dann müssen Sie ihn allerdings aus dem Router herausziehen.

1.8 LTE: Letzte Rettung für Anschlusslose

»Long Term Evolution«, kurz LTE, nennt sich der neue Mobilfunkstandard der 4. Generation (4G), der dem aktuellen Mobilfunkstandard UMTS der 3. Generation, deshalb 3G, nachfolgen soll. Mit LTE sollen die letzten noch nicht mit Breitband versorgten Flecken in Deutschland endlich auch in den Genuss einer schnellen Onlineverbindung gelangen.

Das hat auch einen Grund: Als nämlich die Bundesnetzagentur im Jahr 2010 die Lizenzen der LTE-Frequenzbänder an die drei großen Mobilfunknetzbetreiber versteigerte, gaben Telekom, Vodafone und O2/Telefonica gleichermaßen das Versprechen ab, dass sie zunächst die Regionen in Deutschland mit LTE versorgen würden, die bisher noch keine Breitbandbindung haben.

Bild 1.27: Die Telekom richtet ihr LTE-Angebot gezielt auf die bisher unterversorgten Regionen. (Quelle: *www.telekom.de*, Stand: Juni 2011)

Die Aufrüstung von ehemals schlecht versorgten Gebieten ist somit seit Mitte 2010 im Gang, wobei Telekom und Vodafone bereits richtige LTE-Tarife anbieten. O2/Telefonica startet ab Juli 2011 mit einem entsprechenden LTE-Angebot.

Telekom und Vodafone geben auf ihren Webseiten umfangreiche Informationen zu den aktuellen LTE-Verfügbarkeiten und bieten Verfügbarkeitschecks an. Zu den Tarifen gibt es auf Wunsch, meist gegen einen kleinen Aufpreis, einen WLAN-Router mit integriertem LTE-Modem.

Während die Telekom mit ihrem LTE-Paket bewusst den breitbandunterversorgten Kunden angeht und dabei Download-Raten von 3.000 kBit/s (Upload 500 kBit/s) angibt, bietet Vodafone mehrere Tarife, die nach unterschiedlich schnellen Download-Raten von 3,6 bis zu 50 MBit/s sowie nach verschieden hohen Transfervolumen gestaffelt sind.

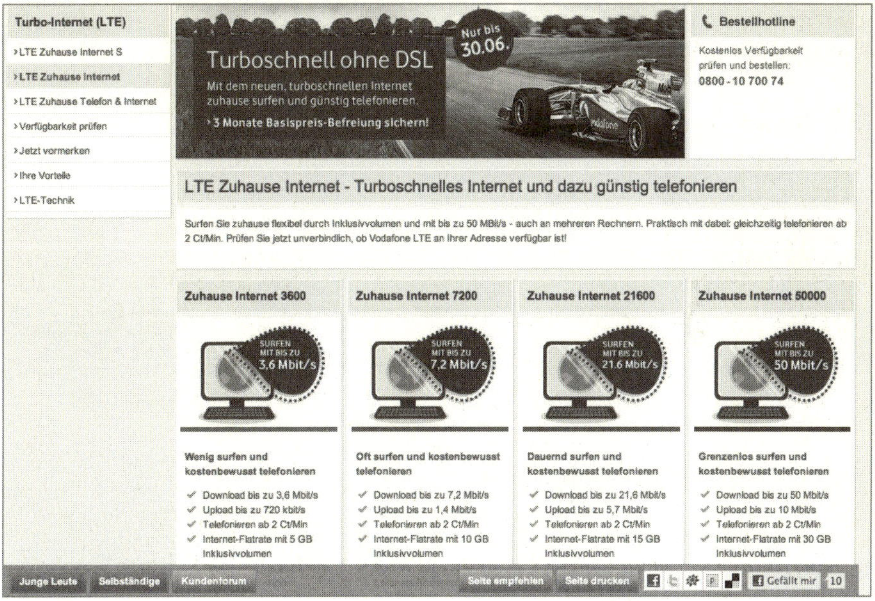

Bild 1.28: Vodafone bietet LTE-Tarife gestaffelt nach Übertragungsrate (Geschwindigkeit) und Inklusivvolumen an. (Quelle: *www.vodafone.de*, Stand Juni 2011)

Eingeschränkte Flatrate auch bei LTE

Auch bei LTE gibt es, ähnlich wie bei UMTS/HSPA, keine uneingeschränkte Flatrate. In den Vodafone-Angeboten kann der Kunde je nach Preis von 5 GByte bis zu 30 GByte monatlich mit vollem LTE-Speed nutzen, danach wird die Download-Geschwindigkeit bis zum Ende des Monats auf 384 kBit/s gedrosselt.

Die Telekom arbeitet laut eigenen AGB mit zwei Drosselungsstufen: Nach 3 GByte Übertragungsvolumen bei 3 MBit/s Download-Rate (500 kBit/s Upload-Rate) wird der LTE-Zugang des Kunden zunächst auf 1 MBit/s Down- und 384 kBit/s Upload heruntergeschaltet. Nach weiteren 2 GByte dreht die Telekom den Anschluss schließlich – ebenso wie Vodafone – auf 384 kBit/s (Upload 64 kBit/s) bis zum Ende des Monats (oder Abrechnungszeitraums) herunter.

Bild 1.29: Den Speedport-LTE-Router mietet der Telekom-Kunde zum Tarif »Call & Surf via Funk« dazu. (Quelle: *www.telekom.de*, Stand: Mai 2011)

2 Verbindungen im Heimnetz

Ein Heimnetz kann nur dann funktionieren, wenn sämtliche beteiligten Geräte aufeinander zugreifen können. Hierzu müssen alle Geräte irgendwie mit dem Heimnetz verbunden sein. Diese Verbindung kann per Kabel, per Funk (WLAN) und selbst über das heimische Stromnetz erfolgen. Eine zentrale Rolle nimmt dabei der sogenannte Heimnetzrouter ein.

2.1 Am Anfang war das Modem

Jeder Zugangsprovider liefert seinen neuen Kunden automatisch ein kleines Kästchen mit, das den Internetzugang, zum Beispiel über DSL oder TV-Kabel, erst möglich macht. Vor einigen Jahren handelte es sich dabei um ein schlichtes Modem, das zum Beispiel über die USB-Schnittstelle direkt an den PC angeschlossen wurde.

Ein Modem macht nichts anderes, als Daten über eine größere Strecke zu übertragen. Dazu wandelt es diese in eine bestimmte Form um, die dem jeweiligen Übertragungsmedium angepasst ist. Ein DSL-Modem beispielsweise wandelt Daten so um, dass sie über die Telefonleitung (Kupferkabel) als Signale übertragen werden können. Am anderen Ende des Kabels, in der Vermittlungsstelle des DSL-Netzbetreibers, befindet sich ein zweites DSL-Modem, auch DSLAM genannt, das die Datensignale entgegennimmt, zurückwandelt und bis an die »Eingangspforte« des Providernetzes weiterrecht.

Ein (DSL-)Modem ist somit kein besonders intelligentes Gerät. Es sorgt dafür, dass eine Verbindung zu einem anderen Modem hergestellt wird. Damit schafft es die Voraussetzungen dafür, dass andere, intelligentere Geräte Daten über diese Modem-Modem-Verbindung übertragen können. Mehr nicht.

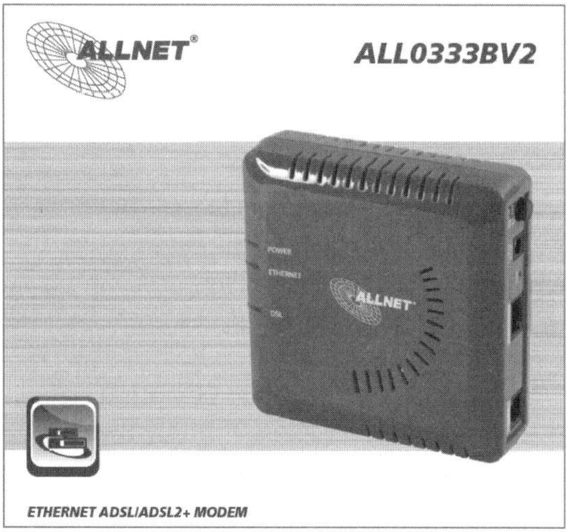

Bild 2.1: Nach wie vor bieten alle größeren Netzwerkausstatter auch reine (A)DSL-Modems an. (Quelle: *www.allnet.de*)

Einwahl über den PC

Die Interneteinwahl über die Zugangsdaten des Providers ebenso wie das aktive Senden und Empfangen von Daten mithilfe von Internetprotokollen muss demnach ein intelligenteres Gerät übernehmen. Noch vor wenigen Jahren hat diese Aufgaben der PC übernommen, an den das Modem direkt per USB- oder Netzwerkkabel angeschlossen war. Die Einwahl erfolgte am PC über ein vom Provider mitgeliefertes Einwahlprogramm.

Wer ein ADSL-Modem mit USB-Schnittstelle nutzte, musste außerdem noch entsprechende Treiber installieren, damit das Betriebssystem (Windows 98, ME, 2000, XP) auch korrekt mit dem Modem zusammenarbeitete.

Allerdings ließ (und lässt) sich per Modem immer nur ein Computer mit dem Internet verbinden. Zwar konnte man den Onlinezugang an einen anderen PC weiterreichen, doch war diese Prozedur unter Windows umständlich. Außerdem musste dazu der PC, an den das Modem angeschlossen war, immer eingeschaltet sein.

Und schließlich stellte diese direkte Verbindung mit dem Internet auch ein gewisses Sicherheitsrisiko dar. Denn ein Computer, der sich direkt per Modem ins Internet einwählt, bietet eine große Angriffsfläche für Onlineattacken – und sollte deshalb immer durch eine Software-Firewall gesichert sein.

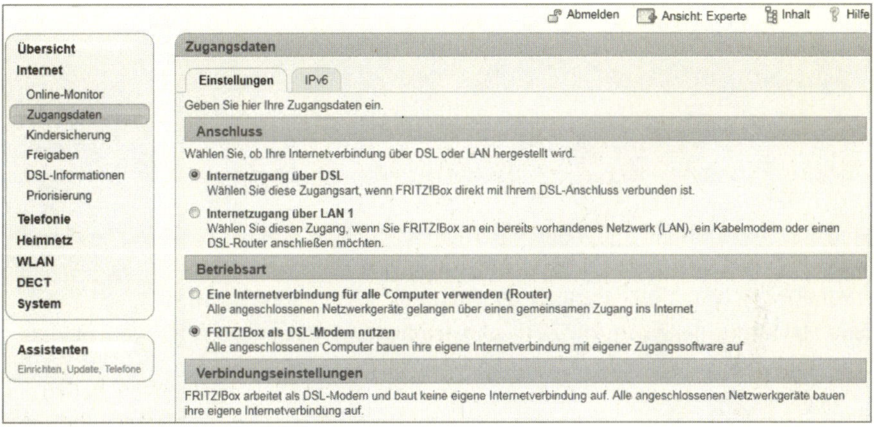

Bild 2.2: Manche Heimnetzrouter mit integriertem Modem, hier die AVM FRITZ!Box 7390, lassen sich auch als reines Modem betreiben – einzustellen unter *Zugangsdaten/Betriebsart.*

2.2 Der Router als Zugangsverteiler

Inzwischen sind die »Onlinezugangskästchen«, die Provider an ihre Kunden weitergeben, erheblich vielseitiger geworden. Sie setzen sich aus vielen verschiedenen Komponenten zusammen. Neben einem Modem sind bei Ihnen ein WLAN-Access-Point und ein Switch integriert. Manche Geräte sind zusätzlich noch mit einem USB-Hostserver, einem Drucker- oder Printserver, einer Telefonanlage und einer DECT-Basisstation ausgestattet.

Da ich Ihnen Wortungetüme wie »WLAN-fähiger Modemrouter mit integriertem Switch und USB-Host« im weiteren Verlauf des Buchs ersparen möchte, werde ich für alle diese multifunktionalen Onlinezugangsgeräte den Sammelbegriff »Router« oder »Heimnetzrouter« verwenden.

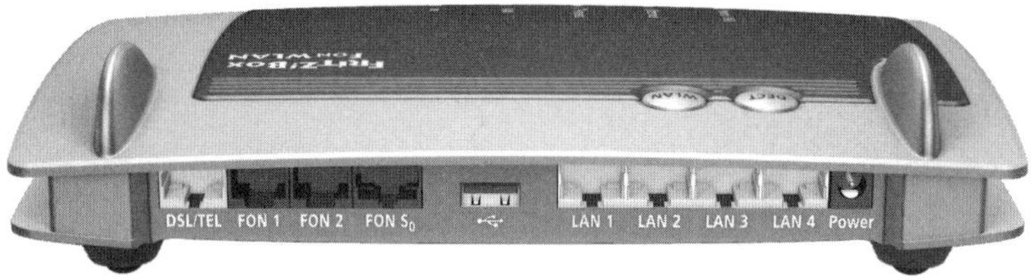

Bild 2.3: Aktuelle Router fürs Heimnetz (hier die AVM FRITZ!Box 7390) sind häufig mit vielen verschiedenen Funktionen ausgestattet. Hier gibt es Anschlüsse für zwei analoge Telefone, DSL- und Telefonschluss, ISDN-Telefon, USB-Drucker und USB-Speicher, PC und Spielekonsole, WLAN, FRITZ!Fon und andere DECT-Telefone, UMTS-/HSPA-Modem und USB-Geräte. (Quelle: *www.avm.de*)

Das sogenannte Routing ist die zentrale Eigenschaft, die alle diese modernen Internetverbindungskästchen bieten – und die zudem die Basis für ein Heimnetz bildet. Diese Routing-Funktion sorgt nämlich dafür, dass sich die Onlineverbindung, die man von seinem Internetprovider als öffentliche IP-Adresse erhält, auf mehrere Geräte verteilen lässt.

Außerdem trennt der Router das riesige öffentliche Netzwerk »Internet« sicher von Ihrem privaten Heimnetz. Auf diese Weise schützt er sämtliche an ihn angeschlossenen (Heimnetz-)Geräte vor unerwünschten Zugriffen aus dem Internet. Hierzu besitzt jeder Heimnetzrouter standardmäßig eine eigene Firewall, die häufig auch als Hardware-Firewall bezeichnet wird.

Anschluss netzwerkfähiger Geräte

Wer ein Gerät ins Heimnetz integrieren möchte, muss es irgendwie mit dem Router verbinden. Ein moderner Heimnetzrouter bietet von Haus aus zwei verschiedene Schnittstellen oder Verbindungsmöglichkeiten. Für eine Verbindung über Netzwerkkabel stehen in der Regel vier Anschlüsse bereit, die man auch als Ethernet- oder LAN-Ports (LAN 1 bis 4) bezeichnet. In der Fachsprache heißt diese gesamte Anschlusseinheit auch Switch oder, ganz exakt ausgedrückt, 4-Port-Switch.

Bild 2.4: Der Switch (LAN 1 bis LAN 4) befindet sich immer an der Rückseite des Heimnetzrouters. (Quelle: *www.avm.de*)

An diesen Switch lassen sich alle möglichen netzwerkfähigen Geräte anschließen, die selbst über einen Ethernet- oder LAN-Port verfügen. Die meisten Anwender schließen ihren PC per Netzwerkkabel an einen der vier LAN-Ports des Routers an und erhalten auf diese Weise Zugang ins Internet.

Ebenfalls standardmäßig ist in jedem halbwegs modernen Heimnetzrouter ein sogenannter WLAN-Access-Point integriert. Externe Antennen weisen auf den integrierten Access Point hin, allerdings finden sich auch zahlreiche WLAN-Router, deren Antennen – ähnlich wie bei Notebooks – im Inneren des Gehäuses integriert sind. Geräte, die mit einem internen oder externen WLAN-Adapter ausgestattet sind, können sich per Funk mit dem Access Point des Routers verbinden und erhalten somit Zugang zum Internet.

Bild 2.5: Beim WLAN-Router E3000 von Cisco Linksys befinden sich die Antennen im Gehäuse. (Quelle: *www.linksys.de*)

Und hierbei handelt es sich auch um die wichtigste Funktion, mit der Privatanwender ihren Heimnetzrouter vornehmlich nutzen: als komfortable und sichere Onlinezugangsstation für PC(s) und Notebook(s).

2.3 Der Router als Heimnetzzentrale

Doch neben der Verteilung des Onlinezugangs auf mehrere Geräte sowie deren Schutz gegen Attacken aus dem Internet bietet der Heimnetzrouter noch eine weitere äußerst nützliche Funktion, die von den meisten Anwendern übersehen wird. Denn alle Geräte, die mit dem Router drahtlos oder per Netzwerkkabel verbunden sind, bilden ein kleines, privates Netzwerk mit dem Router als Zentrale.

So können sich alle Geräte, die Teil dieses Heimnetzes sind, gegenseitig »sehen«, aufeinander zugreifen und Daten austauschen.

Wer also seinen Onlinezugang über einen Router »verteilt«, besitzt bereits automatisch ein kleines Heimnetz. Die genannten Komponenten WLAN-Access-Point und Switch sorgen dafür, dass alle daran angebundenen Geräte, ob drahtlos oder per Kabel, untereinander vernetzt sind.

Das gilt zunächst einmal für Notebooks und PCs, die mit dem Heimnetzrouter verbunden sind. Durch das Anlegen sogenannter Netzwerkfreigaben kann man dann auf den jeweils anderen Rechner zugreifen, um beispielsweise Dateien von Rechner A auf Rechner B zu übertragen.

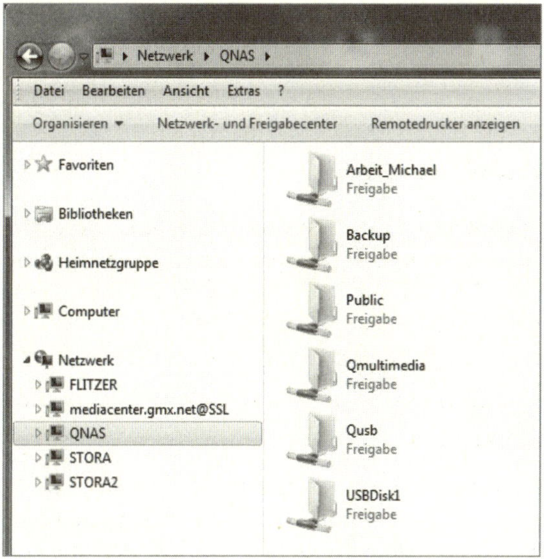

Bild 2.6: Der Windows Explorer zeigt Freigaben, falls vorhanden, im Bereich *Netzwerk* an, sobald Sie einen der dort gelisteten Rechner oder eine der Netzwerkfestplatten markieren.

Doch bietet das Heimnetz noch sehr viel spannendere Möglichkeiten, als einfach nur Daten von A nach B zu kopieren. So lassen sich Fotos, Musik, Filme und Dokumente auf einer sogenannten Netzwerkfestplatte speichern, die per Kabel mit dem Router verbunden ist. Diese Netzwerkfestplatte kann ihre Daten unabhängig von jedem PC oder Notebook jedem Gerät im Heimnetz zur Verfügung stellen.

Notebooks, PCs und andere netzwerkfähige Geräte können auf eine Netzwerkfestplatte völlig unabhängig voneinander zugreifen, um beispielsweise Musikdateien abzuspielen, Videos wiederzugeben oder Bilder zu betrachten.

2.4 Vom einfachen zum erweiterten Heimnetz

Auch moderne Fernseher, Webradios, Media Player, Blu-ray-Player, Spielekonsolen und diverse andere netzwerkfähige Multimedia-Geräte lassen sich per Kabel oder drahtlos mit dem Router verbinden und somit ins Heimnetz integrieren. Viele dieser Geräte können Inhalte direkt von der Netzwerkfestplatte aus dem Heimnetz abspielen, ohne dass Sie dazu einen Computer anschalten müssen.

Oder Sie installieren eine Netzwerkkamera, auf die Sie von jedem Rechner im Heimnetz zugreifen können. Bei entsprechender Routerkonfiguration gelingt der Zugriff sogar von einem beliebigen Rechner aus dem Internet – oder per Applikation auf Ihrem Smartphone (siehe auch Kapitel 5, Abschnitt »DynDNS-Daten in den Router eintragen«).

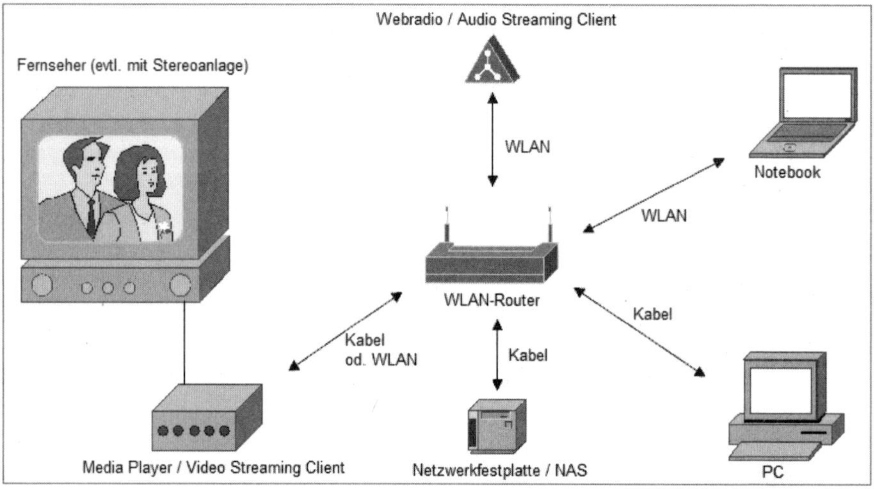

Bild 2.7: Die Basisvariante eines Heimnetzwerks (Router + Notebook/PC) lässt sich um diverse Komponenten erweitern, z. B. Netzwerkfestplatte, Webradio und Media Player

Die Möglichkeiten in Ihrem Heimnetz sind grenzenlos. Und was die ganze Angelegenheit auch für den Geldbeutel interessant macht: Sie können alle Geräte völlig unabhängig voneinander integrieren. Sie selbst entscheiden, wann, wie und in welcher Reihenfolge Sie Ihr Heimnetz erweitern. Einzige Voraussetzung: Alle Geräte müssen netzwerkfähig sein und mit Ihrer Zentrale, dem Heimnetzrouter, verbunden sein.

Bevor ich in den folgenden Kapiteln näher auf einzelne Gerätegruppen für Ihr Heimnetz eingehe, erhalten Sie zunächst einen Überblick über die wichtigsten Verbindungsmöglichkeiten ins Heimnetz. Denn wie bereits mehrfach erwähnt, steht und fällt die Integration ins Heimnetz mit der erfolgreichen Verbindung zum Router.

Mini-Glossar

Access Point: Der Access Point oder WLAN-Access-Point ist das Zentrum eines drahtlosen Netzwerks und Bestandteil eines WLAN-Routers. Der Access Point bindet sogenannte WLAN-Clients (Notebooks, Webradios etc.) drahtlos ins Heimnetz ein.

LAN: Der Ausdruck LAN steht für »Local Area Network« und bedeutet »lokal begrenztes Netzwerk«. Verbinden Sie zum Beispiel einen PC und eine Netzwerkfestplatte per (Netzwerk-)Kabel mit Ihrem Router, befinden sich alle drei Geräte im selben LAN.

Router: Ein Router ist der »Vermittler« zwischen dem Internet und dem Heimnetz. Er verteilt einen Onlinezugang (DSL, TV-Kabel etc.) auf mehrere Geräte im Heimnetz. Außerdem trennt der Router alle Geräte im Heimnetz sicher vom Internet ab. In den Grundeinstellungen lässt er keine Anfragen aus dem Internet ins Heimnetz zu.

Switch: Hierbei handelt es sich um eine Art Verteilerbox, die zum Beispiel an einen freien LAN-Port des Routers angeschlossen wird und diesen je nach Switch-Modell um vier bis acht zusätzliche LAN-Ports erweitert. Die meisten Heimnetzrouter haben einen integrierten Switch mit bis zu vier LAN-Anschlüssen (LAN-Ports).

WLAN: In einem »Wireless Local Area Network« sind die einzelnen Geräte (WLAN-Router und WLAN-Clients) nicht per Kabel, sondern drahtlos per Funk miteinander verbunden.

WLAN-Router: Ein WLAN-Router als Heimnetzzentrale stellt neben dem Onlinezugang auch die Verbindung zwischen einem per Kabel angeschlossenen LAN-Client und einem per Funk eingebundenen WLAN-Client her. So kann ein Notebook, das per WLAN mit dem Router verbunden ist, auf eine Netzwerkfestplatte zugreifen, die per Kabel an einem LAN-Port desselben Routers hängt.

2.5 Verbindung per Netzwerkkabel

Das Netzwerkkabel, das auch als Ethernet- oder Patchkabel bezeichnet wird, ist die klassische Methode, mit der sich ein netzwerkfähiges Gerät an den Router anschließen und somit ins Heimnetz integrieren lässt. Netzwerkkabel sind einfach zu installieren, relativ preisgünstig und im Vergleich zu anderen Verbindungsmethoden weitgehend unempfindlich gegen Störungen.

Das zu verbindende Gerät, zum Beispiel ein PC, benötigt hierzu einen Ethernet- oder LAN-Adapter, in dessen Buchse das eine Ende des Netzwerkkabels gesteckt wird. Das andere Kabelende kommt dann in einen freien Ethernet- oder LAN-Port am Switch auf der Rückseite des Routers.

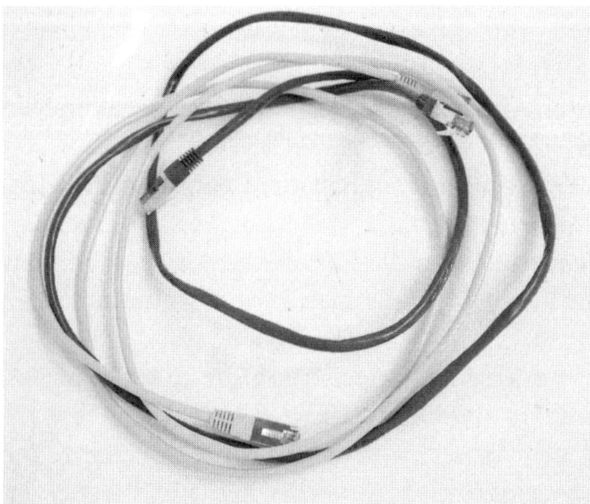

Bild 2.8: Achten Sie immer darauf, dass die Plastiknase am Stecker des Netzwerkkabels nicht abbricht. Bei den meisten Routern ist ein Netzwerkkabel im Lieferumfang enthalten.

Meist sind die LAN-Ports bei Heimnetzroutern auf maximal vier Stück begrenzt (4-Port-Switch). Wer mehr Anschlüsse benötigt, kann den internen Switch des Routers um einen externen Switch erweitern.

Bild 2.9: Mit einem externen (5-Port-)Switch ersetzen Sie einen LAN-Port Ihres Heimnetzrouters durch vier neue LAN-Ports. (Quelle: *www.zyxel.de*)

Nach wie vor sind Router im Umlauf, die nur über zwei oder oder gar einen LAN-Port verfügen. Auch in solch einem Fall empfiehlt es sich, das alte Gerät um einen externen Switch zu erweitern. Externe Switches nach dem Fast-Ethernet-Standard (10/100 MBit/s) werden bereits ab etwa 15 Euro im Handel angeboten.

Fast Ethernet und Gigabit Ethernet

Die LAN-Ports bzw. Switches der meisten Heimnetzrouter unterstützen den Übertragungsstandard Fast Ethernet (10/100 MBit/s), dessen maximale (Brutto-)Übertragungsrate bei 100 MBit/s liegt. Unter Praxisbedingungen erreicht Fast Ethernet eine (Netto-)Übertragungsrate von maximal 90 MBit/s.

Doch lässt sich die Geschwindigkeit im Netzwerk noch deutlich erhöhen, wenn man stattdessen ein etwas teureres Routermodell einsetzt, das bereits mit einem sogenannten Gigabit- oder GBit-Switch (10/100/1000 MBit/s) ausgestattet ist.

Bild 2.10: D-Links schicker Heimnetzrouter DIR-685 hat neben Display und internem Speicher auch einen GBit-fähigen Switch. (Quelle: *www.dlink.de*)

Mit einem solchen Gigabit- oder GBit-Router sind (Netto-)Übertragungsraten von bis zu 800 MBit/s möglich. Das macht sich vor allem dann bemerkbar, wenn häufig größere Datenmengen im Netzwerk übertragen werden.

GBit-(Gigabit-)Geschwindigkeit erreichen Sie jedoch nur dann, wenn alle am Datenaustausch beteiligten Netzwerkgeräte den GBit-Standard unterstützen. Die Geschwindigkeit wird immer von dem Gerät mit der langsamsten Übertragungsrate bestimmt.

Ein Beispiel: Daten sollen von einem PC auf eine Netzwerkfestplatte übertragen werden. Beide Geräte sind mit einem GBit-fähigen Netzwerkadapter ausgestattet und jeweils über Netzwerkkabel mit dem Switch des Routers verbunden. Um nun tatsächlich GBit-Übertragungsraten zwischen beiden Geräten zu erreichen, muss auch der Switch im Router GBit-fähig sein.

Stehen Sie also gerade vor dem Kauf eines neuen Routers, sollten Sie folglich ruhig ein paar Euro mehr ausgeben und sich ein Gerät mit GBit-Switch zulegen.

Das Heimnetz GBit-fähig machen

Eine andere Möglichkeit besteht darin, sich einen externen GBit-Switch ab etwa 30 Euro zu kaufen und diesen an den langsamen Fast-Ethernet-Switch des Routers anzuschließen.

Das ist dann sinnvoll, wenn Sie gern eine schnelle (GBit-)Netzwerkverbindung zwischen zwei oder mehreren GBit-fähigen Geräten in Ihrem Heimnetz hätten (z. B. PC und Netzwerkfestplatte), sich aber dafür nicht gleich einen neuen GBit-Router kaufen möchten – zumal Sie mit Ihrem aktuellen Router mit Ausnahme des »langsamen« Fast-Ethernet-Switch eigentlich sehr zufrieden sind.

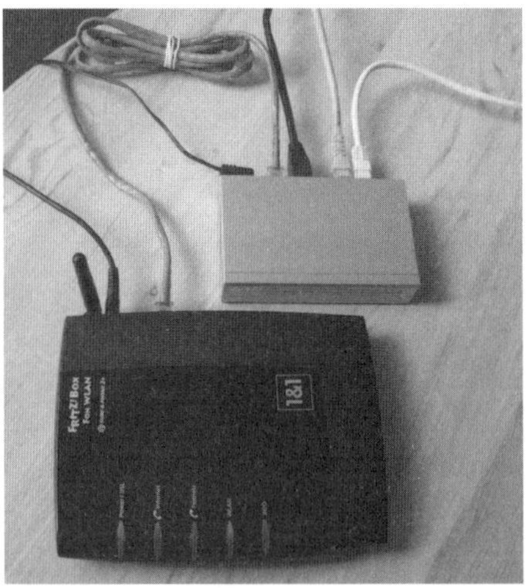

Bild 2.11: Vor allem bei älteren WLAN-Routern, die nach wie vor problemlos funktionieren und die man ungern durch ein teures Nachfolgemodell ersetzen möchte, lohnt sich die Erweiterung um einen externen GBit-Switch (graues Gerät). Der externe Switch wird einfach über ein (hier graues) Netzwerkkabel an einen freien LAN-Port des Routers (schwarzes Gerät) angeschlossen. Alle am GBit-Switch angeschlossenen Geräte kommunizieren untereinander mit GBit-Geschwindigkeit.

Nun können Sie alle GBit-fähigen Netzwerkgeräte an den externen GBit-Switch anschließen und erhalten bei Datenübertragungen zwischen diesen Geräten GBit-Geschwindigkeit. Das Praktische daran: Alle Geräte am GBit-Switch erhalten nach wie vor Ihre interne Netzwerkadresse vom (DHCP-Server im) Heimnetzrouter.

Nur bei Datenübertragungen zu einem Gerät, das am langsamen Fast-Ethernet-Switch des Routers hängt, sinkt auch die Übertragungsrate wieder auf Fast-Ethernet-Niveau.

Kabelsorten: CAT5e, CAT6, STP, SFTP, UTP

Für kürzere Verbindungen im Heimnetz können Sie herkömmliche Patchkabel nach dem CAT5e-Standard verwenden, wie sie bereits zahlreichen Netzwerkgeräten beiliegen. Achten Sie beim Kauf außerdem darauf, dass die CAT5e-Kabel gegen Störungen von außen abgeschirmt sind.

Bild 2.12: Achten Sie beim Kauf von Netzwerkkabeln wie hier bei *www.alternate.de* auf die genauen Bezeichnungen (CAT5e, CAT6, STP, FTP etc.).

Das erkennen Sie an Abkürzungen wie FTP (foliengeschirmtes Kabel), STP (geflechtgeschirmtes Kabel) oder SFTP (gesamtgeschirmtes Kabel), die ebenso wie die Bezeichnung CAT5e außen auf dem Kabel zu sehen sind. Ein Netzwerkkabel, das die Bezeichnung UTP (ungeschirmtes Kabel) trägt, sollte nur über kurze Distanzen verwendet werden.

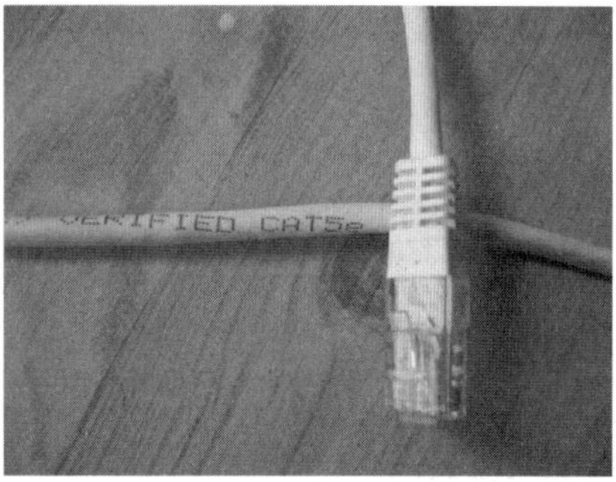

Bild 2.13: Die Bezeichnung des Kabelstandards ist immer auf dem Netzwerkkabel abgedruckt, hier *CAT5e*.

Ebenso gilt für CAT5e-Kabel, dass diese auf geringe Distanzen (wenige Meter) auch noch mit schnellen GBit-Transfers zurechtkommen. Wer sichergehen möchte, sollte sein GBit-Netz allerdings mit den nicht sehr viel teureren Patchkabeln nach dem CAT6-Standard ausstatten.

Kabel verlegen ist oft problematisch

Der Nachteil von Kabelverbindungen besteht in dem meist großen Aufwand, diese vernünftig zu verlegen. Nicht jeder möchte oder darf bei sich zu Hause Wände oder Geschossdecken durchbohren. Nicht einmal Verbindungen innerhalb eines Zimmers lassen sich immer per Kabel lösen. Hier drohen gefährliche Stolperfallen sowie Schäden an Geräten, deren Kabel heraus- oder die durch das Kabel heruntergerissen werden könnten. Das Verlegen unter dem Teppich sieht nicht besonders vorteilhaft aus und kann außerdem zu Trittschäden am Kabel führen.

Diese Beispiele lassen sich noch beliebig fortführen. Deshalb folgende Empfehlung: Wer Haus oder Wohnung nachträglich mit Fast Ethernet oder besser noch Gigabit Ethernet verkabeln möchte und selbst keine Erfahrung damit hat, sollte einen Fachbetrieb zurate ziehen.

Wer sein Haus selbst baut, bauen lässt oder größere Renovierungsarbeiten durchführen muss, sollte die Netzwerkverkabelung vom Keller bis zum Dachboden unbedingt mit einplanen. Allein das Einziehen einiger Leerrohre kann das spätere Verlegen von Kabeln ungemein erleichtern.

Doch selbst wenn Ihr Haus optimal verkabelt ist und in jedem Zimmer durchschnittlich zwei LAN-Buchsen zur Verfügung stehen: Würden Sie deshalb Ihr Note- oder Netbook per Netzwerkkabel an einen solchen Anschluss ketten wollen?

Vermutlich nicht, denn gerade für mobile Geräte gibt es eine deutlich komfortablere Verbindungsmethode ohne störende Kabel.

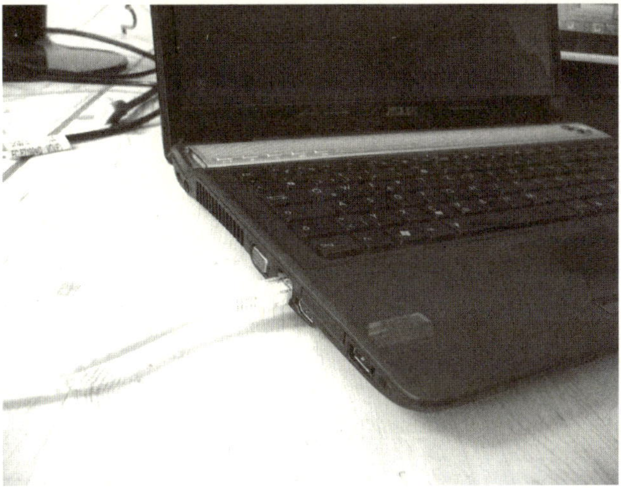

Bild 2.14: Notebook mit Netzwerkkabel geht zwar auch – aber nur als Notlösung!

2.6 Verbindung über Wireless LAN

Fast alle modernen Router bieten neben Kabelanschlüssen auch die Verbindung über ein Funknetz, das sogenannte WLAN. Der Begriff WLAN steht dabei für »Wireless Local Area Network«, was sich mit »drahtloses lokales Netzwerk« übersetzen lässt. Um eine WLAN-Verbindung zum Router und somit ins Heimnetz herstellen zu können, muss ein Gerät mit einem WLAN-Adapter ausgestattet sein. Jedes halbwegs aktuelle Notebook hat einen integrierten WLAN-Adapter.

PCs lassen sich bei Bedarf mit einem USB-WLAN-Adapter nachrüsten. Das gilt auch für einige andere netzwerkfähige Geräte mit USB-Anschluss, wie zum Beispiel manche Media Player. Viele der neueren Mini-PCs oder Nettop-Modelle haben wie Notebooks einen integrierten WLAN-Adapter.

Bild 2.15: n-WLAN-USB-Sticks sind mittlerweile recht handlich geworden, wie dieser Adapter von AVM beweist. (Quelle: *www.avm.de*)

Theoretische Übertragungsgeschwindigkeiten

WLAN bietet mit dem aktuellen 802.11n-Standard, kurz n-WLAN, Übertragungsraten bis zu 600 MBit/s. Aktuell im Handel erhältlich sind Geräte mit 150, 300 und 450 MBit/s.

Ausschlaggebend für die angegebene Übertragungsgeschwindigkeit ist unter anderem die Zahl der Sende- und Empfangsantennen, die ein n-WLAN-fähiges Gerät besitzt. Für 150 MBit/s sind eine Sende- und eine Empfangseinheit (1 x 1) nötig, 300 MBit/s erfordern zwei Sende- und zwei Empfangsantennen (2 x 2), und für 450 MBit/s sind es demzufolge 3 x 3.

Um maximale Verbindungsgeschwindigkeiten zu erreichen, müssen beide beteiligten Geräte, also beispielsweise der Access Point am Router und der WLAN-Adapter am Notebook, die gleiche Anzahl von Empfangs- und Sendeantennen aufweisen. Falls nicht, richtet sich die maximale Übertragungsgeschwindigkeit nach dem jeweils schwächeren Partner.

Bild 2.16: Der Linksys E4200 von Cisco ist einer der wenigen n-WLAN-Router, die bereits Bruttoraten von 450 MBit/s unterstützen (Quelle: Cisco)

Tatsächliche Übertragungsgeschwindigkeiten

Vor allem in Bezug auf WLAN gilt, dass die für den Anwender relevanten Übertragungsgeschwindigkeiten (Nettodatenraten) tatsächlich erheblich geringer ausfallen als die auf der Packung angegebenen (Brutto-)Übertragungsraten. Im Idealfall erreicht die Nettodatenrate, die sich aus der übertragenen Menge der Nutzdaten pro Zeiteinheit berechnet, gerade einmal die Hälfte der Bruttowerte auf der Verpackung. Der folgende Infokasten »Übertragungsraten: brutto und netto« erklärt den genauen Unterschied.

Übertragungsraten: brutto und netto

Die Geschwindigkeit bei Netzwerkadaptern wird generell in Bruttowerten oder Linkraten angegeben, die jedoch in der Praxis wenig aussagekräftig sind. Die Bruttodatenrate berücksichtigt alle Daten, die pro Zeiteinheit über eine Verbindung (»Link«) fließen. Hierzu zählen auch die Daten, die erforderlich sind, um eine Verbindung aufzubauen, aufrechtzuerhalten oder zu steuern (Übertragungsprotokolle). Diese Daten werden auch als »Overhead« bezeichnet. Wenn Sie folglich eine Datei von Ihrem Notebook auf eine Netzwerkfestplatte im Heimnetz übertragen möchten, fließt also nicht nur Ihre Datei über die Netzwerkverbindung, sondern auch der zur Übertragung der Datei erforderliche Overhead.

Bei WLAN ist dieser Overhead-Anteil in etwa ebenso groß wie die tatsächlich zu übertragenden Nutzdaten. Das bedeutet: Wenn Sie eine Word-Datei mit 1 MByte (Nutzdaten) innerhalb Ihres Heimnetzes per WLAN übertragen, wird zusätzlich etwa 1 MByte Overhead erzeugt, die Bruttodatenmenge, die tatsächlich übertragen wird, liegt somit bei 2 MByte.

Die für den n-WLAN-Standard angegebenen 300 MBit/s stellen immer nur die Bruttodatenrate dar. Die tatsächliche Nettodatenrate liegt bei etwa 100 bis 150 MBit/s. Bei den günstigeren n-WLAN-Geräten, deren Übertragungsrate mit 150 MBit/s (Bruttodatenrate) angegeben wird, liegt die tatsächliche Nettodatenrate bei etwa 60 bis 75 MBit/s.

Verbindungsqualität und Funkbarrieren

Grundsätzlich gilt: Je weiter WLAN-Router und WLAN-Adapter voneinander entfernt sind, umso schlechter ist die Verbindung. Innerhalb eines Hauses oder einer Wohnung sind jedoch weniger die Entfernungen zwischen Sender und Empfänger das Problem als vielmehr die zahlreichen Hindernisse in der Verbindungsstrecke. Diese führen zur Verschlechterung der Verbindungsqualität und damit auch zur Abnahme der Nettodatenrate.

Die Verbindungsqualität bei WLAN ist stark abhängig von den baulichen Gegebenheiten vor Ort und nimmt etwa durch Wände und Geschossdecken hindurch stark ab – bis hin zum Abbruch der Verbindung.

Auch einzelne Möbel, Regale, Schränke oder generell Hindernisse zwischen Access Point und WLAN-Client können die Qualität der Übertragung mindern.

Bild 2.17: Stellen Sie Ihren WLAN-Router nicht in einen Schrank oder ein Regal.

Sorgen Sie dafür, dass Ihr WLAN-Router einigermaßen »frei« steht und nicht bereits in der unmittelbaren Umgebung auf Funkbarrieren trifft. Anstatt Ihr Gerät in den Schrank zu stellen, platzieren Sie es lieber auf dem Schrank.

Manche Heimnetzrouter sind an der Unterseite mit Aussparungen versehen, die eine einfache Montage an der Wand ermöglichen. Zur Befestigung sind zwei Schrauben mit Dübel, eine Bohrmaschine und ein Schraubenzieher erforderlich. Eine Bohrschablone für den passenden Schraubenabstand ist mit Papier und Bleistift rasch angefertigt.

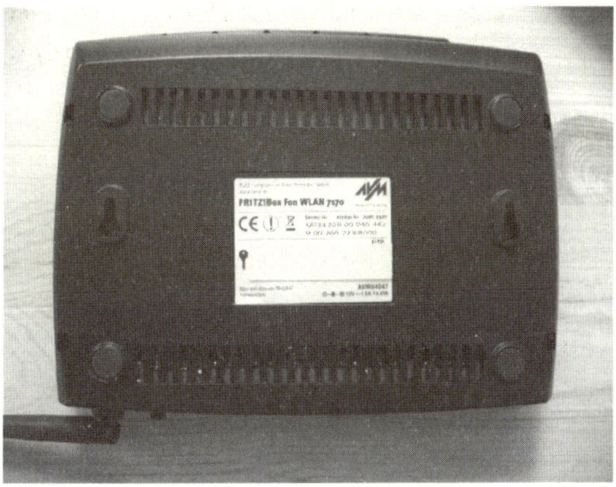

Bild 2.18: Selbst ältere Routermodelle von AVM waren bereits mit Aussparungen zur Wandbefestigung versehen (die beiden birnenförmigen Löcher links und rechts vom silbernen Aufkleber).

Trotz bestmöglicher Platzierung des WLAN-Routers lässt es sich nicht verhindern, dass ein WLAN-Client an bestimmten Stellen einer Wohnung oder eines Hauses nur eine sehr schlechte oder gar keine Verbindung zum Router erhält. Solche Orte bezeichnet man auch als »Funklöcher«.

Erfreulicherweise haben diese Probleme seit der Einführung des WLAN-Standards 802.11n (n-WLAN) deutlich abgenommen. Im Gegensatz zum Vorgänger 802.11g (g-WLAN) nutzt n-WLAN effizientere und »intelligentere« Übertragungstechniken.

Zum Beispiel können n-WLAN-Geräte ihre Daten innerhalb eines Funkkanals parallel über mehrere Antennen übertragen. Der Empfang von Funksignalen ist also selbst dann noch möglich, wenn diese teilweise an Hindernissen reflektiert werden.

Wenn der Nachbar dazwischenfunkt

Problematisch für die Verbindungsqualität im Heimnetz ist der sprunghafte Anstieg der WLAN-Nutzung in Privathaushalten. Wie bereits angesprochen, erhält nahezu jeder Breitbandkunde von seinem Provider einen WLAN-fähigen Router.

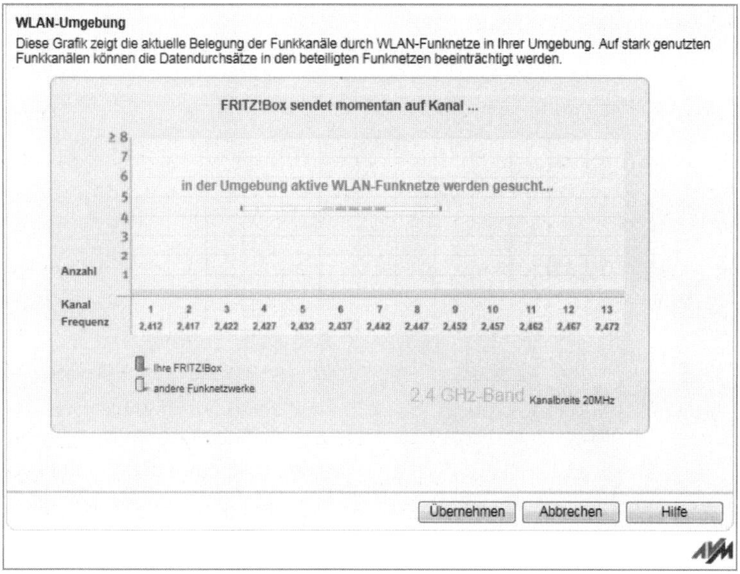

Bild 2.19: Bereits mit 802.11g-Routern von AVM war es möglich, störende Nachbarn ausfindig machen – und den Kanal entsprechend anzupassen.

Aktuell sind laut Bundesnetzagentur etwa zwei Drittel der Haushalte in Deutschland mit einem Breitbandanschluss versorgt. Folgt man dieser Statistik, funken in einem Wohnhaus mit beispielsweise neun Parteien ungefähr sechs WLAN-Router »um die Wette«.

Da sich die von den verschiedenen Access Points genutzten Funkkanäle mehr oder weniger stark überschneiden, führt das oft zu spürbaren Beeinträchtigungen bei Datentransfers in den betroffenen Heimnetzen.

Inzwischen besitzen viele WLAN-Router bereits eine automatische Kanalwahlfunktion, mit der man einem, eventuell auch zwei Störsignalen aus der Nachbarschaft effektiv ausweichen kann.

Befinden sich jedoch mehr als zwei Access Points in unmittelbarer Umgebung, ist das Ausweichen im herkömmlichen WLAN-Funkband (2,4 GHz) durch einen Kanalwechsel nicht mehr möglich.

In einem solchen Fall können Sie mit aktueller n-WLAN-Hardware auf ein anderes Frequenzband umschalten. Allerdings ist hier vorab eine kleine Einführung in aktuelle WLAN-Standards erforderlich.

WLAN-Standards: Eine kurze Übersicht

Denn leider ist es, was die aktuell im Handel verfügbaren WLAN-Geräte mit ihren Standards und ihrer Kompatibilität zueinander betrifft, etwas unübersichtlich. Die folgende kurze Abhandlung liefert das nötige Grundwissen.

- Zur Übertragung von Daten per Funk verwendet der n-WLAN-Standard (802.11n) das 2,4-GHz- und das 5-GHz-Frequenzband. Ein Gerät (WLAN-Adapter oder -Router), das mit »n-WLAN-fähig« beworben wird, kann demnach entweder n (2,4 GHz) oder n (5 GHz) oder n (2,4 und 5 GHz) unterstützen.
- Im 2,4-GHz-Band sendet neben dem aktuellen n-WLAN (802.11n) auch das völlig veraltete b-WLAN (802.11b) und das veraltete, aber noch weit verbreitete g-WLAN (802.11g). Hierbei gilt: 802.11b und 802.11g sind voll kompatibel zu 802.11n (2,4 GHz).
- Im 5-GHz-Frequenzband, das in Deutschland noch wenig verbreitet ist, sendet zum einen der veraltete Standard 802.11a und zum anderen das aktuelle 802.11n (5 GHz). Hierbei gilt: 802.11a und 802.11n (5 GHz) sind miteinander kompatibel.
- Allerdings ist kein WLAN-Standard aus dem 2,4-GHz-Band kompatibel mit einem Funkstandard aus dem 5-GHz-Band. Oder anders ausgedrückt: Geräte nach dem b-, g- oder n-(2,4-GHz-)-Standard können mit Geräten nach dem a- oder n-(5-GHz-)Standard keine Verbindung eingehen.

n-WLAN mit Dualband als Lösung

Die ersten in Deutschland verfügbaren n-WLAN-Router und n-WLAN-Adapter unterstützten ausschließlich das 2,4-GHz-Band. Inzwischen finden sich auch n-WLAN-Geräte, die sowohl im 2,4-GHz- als auch im 5-GHz-Band übertragen können. Solche Geräte werden auch als Dualband-Geräte bezeichnet. Ein Dualband-Router kann also mit 2,4 GHz und mit 5 GHz funken.

Dualband-Router lassen sich bei Bedarf, zum Beispiel bei hoher Access-Point-Dichte in Großstädten, einfach auf das andere, weniger stark »frequentierte« Frequenzband schalten. Dualband-Router der ersten Generation konnten allerdings entweder nur im 2,4-GHz-Band oder nur im 5-GHz-Band funken. Damit waren diese Geräte also entweder kompatibel zum b-, g-, n-(2,4-GHz-)Standard oder kompatibel zum a-, n-(5-GHz-)Standard.

Bild 2.20: Die FRITZ!Box 7270 war ein Dualband-Router der ersten Generation und konnte entweder mit 2,4-oder mit 5-GHz-n-WLAN funken. (Quelle: *www.avm.de*)

Nach dem Umschalten eines solchen Access Points von 2,4 auf 5 GHz kann dieser jedoch nur noch mit WLAN-Geräten kommunizieren, die die Standards a oder n (5-GHz) verstehen. Alle Geräte im Heimnetz, die mit b-, g- oder n- (2,4-GHz) WLAN funken, können dann keine Verbindung mehr zum WLAN-Router aufbauen.

Deshalb waren Dualband-Router, die immer nur eines der beiden n-Funknetze aufspannen konnten, für den Funkfrequenzwechsel in der Praxis eher weniger geeignet.

Paralleles Dualband

Allerdings finden sich mittlerweile auch immer häufiger Dualband-Router, die beide n-WLAN-Frequenzbänder gleichzeitig und somit zwei voneinander unabhängige drahtlose n-WLAN-Netze aufspannen können.

Hierzu zählen unter anderem der Linksys E4200 von Cisco, AVMs FRITZ!Box 7370 oder der hier abgebildete Parallelband-Router DIR-825 von D-Link. Diese Geräte unterstützen die gleichzeitige Übertragung von Funksignalen im 2,4-GHz- und im 5-GHz-Frequenzbereich.

Bild 2.21: Der Parallelband-Router DIR-825 spannt zwei unabhängige WLAN-Netze im 2,4- und 5-GHz-Band auf. (Quelle: *www.dlink.de*)

Diese besondere Dualband-Technik bezeichnen manche Netzwerkhersteller auch treffend als »Parallelband« (D-Link) oder »simultanes Dualband« (Cisco/Linksys). Beide WLANs sind aufgrund der beiden weit auseinanderliegenden Frequenzen vollständig voneinander abgeschirmt und kommen sich dadurch nicht in die Quere.

Bild 2.22: Bei der FRITZ!Box 7390 handelt es sich um einen »echten« Dualband-Router mit zwei simultanen Netzen – eins im 2,4-GHz- und eins im 5-GHz-Band.

So ist es problemlos möglich, beispielsweise über das 2,4-GHz-WLAN im Internet zu surfen und gleichzeitig hochauflösende Videos über das 5-GHz-WLAN im Heimnetz zu übertragen. Und ist die Dichte an 2,4-GHz-WLANs in der Nachbarschaft zu groß, verwendet man eben das (momentan) noch eher selten verwendete 5-GHz-Netz. Selbstverständlich ist auch der Einsatz von Parallelband-Routern nur dann sinnvoll, wenn die eigenen WLAN-Clients nicht nur 2,4 GHz, sondern auch 5 GHz »sprechen«.

Es finden sich – vor allem im hochpreisigen Segment – immer häufiger Notebooks, die mit entsprechenden Dualband-WLAN-Adaptern ausgestattet sind. Achten Sie unter den WLAN-Eigenschaften des jeweiligen Notebooks auf die Standards a, b, g und n.

Ansonsten lässt sich Dualband-WLAN natürlich auch über die USB-Schnittstelle per Adapter nachrüsten.

Bild 2.23: Dualband-USB-Adapter (hier: Netgear, AVM, Cisco/Linksys) können wahlweise Verbindungen mit 2,4- oder 5-GHz-Access-Points eingehen.

Sicherheit im Funknetz

Da ein WLAN-Router auch durch Wände hindurch funkt und somit von jedem beliebigen Notebook in Reichweite angesprochen werden kann, muss die Funkverbindung im Gegensatz zur Kabelverbindung besonders gesichert werden. Der Access Point sollte deshalb unbedingt per WPA2-Verschlüsselung gesichert werden. In den folgenden beiden Workshops stellen wir Ihnen Möglichkeiten vor, um ein WLAN-fähiges Gerät mit Ihrem (WLAN-)Router sicher zu verbinden.

Die erste Möglichkeit ist die moderne und besonders komfortable WPS-Methode. Sie funktioniert allerdings nur, wenn sowohl Ihr WLAN-Router als auch der entsprechende WLAN-Client WPS unterstützen. Ist dem nicht so, überspringen Sie die folgenden Abschnitte und wenden stattdessen die im Anschluss beschriebene »klassische Verbindungsmethode« an. Sie ist zwar etwas umständlicher, funktioniert dafür aber garantiert mit allen WLAN-Geräten.

Verschlüsselung mit K(n)öpfchen

Viele aktuelle WLAN-Router unterstützen bereits das sogenannte WPS-Verfahren, über das sich eine sichere WLAN-Verbindung sehr einfach per Knopfdruck herstellen lässt. Voraussetzung ist, dass auch der WLAN-Adapter des einzubindenden Geräts WPS unterstützt.

- WPS steht für »Wi-Fi Protected Setup« und ist ein Standard, der die Einrichtung eines gesicherten WLAN erheblich vereinfacht. Mit WPS erspart sich der Benutzer beispielsweise das umständliche und fehlerträchtige Übertragen des WPA-Schlüsselworts vom Access Point in den WLAN-Client.

- Stattdessen erledigt man mit WPS die gesamte Verschlüsselung per Knopfdruck oder Klick. Der Vorgang ist denkbar einfach, gestartet wird er durch das Betätigen einer WPS-Taste am Router.

Bild 2.24: Aktuelle Router mit WLAN-Access-Point unterstützen WPS und besitzen einen entsprechenden WPS-Knopf außen am Gerät.

- Innerhalb der folgenden zwei Minuten muss nun auch der WPS-fähige WLAN-Client (Notebook, PC etc.), mit dem Sie eine verschlüsselte Verbindung zum WLAN-Router herstellen möchten, per Klick oder Knopfdruck aktiviert werden.
- Übrigens unterstützt auch die *Drahtlosnetzwerkverbindung* von Windows 7 die praktische Verbindungsmethode per WPS. Wählen Sie dazu zunächst unter den aktuell verfügbaren *Drahtlosnetzwerkverbindungen* einen WPS-fähigen WLAN-Router aus und klicken dann auf die Schaltfläche *Verbinden.*
- Das folgende Fenster *Verbindung mit einem Netzwerk herstellen* weist Sie auf diese Möglichkeit hin – *Die Verbindung kann auch durch Drücken der Taste am Router hergestellt werden.*

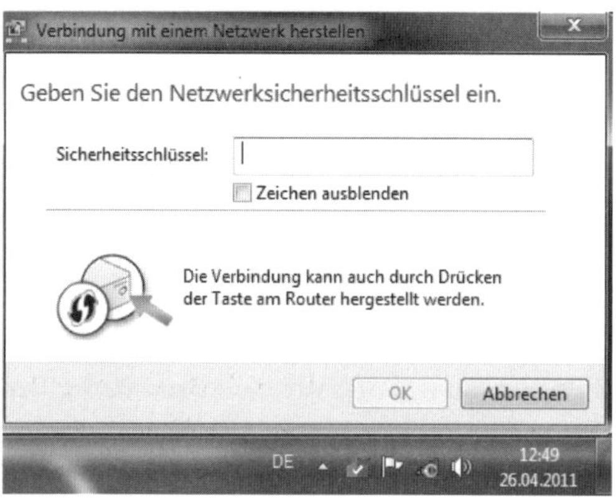

Bild 2.25: Die *Drahtlosnetzwerkverbindung* unter Windows 7 bietet alternativ zur Eingabe des WPA-Sicherheitsschlüssels auch die WPS-Methode an – falls der Router WPS unterstützt.

- Aktivieren Sie nun nachträglich innerhalb der nächsten zwei Minuten den WPS-Knopf am WLAN-Router, wird die verschlüsselte Verbindung hergestellt.

PBC oder PIN?

Als Alternative zum Verschlüsseln per Tastendruck, die auch als »Push-Button-Configuration« (PBC) bezeichnet wird, bieten WPS-fähige Geräte ein Verfahren mittels PIN. Hierzu gibt man in den Setup-Assistenten des WLAN-Adapters eine mehrstellige Ziffernfolge ein, die in der Regel auf der Unterseite des WPS-fähigen WLAN-Access-Point angebracht ist. Im Anschluss wird die verschlüsselte Verbindung hergestellt.

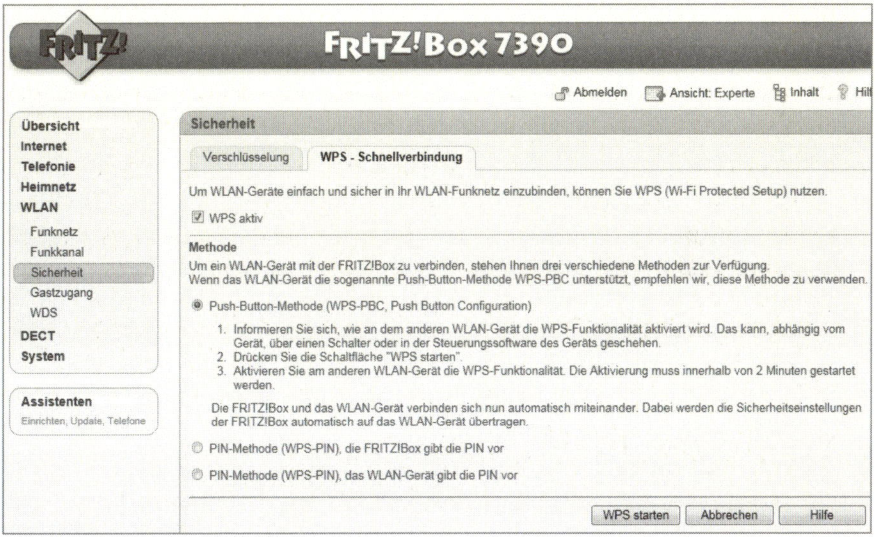

Bild 2.26: In WPS-fähigen Routern wie der FRITZ!Box 7390 kann zwischen der *Push-Button-Methode* und der *PIN-Methode* gewählt werden.

Der altmodische Verbindungsweg

Über den altmodischen Verbindungsweg lässt sich jeder WLAN-Client mit dem WLAN-Router verbinden. Dabei setzen wir voraus, dass sowohl WLAN-Router als auch WLAN-Client den Verschlüsselungsstandard WPA(-PSK) oder besser noch

WPA2(-PSK) unterstützen. WLAN-Geräte ohne WPA(2)-Verschlüsselung sind Elektroschrott.

- Dazu benötigen Sie zunächst die SSID, also den Namen Ihres drahtlosen Netzes, und den dazugehörigen WPA(2)-Schlüssel (bzw. das entsprechende Passwort), mit dem das Funknetz Ihres WLAN-Routers gesichert ist. Im Folgenden stellen wir Ihnen zunächst drei Methoden vor, die Ihnen dabei helfen können, an diese Daten heranzukommen.

  Methode 1: Ihr WLAN-Router ist bereits vom Hersteller individuell vorverschlüsselt, die Zugangsdaten wie SSID und WPA(2)-Schlüssel sind auf der Unterseite des WLAN-Routers aufgedruckt. Das ist die einfachste Methode, an SSID und WPA-Passwort heranzukommen.

  Methode 2: Wer sich nicht ganz sicher ist, ob SSID und/oder WPA-Schlüssel inzwischen geändert wurden, kommt mit Methode 1 nicht weiter. Dasselbe gilt für alle WLAN-Router, bei denen der Anwender die WLAN-Verschlüsselung selbst eingerichtet hat. In einem solchen Fall sucht man nach dem Zettel, auf dem man sich damals bei der WLAN-Einrichtung SSID und WPA-Schlüssel notiert hat. Wer diesen Zettel nicht finden kann, muss Methode 3 anwenden.

  Methode 3: Greifen die beiden vorangegangenen Methoden nicht, müssen Sie im Webmenü des Routers in dessen WLAN-Einstellungen wechseln. Dort finden Sie sowohl die SSID als auch den WPA-Schlüssel Ihres WLAN-Routers. Wie Sie ins Webmenü gelangen, können Sie dem Handbuch oder der Quickinfo Ihres Routers entnehmen. Verwenden Sie für den Zugang zum Webmenü des Routers einen Rechner und verbinden Sie diesen per Netzwerkkabel mit einem freien LAN-Port am Switch des Routers.

- Mit SSID und WPA2-Schlüssel können Sie nun jeden beliebigen WLAN-Client (Notebook, PC, Webradio, Media Player etc.) drahtlos mit Ihrem WLAN-Router verbinden.

- Um beispielsweise ein Notebook oder einen PC zu verbinden, öffnen Sie zunächst dessen WLAN-Verbindungstool oder die *Drahtlosnetzwerkverbindung* des Windows-Betriebssystems. Diese Tools zeigen Ihnen sämtliche SSIDs der WLANs in Ihrer Umgebung an.

Bild 2.27: Unter der Überschrift *Drahtlosnetzwerkverbindung* listet das Verbindungstool von Windows alle verfügbaren WLANs oder Access Points in der Umgebung auf.

- Wählen Sie per Doppelklick die SSID Ihres WLAN-Routers aus und geben Sie anschließend in das Feld neben *Sicherheitsschlüssel* den WPA-Schlüssel des WLAN-Routers korrekt ein. Kurz darauf wird die Verbindung zum WLAN-Router hergestellt. Achtung: Der WPA-Schlüssel und das Zugangspasswort zum Router sind nicht dasselbe.
- Bei anderen WLAN-fähigen Geräten, zum Beispiel Webradios, läuft die Einbindung ähnlich. Zunächst wählen Sie über deren Netzwerk-Setup unter allen angezeigten WLAN-SSIDs die Ihres WLAN-Routers aus, dann tragen Sie den WPA-Schlüssel ein. Sie benötigen also auch hier immer den WLAN-Namen (SSID) und den zugehörigen Schlüssel.

Sofern eine ausreichend stabile Verbindung zustande kommt, ist WLAN sicher die mit Abstand eleganteste Lösung, um Geräte ins Heimnetz zu integrieren, auch wenn die Ersteinrichtung ohne WPS nach wie vor etwas beschwerlich und fehlerträchtig ist.

2.7 Powerline als Kabel- und WLAN-Alternative

Nur die wenigsten Haushalte besitzen vorverlegte Netzwerkkabel mit Anschlussmöglichkeiten in allen Zimmern. Der Griff zur Bohrmaschine wiederum kommt für viele Anwender nicht infrage. Und auch das freie Verlegen von Netzwerkkabeln quer durchs Zimmer ist keine Lösung. Frei herumliegende Kabel sind Stolperfallen und sehen zudem nicht besonders hübsch aus.

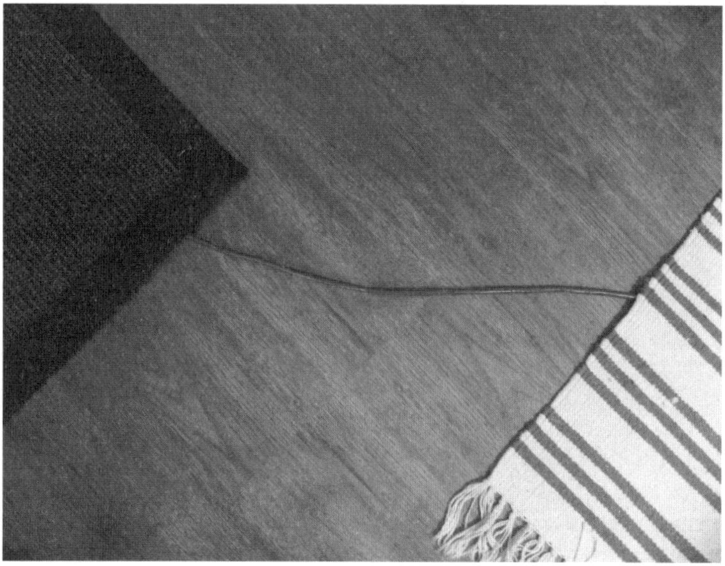

Bild 2.28: Derart »verlegte« Netzwerkkabel stellen ein Sicherheitsrisiko dar.

Die Funkverbindung über WLAN kommt zwar ohne Kabel aus, jedoch ist es möglich, dass sie nicht »funktioniert« – vor allem wenn es um die Überbrückung mehrerer Wände oder Stockwerke geht. Manche Räume sind aufgrund spezieller baulicher Gegebenheiten gut gegen Funkübertragung abgeschirmt, und in dem Fall klappt die Verbindung zum WLAN-Router gar nicht oder nur sehr schlecht.

Ab durch die Steckdose

Lassen sich Heimnetzgeräte weder per Netzwerkkabel noch über WLAN mit dem Heimnetzrouter verbinden, kann die Powerline-Technik als interessante und leistungsfähige Verbindungsmöglichkeit helfen. Powerline, auch kurz als PLC, »Powerline Communication«, bezeichnet, nutzt die Stromverkabelung im Haus als Übertragungsweg, wobei prinzipiell jede Stromsteckdose im Haushalt als Schnittstelle genutzt werden kann. So lassen sich Netzwerkgeräte selbst über mehrere Etagen hinweg verbinden.

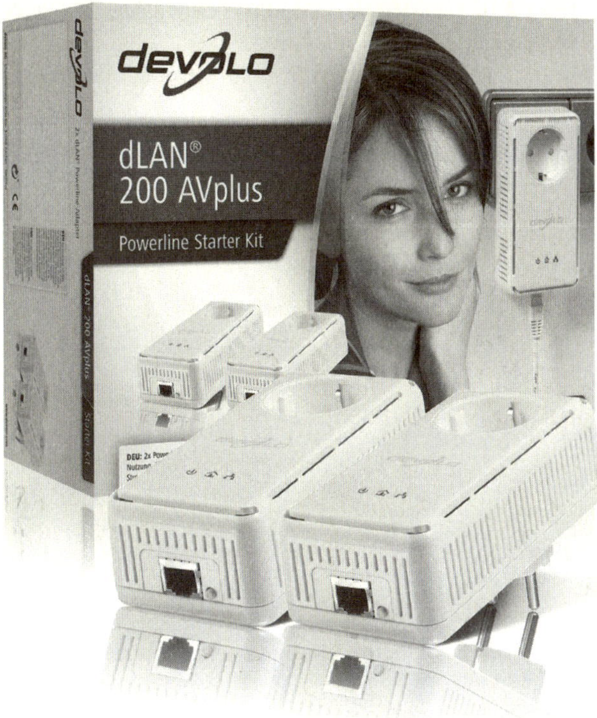

Bild 2.29: Aufgrund des meist vorherrschenden Mangels an freien Steckdosen sind Powerline-Adapter mit integrierter Steckdose sehr zu empfehlen. (Quelle: *www.devolo.de*)

Die Einrichtung der Powerline-Technik ist einfach: Zunächst einmal benötigt man zwei zueinander kompatible Powerline-Adapter. Solche Adapter-Kits werden zuhauf im Fachhandel angeboten. Wir empfehlen Adapter-Kits, die mindestens den Powerline-Standard HomePlug AV mit einer Bruttoübertragungsrate von 200 MBit/s unterstützen.

Einstecken – verbinden – fertig

Um beispielsweise einen PC im ersten Stock mit einem DSL-Router im Keller zu verbinden, wird zunächst der erste Adapter (Adapter 1) in eine freie Steckdose im Keller gesteckt und per Netzwerkkabel mit einem freien LAN-Port am Router verbunden.

Der zweite Adapter (Adapter 2) wird per Netzwerkkabel mit dem LAN-Anschluss des PCs im ersten Stock verbunden und anschließend in eine freie Steckdose gesteckt. Und schon sind PC und Router über das heimische Stromnetz miteinander verbunden.

Die Verbindung läuft somit wie folgt: Router – Netzwerkkabel – Powerline-Adapter 1 – Stromnetz – Adapter 2 – Netzwerkkabel – PC und andersherum.

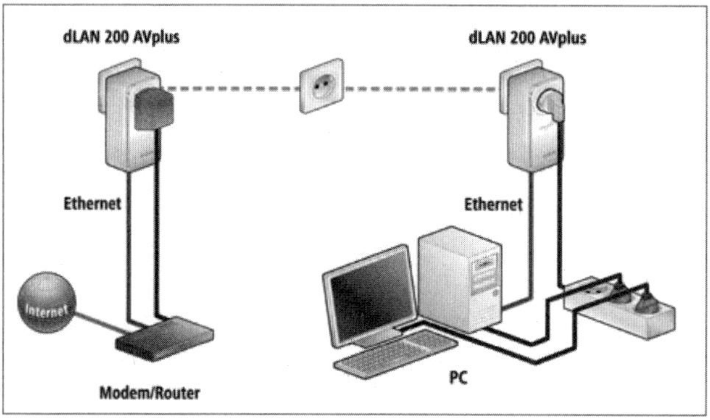

Bild 2.30: Powerline-Adapter überbrücken eine Netzwerkkabel-(Ethernet-)Verbindung einfach über das Stromnetz. (Quelle: *www.devolo.de*)

Die beiden Endgeräte bekommen von der Überbrückung über die Stromleitung gar nichts mit. Der PC an Adapter 2 »denkt«, er sei per Netzwerkkabel direkt mit dem Router verbunden, der Router wiederum »sieht« den PC als per Netzwerkkabel angeschlossenen LAN-Client.

Für jedes weitere Gerät, das auf diese Weise mit dem Heimnetz verbunden werden soll, genügt dann jeweils ein weiterer Powerline-Adapter.

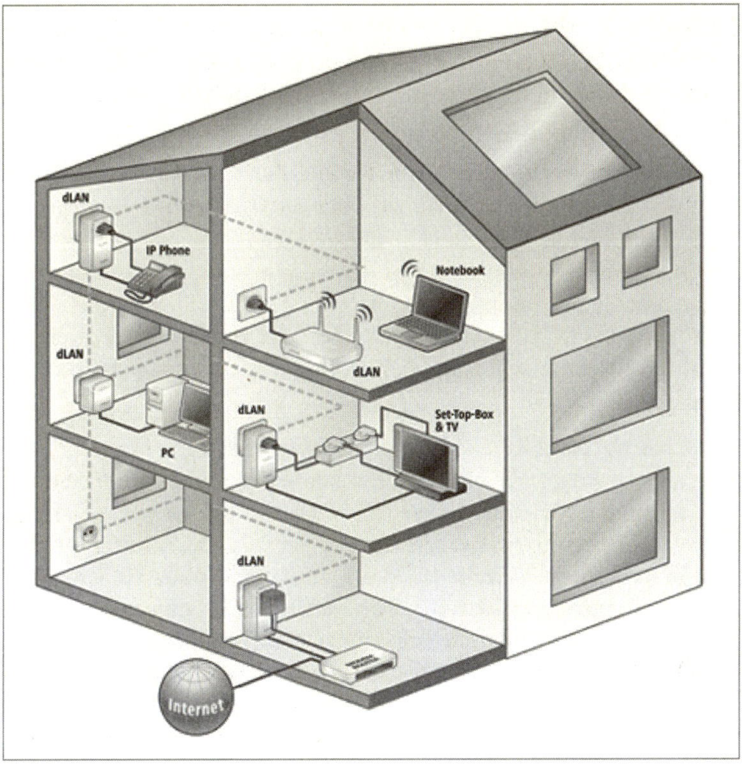

Bild 2.31: Mit Powerline-Adaptern (hier als »dLAN« bezeichnet) lässt sich ein Haus in der Regel auch über mehrere Stockwerke hinweg vernetzen. (Quelle: *www.devolo.de*)

Verschlüsselung im Stromnetz
Nicht jedes Powerline-Adapter-Paar stellt im Auslieferungszustand bereits eine sicher verschlüsselte Verbindung zwischen den einzelnen Adaptern im Stromnetz her. Vor allem in Mehrfamilienhäusern sollte darauf geachtet werden, dass das Heimnetz gegen unerwünschte Mitbenutzer abgesichert ist. Glücklicherweise lassen sich aktuelle PLC-Adapter bereits in wenigen Schritten so verschlüsseln, dass kein anderes Gerät – ob nun versehentlich oder mit Absicht – Teil Ihres Heimnetzes werden kann.

Powerline-Verschlüsselung per Knopfdruck

Der folgende Workshop beschreibt, wie Sie mit viermaligem Knopfdruck eine sicher verschlüsselte Verbindung zwischen zwei Powerline-Adaptern und den daran angeschlossenen Geräten herstellen.

1. **Ein Adapter für jedes Netzwerkgerät**
   Um eine Verbindung zwischen zwei Geräten über das Stromnetz herzustellen, sind zwei Powerline-Adapter erforderlich. Wir empfehlen Geräte ab dem Standard »HomePlug AV« (200 MBit/s). Erst ab diesem Standard lässt sich die sichere Verschlüsselung per Knopfdruck einrichten. Für den Einstieg bieten fast alle Hersteller sogenannte Adapter-Kits an, die zwei (oder drei) Powerline-Adapter enthalten. Jeder Hersteller legt seinen Powerline-Kits pro Adapter ein Netzwerkkabel bei.

2. **Einstecken und per Netzwerkkabel mit dem Gerät verbinden**
   Stecken Sie den ersten Adapter in eine freie Steckdose in der Nähe Ihres Routers. Anschließend verbinden Sie einen freien LAN-Port am Router per Netzwerkkabel mit dem LAN-Port am Powerline-Adapter. Den zweiten Powerline-Adapter stecken Sie in der Nähe des Geräts ein, das Sie mit dem Router via Stromnetz verbinden möchten, zum Beispiel einen PC. Verbinden Sie nun auch den PC und den zweiten Powerline-Adapter mit einem Netzwerkkabel. Schalten Sie außerdem beide Geräte (in unserem Beispiel Router und PC) ein. Ansonsten kann es passieren, dass die PLC-Adapter in den Stromspar- oder Sleepmodus umschalten – und Sie die folgenden Schritte nicht korrekt durchführen können.

3. **Beide Adapter neu verschlüsseln**
   Drücken Sie nun an Adapter 2 die Verschlüsselungstaste für mindestens zehn Sekunden und verfahren Sie anschließend ebenso mit Adapter 1. So erhalten beide Stromadapter neue, unterschiedliche Verschlüsselungen. Die erfolgreiche Durchführung dieser Neuverschlüsselung quittiert jeder Adapter, indem alle seine LEDs für kurze Zeit erlöschen.

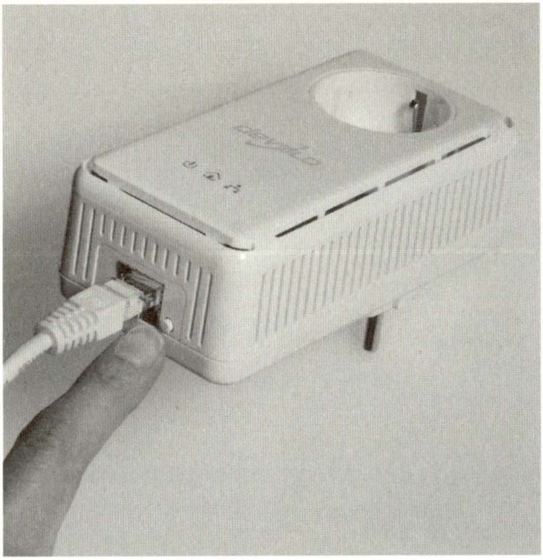

Bild 2.32: Drücken Sie dieses Knöpfchen zunächst zehn Sekunden. Dabei muss der Adapter – anders als in dieser Abbildung – in einer Steckdose eingesteckt sein. (Quelle: *www.devolo.de*)

4 **Verschlüsselung übertragen**

Lassen Sie, nachdem Sie Schritt 3 durchgeführt haben, etwas Zeit (etwa eine halbe Minute) verstreichen und drücken Sie dann erneut die Verschlüsselungstaste an Adapter 1, nun jedoch nur für knapp zwei Sekunden. Eine Signal-LED am Adapter sollte jetzt regelmäßig blinken. Begeben Sie sich innerhalb der nächsten zwei Minuten zu Adapter 2 und drücken Sie auch dessen Verschlüsselungstaste für knapp zwei Sekunden, sodass dessen LED ebenfalls zu blinken beginnt.

Kurz darauf übernimmt Adapter 2 automatisch das Verschlüsselungspasswort von Adapter 1, startet sich neu, und die sicher verschlüsselte Verbindung zwischen beiden Powerline-Adaptern ist aufgebaut.

5 **Weitere Geräte per Powerline-Adapter einbinden**

Selbstverständlich können Sie zu einem bereits bestehenden »Powerline-Netz« noch weitere Geräte hinzufügen, zum Beispiel einen netzwerkfähigen Media Player. Hierzu benötigen Sie zunächst einen zusätzlichen PLC-Adapter, der ebenfalls mindestens den HomePlug-AV-Standard mit 200 MBit/s Übertragungsrate unterstützt. Verfahren Sie dann genau so, wie in Schritt 2 beschrieben: Powerline-Adapter in die Steckdose einstecken und per Netzwerkkabel mit dem LAN-Port des eingeschalteten Media Player verbinden. Setzen Sie dann den PLC-Adapter per Zehn-Sekunden-Knopfdruck zurück.

Im Anschluss gehen Sie zu einem bereits eingerichteten PLC-Adapter und drücken dessen Verschlüsselungstaste für zwei Sekunden. Dasselbe machen Sie schließlich innerhalb der nächsten zwei Minuten mit dem neuen PLC-Adapter – und schon ist Ihr Media Player im Heimnetz integriert.

Bild 2.33: Netzwerkfähige Media Player wie der WD TV Live können, falls erforderlich, auch über Powerline ins Heimnetz eingebunden werden. (Quelle: *www.wdbrand.com*)

Powerline-Standards

Achten Sie beim Kauf von Powerline-Adaptern unbedingt auf den Gerätestandard. Meiden Sie besonders günstige Adapter-Kits nach dem Standard »Home Plug 1.0« mit den Übertragungsraten 85 MBit/s oder gar 13 MBit/s.

Greifen Sie stattdessen zu Adaptern des aktuellen Standards HomePlug AV mit Übertragungsraten von 200 MBit/s. Erst der HomePlug-AV-Standard bietet die praktische Verschlüsselung per Knopfdruck, während bei dem veralteten HomePlug 1.0 jeder einzelne Adapter umständlich mithilfe eines Tools verschlüsselt werden muss. Außerdem sind HomePlug 1.0 und HomePlug AV nicht zueinander kompatibel. Ein 85-MBit-Adapter kann also keine Verbindung mit einem 200-MBit-Adapter herstellen.

Bild 2.34: Devolos kostenloses Monitoring-Tool Cockpit zeigt die aktuelle Bruttodatenrate zwischen PLC-Adaptern an.

Der Nachfolgestandard von HomePlug AV lautet IEEE 1901 und erlaubt Übertragungsraten von bis zu 500 MBit/s. Dabei ist IEEE 1901 voll abwärtskompatibel zu HomePlug AV. Ein PC an einem HomePlug-AV-Adapter kann folglich mit einem Router kommunizieren, der per IEEE-1901-Adapter im Stromnetz hängt – dann jedoch maximal mit 200 MBit/s (brutto).

Leider sind die Geschwindigkeitsangaben, mit denen die Hersteller gern auf den Verpackungen werben, keine praxisbezogenen Werte und deshalb mit Vorsicht zu genießen. Ebenso wie bei WLAN gibt es auch bei Powerline gewaltige Unterschiede zwischen der theoretischen Bruttodatenrate inklusive aller Übertragungsprotokolle (Overhead) und der Nettodatenrate, die allein die Übertragungsgeschwindigkeit der Nutzdaten wiedergibt.

Die Tabelle »Übertragungsraten im Heimnetz« weiter unten fasst noch einmal alle wichtigen Verbindungsarten im Heimnetz mit ihren theoretischen (brutto) und tatsächlichen (netto) Übertragungsraten zusammen.

Worauf Sie beim Einsatz von Powerline achten sollten

Wer Powerline-Adapter im eigenen Haushalt einsetzen möchte, sollte einige Grundregeln beachten. Stecken Sie Ihre Adapter nicht an Mehrfachsteckdosen, sondern möglichst an je eine Einzelsteckdose. Wem es im Haushalt an freien Steckdosen mangelt, sollte unbedingt auf die meist etwas teureren Adapter mit integrierter Steckdose und Netzfilter zurückgreifen. Da sich Qualität und Zustand der Stromverkabelung in jedem Haushalt unterscheiden, lassen sich vorab so gut wie keine Vorhersagen über Verbindungsqualitäten zwischen bestimmten Steckdosen treffen. Sie müssen es selbst ausprobieren. Vereinbaren Sie deshalb mit Ihrem Händler ein Rückgaberecht oder bestellen Sie Ihr Adapter-Kit im Internet.

Übertragungsraten im Heimnetz		
Verbindungsart	**Übertragungsrate (max.)**	
Netzwerkkabel	**brutto***	**netto****
Fast Ethernet (10/100 MBit/s)	100	ca. 90
Gigabit Ethernet (10/100/1000 MBit/s)	1000	ca. 900
WLAN		
Wireless-g-Standard (54 MBit/s)	54	25–30
Wireless-n-Standard (300 MBit/s)	300	120–150
Wireless-n-Standard (450 MBit/s)	450	180–230
Powerline		
HomePlug 1.0 (13 MBit/s)	13	5–6
HomePlug 1.0 (85 MBit/s)	85	30–32
HomePlug AV (200 MBit/s)	200	65–67
IEEE 1901 (500 MBit/s)	500	190
*berechnet sich aus allen Daten (inklusive Overhead), die eine Verbindung pro Sekunde überträgt => theoretische Übertragungsrate		
**berechnet sich nur aus den tatsächlichen Nutzdaten, die eine Verbindung pro Sekunde überträgt => praxisorientierte Übertragungsrate		

3 Speicher im Heimnetz

In diesem Kapitel geht es um ein Gerät, das ähnlich dem Router eine besondere, zentrale Stellung im Heimnetz einnimmt: die Netzwerkfestplatte. Während der Router vor allem als Online- und Verbindungszentrale auftritt, kommt der Netzwerkfestplatte die Rolle der Speicherzentrale zu. Die Aufgaben und Funktionen einer modernen Speicherzentrale im Heimnetz sind dabei erstaunlich vielfältig. Nicht umsonst haben diese Geräte auch im privaten Umfeld zunehmend an Bedeutung gewonnen.

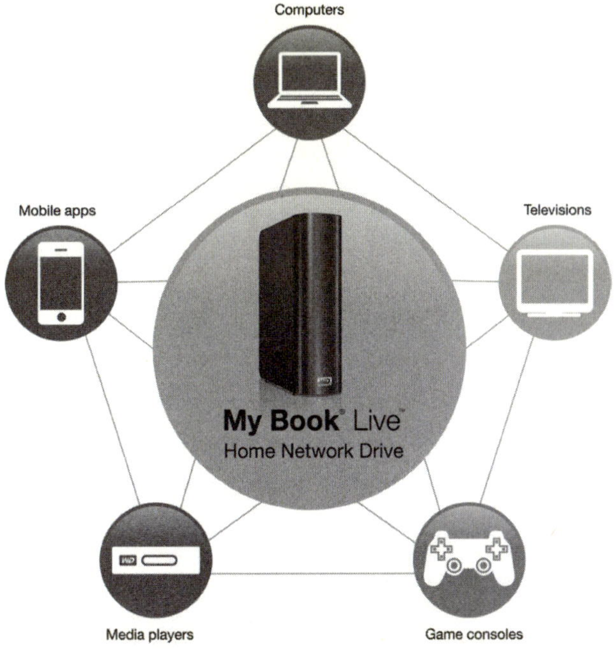

Bild 3.1: Diverse Geräte im Heimnetz greifen auf eine Netzwerkfestplatte (hier: My Book Live) zu: PC, Fernseher, Smartphone, Media Player und Spielekonsole. (Quelle: *www.wdbrand.com*)

Die Netzwerkfestplatte dient als zentraler Speicher für beliebige Dateien und Dokumente im Heimnetz und hält diese auf Abruf für jeden (berechtigten) Teilnehmer bereit. Somit kann von jedem PC und jedem Notebook aus im Heimnetz auf diesen zentralen Datenspeicher zugegriffen werden.

Außerdem bieten diese Speicher in der Regel zusätzliche Funktionen und Dienste im Umgang mit Fotos, Musik- und Filmdateien. So können netzwerkfähige Multimedia-Geräte wie zum Beispiel Webradios, Media Player, aktuelle Fernseher, Spielekonsolen und selbst Smartphones die Inhalte von Netzwerkfestplatten anzeigen oder abspielen. Dazu muss übrigens kein PC und kein Notebook eingeschaltet sein.

Bild 3.2: Webradios wie das Noxon iRadio spielen nicht nur Musik aus dem Internet, sondern auch alle MP3s, die Sie auf Ihrer Netzwerkfestplatte abgelegt haben. (Quelle: *www.terratec.net*)

Und was ist, wenn Sie weder Spielekonsole noch Webradio oder Media Player im Haushalt verwenden? Ist es dann überhaupt sinnvoll, für eine zentrale Speicherlösung Geld auszugeben?

3.1 Wozu ein Speicher im Heimnetz?

Jeder, der mehr als einen Rechner (PC, Notebook) im Heimnetz verwendet, stößt über kurz oder lang auf Schwierigkeiten. Angenommen, Sie haben Ihre Fotosammlung auf dem PC des Arbeitszimmers im Dachstudio gespeichert. Der Zugriff auf diese Fotos ist nur dann möglich, wenn Sie entweder direkt vor diesem PC sitzen (und arbeiten) oder wenn Sie den Ordner mit den Fotos im Heimnetz freigeben und der PC eingeschaltet bleibt.

Doch möchten Sie den Rechner deshalb rund um die Uhr laufen lassen? Je nach Größe, Alter und eingebauter Hardware »zieht« ein herkömmlicher Desktop-Rechner im Leerlauf zwischen 80 und 150 Watt aus der Steckdose.

Datenchaos im Heimnetz

Oder Sie kopieren Ihre komplette Bildersammlung auf alle PCs und Notebooks im Heimnetz. Und ebenso alle MP3s oder gar Filmdateien. Das ist jedoch äußerst umständlich und kostet viel Speicherplatz.

Sie können es sich auch ganz leicht machen und Ihre Fotos, MP3s oder Dokumente immer auf den Rechner speichern, an dem Sie gerade sitzen. Dann sind alle Ihre Dateien auf zwei (oder mehreren) Geräten verteilt. Vielleicht liegt ein weiterer Teil Ihrer Daten noch verstreut auf diversen externen Datenträgern (USB-Sticks, externe Festplatten). In einem solchen Datenchaos werden Sie höchstwahrscheinlich viel Zeit mit Suchen verbringen.

Besonders problematisch wird es aber dann, wenn Sie über einen längeren Zeitraum an Dokumenten arbeiten, diese häufig mit neuen Inhalten füllen, ergänzen oder aktualisieren. Schnell ist es passiert, dass auf verschiedenen Rechnern verschieden aktuelle Versionen lagern.

Wer dann versehentlich die falsche Version überschreibt oder nicht an der aktuellen, sondern versehentlich an einer älteren Version weiterarbeitet, verliert viel Zeit und Nerven, im schlimmsten Fall auch wertvolle Daten.

Netzwerkspeicher als Lösung

Die ideale Lösung für diese Probleme bieten sogenannte Netzwerkfestplatten, die selbst im Heimbereich immer häufiger als NAS bezeichnet werden. Die Abkürzung steht für den englischen Begriff »Network Attached Storage«, was so viel heißt wie »an das Netzwerk angeschlossener Speicher«. Im Gegensatz zu einer herkömmlichen externen Festplatte wird ein NAS nicht per USB-Kabel direkt mit einem PC oder Notebook, sondern per Netzwerkkabel mit einem freien LAN-Port des Routers verbunden.

Im Prinzip verhält sich ein NAS im Heimnetz ähnlich wie ein PC, bei dem Sie eine Ordnerfreigabe eingerichtet haben. Netzwerkfestplatten werden ebenso wie andere Rechner im Heimnetz in der linken Spalte des Windows Explorer unter *Netzwerk* angezeigt. Klickt man auf eines dieser gelisteten Geräte in der Spalte links, werden dessen freigegebene Ordner als Netzlaufwerke angezeigt.

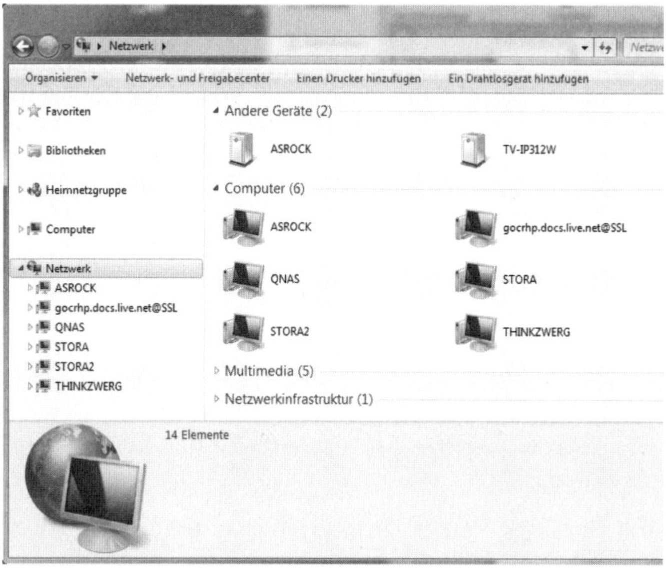

Bild 3.3: Netzwerkfestplatten und andere Geräte mit Freigaben (z. B. PCs) erscheinen in der linken Spalte des Windows Explorer unter *Netzwerk* und im Bereich rechts unter *Computer*.

3.2 Verbindung ins Heimnetz

Bevor Sie ein NAS im Heimnetz nutzen können, müssen Sie das Gerät mit dem Heimnetz, sprich Ihrem Router, verbinden. NAS-Geräte besitzen hierzu einen Netzwerkanschluss (LAN-Port) an der Rückseite, den Sie per Netzwerkkabel mit einem freien LAN-Port am Switch des Routers verbinden. Falls Sie bei sich zu Hause keine Netzwerkkabel verlegt haben, ist es also durchaus sinnvoll, wenn Sie Ihr NAS in der Nähe des Routers postieren.

Jedes halbwegs aktuelle NAS-Gerät ist mit einem leistungsfähigen Gigabit-Ethernet-Port (kurz GBit-Port) ausgestattet, der mit bis zu 1.000 MBit/s deutlich höhere Übertragungsraten leisten kann als ein herkömmlicher LAN-Port nach dem Fast-Ethernet-Standard (max. 100 MBit/s).

Um jedoch Daten tatsächlich mit GBit-Geschwindigkeit übertragen zu können, müssen auch alle anderen an der Datenübertragung beteiligten Geräte (Router, PC, Notebook) mit entsprechenden Gigabit-Ethernet-Ports ausgestattet sein.

Der Router als Bremser

Leider sind die meisten Heimnetzrouter nur mit Fast-Ethernet-Switches ausgestattet, die Datenraten von maximal 100 MBit/s ermöglichen. Da sich im Netzwerk die Transferleistung immer nach dem schwächsten Glied richtet, kann dann selbst eine GBit-fähige Netzwerkfestplatte nur Fast-Ethernet-Geschwindigkeit liefern.

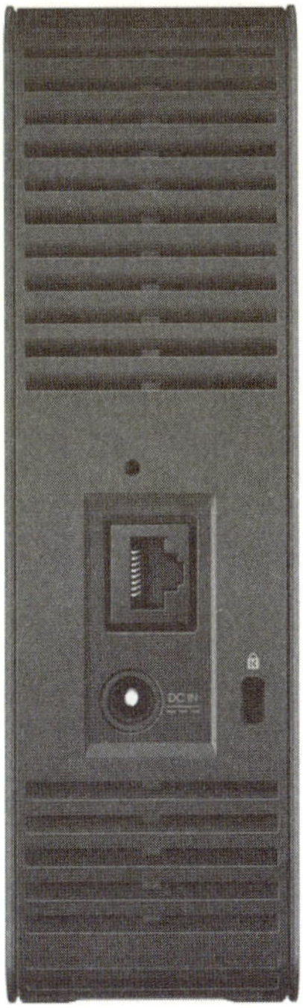

Bild 3.4: Aktuelle NAS-Geräte für das Heimnetz sind standardmäßig mit einem GBit-Anschluss ausgestattet. (Quelle: *www.wdbrand.com*)

Das ist ärgerlich, denn bei nahezu allen PCs und ebenso bei einem Großteil aktueller Notebooks sind GBit-fähige Netzwerkanschlüsse inzwischen ebenfalls Standard. Der Bremser für schnelle Übertragungen im Heimnetz ist also fast immer der langsame Fast-Ethernet-Switch im Router.

In Kapitel 2 im Abschnitt »Verbindung per Netzwerkkabel« finden Sie eine kurze Beschreibung dazu, wie Sie einen Teil Ihres Heimnetzes für wenig Geld GBit-fähig machen, ohne sich gleich einen neuen, teuren GBit-Router kaufen zu müssen.

3.3 Private Freigabe anlegen

Doch mit dem Anschluss der Netzwerkfestplatte an das Heimnetz ist es in der Regel noch nicht getan. Denn häufig befinden sich im Auslieferungszustand nur voreingestellte Ordnerfreigaben auf dem NAS, die zudem von jedem beliebigen Benutzer im Heimnetz verwendet und geändert werden können.

Bestimmte Dateien und Verzeichnisse, wie beispielsweise Ihr digitales Fotoarchiv oder andere wichtige Dokumente, sollte man tunlichst in einem vor Zugriff geschützten Ordner ablegen. So tragen Sie Sorge dafür, dass bestimmte Dateien nur von Ihnen selbst betrachtet werden oder wichtige Dokumente von anderen Personen oder Familienmitgliedern nicht versehentlich gelöscht werden können. Legen Sie sich deshalb mindestens einen persönlichen, zugriffsgeschützten Ordner auf Ihrem Laufwerk an.

Der Zugang zum NAS

Bevor Sie irgendwelche neuen Einstellungen an Ihrer Netzwerkfestplatte vornehmen, müssen Sie zunächst in die Benutzeroberfläche des NAS gelangen. Denn ebenso wie ein Router besitzt eine Netzwerkfestplatte keinen eigenen Bildschirm und auch keine Tastatur.

1. **Zugriffsvoraussetzungen**
   Der Zugriff auf die Einstellungen im NAS kann von jedem beliebigen Rechner erfolgen, der mit dem Heimnetz(-Router) verbunden ist. Das zugreifende Gerät muss dazu eigentlich nur über einen Browser verfügen, da die Benutzeroberfläche des NAS – ähnlich wie die eines Routers – als Webmenü bereitsteht. Sie könnten Ihre Netzwerkfestplatte somit auch über Smartphone oder iPad ansteuern.

2. **Der Zugriff über die IP-Adresse**
   Wer möchte, kann die Benutzeroberfläche des NAS-Laufwerks über dessen sogenannte IP-Adresse aufrufen. Diese erhält die Netzwerkfestplatte in der Regel automatisch, sobald sie per Ethernet-Kabel an den Router angeschlossen und eingeschaltet wird. Dieser Weg ist am Anfang jedoch nur für fortgeschrittene Anwender zu empfehlen.

   Da in einem Heimnetz in der Regel der Router darüber bestimmt, welche IP-Adresse einem neuen Gerät zugeteilt wird, hilft meist ein Blick in die Netzwerkeinstellungen oder Statusinformationen des Heimnetzrouters. In der Oberfläche eines FRITZ!Box-Routers findet sich diese Auflistung beispielsweise unter *Heimnetz/Netzwerk/Geräte und Benutzer.*

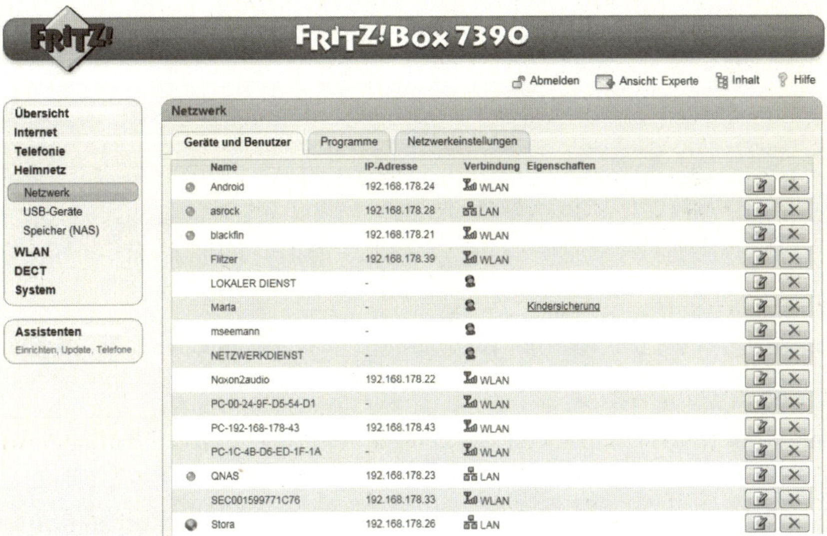

Bild 3.5: Fortgeschrittene Anwender finden die IP-Adresse des NAS in den Netzwerkeinstellungen des Heimnetzrouters.

Alternativ gibt es kostenlose Scantools wie zum Beispiel den »Network Scanner« (*www.softperfect.com/products/networkscanner*) von SoftPerfect, die alle im Netzwerk verfügbaren Geräte inklusive deren IP-Adressen anzeigen. Doch auch diese Tools sprechen eher den etwas erfahreneren Anwender an.

3 **Bequeme Suche mit dem »Finde-Tool« des NAS-Herstellers**
Aus diesem Grund geben alle NAS-Hersteller ihren Geräten fürs Heimnetz eine Art Such- oder Navigationstool mit. Dieses Tool spürt eine Netzwerkfestplatte, die bereits mit dem Heimnetz verbunden und eingeschaltet ist, in wenigen Sekunden auf und ermöglicht somit einen raschen Zugang zum Webmenü des NAS inklusive aller Einstellungen.

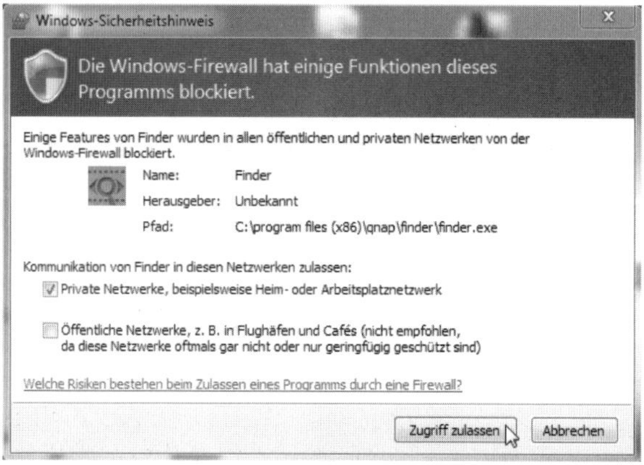

Bild 3.6: Falls sich die Firewall meldet, müssen Sie dem Tool des NAS-Herstellers den Zugriff auf Ihr privates Netzwerk (Heimnetz) erlauben.

Achtung: Da ein solches Tool Ihr Heimnetz scannen muss, um die gesuchte Netzwerkfestplatte zu finden, wird sich spätestens beim ersten Start Ihre Firewall melden – und Sie danach fragen, ob das Tool Zugriff auf Ihr Netzwerk erhalten darf. Ohne diese Erlaubnis kann das Tool die Festplatte im Netz nicht finden. Im Fall der Windows-Firewall klicken Sie also auf die Schaltfläche *Zugriff zulassen*.

Sobald das Tool auf einem PC oder Notebook installiert ist (in unserem Beispiel das Tool Finder des Herstellers QNAP), lokalisiert es nach dem Start auf Anhieb die Netzwerkfestplatte, die dazu selbstverständlich eingeschaltet und mit dem Router verbunden sein muss.

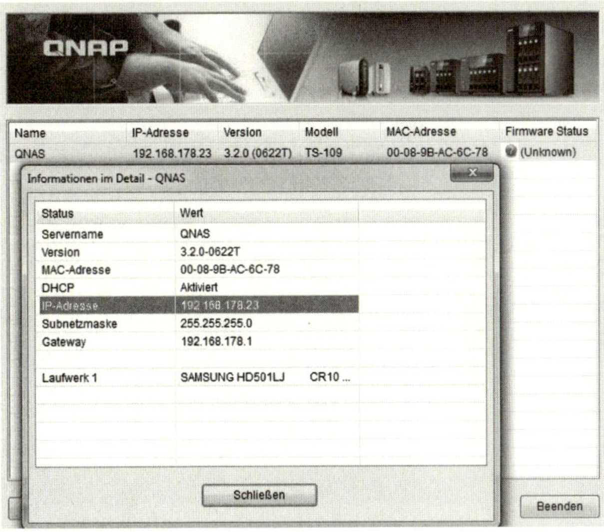

Bild 3.7: Der QNAP Finder ermittelt die Netzwerkplatte im Heimnetz und liefert auf Wunsch auch diverse Statusinformationen zur Platte (inklusive IP-Adresse).

Das Tool zeigt in der Regel diverse Statusinformationen zu dem Netzspeicher an und öffnet auf Wunsch die Benutzeroberfläche des NAS im Browser. Im Beispiel des QNAP Finder genügt hierzu ein Doppelklick auf die in der Liste angezeigte Festplatte oder auf die Schaltfläche *Verbinden* (in der Abbildung vom Fenster *Informationen im Detail* verdeckt).

4 Die Benutzeroberfläche im Browser

Sobald Sie über das Finde-Tool die Benutzeroberfläche des NAS aufgerufen haben, übergibt die Software an Ihren Standardbrowser, in dem schließlich die Benutzeroberfläche des NAS angezeigt wird. Die Gestaltung dieser Benutzeroberfläche unterscheidet sich natürlich von Hersteller zu Hersteller.

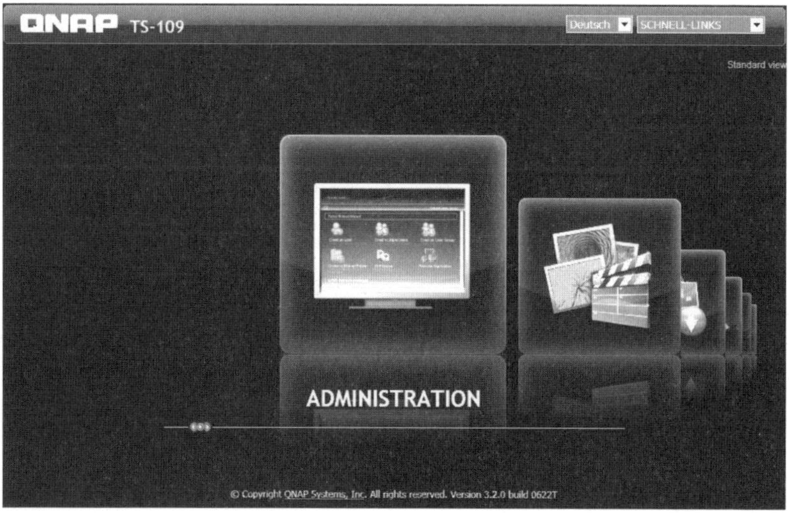

Bild 3.8: Bei diesem NAS gelangt man über die Rubrik *Administration* in die Einstellungen.

5 Ersteinrichtung und Vergabe des Zugangspassworts

Bevor Sie jedoch vom Startbildschirm des NAS in den Bereich mit den diversen Einstellungsmöglichkeiten gelangen, müssen Sie in der Regel noch Zugangsdaten (Benutzername und Passwort) eingeben. Diese sind vom Hersteller oft voreingestellt. Nähere Informationen hierzu finden sich in der mitgelieferten Schnellanleitung oder im Handbuch des NAS.

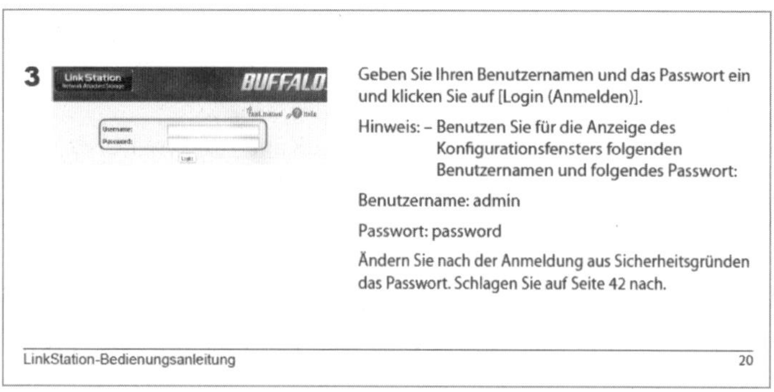
3 LinkStation BUFFALO

Geben Sie Ihren Benutzernamen und das Passwort ein und klicken Sie auf [Login (Anmelden)].

Hinweis: – Benutzen Sie für die Anzeige des Konfigurationsfensters folgenden Benutzernamen und folgendes Passwort:

Benutzername: admin

Passwort: password

Ändern Sie nach der Anmeldung aus Sicherheitsgründen das Passwort. Schlagen Sie auf Seite 42 nach.

LinkStation-Bedienungsanleitung 20

Bild 3.9: Die voreingestellten Zugangsdaten dieses Buffalo-Geräts sind im Handbuch abgedruckt.

Viele NAS-Geräte für den Heimbereich bieten allerdings auch eine komfortable Schnelleinrichtung oder Erstinstallation, in deren Rahmen Sie unter anderem auch gleich das Benutzer- oder Administratorpasswort vergeben. Wie diese Ersteinrichtung tatsächlich Schritt für Schritt abläuft, hängt wiederum vom jeweiligen Hersteller ab.

6 **Zugangsdaten zur Benutzeroberfläche personalisieren**
Sobald Sie Benutzernamen und Passwort neu eingegeben (oder voreingestellte Zugangsdaten geändert) haben, notieren Sie sich die neuen Zugangsdaten auf einem Zettel und verwahren diesen an einem sicheren Ort.

Damit wissen Sie nun, wie Sie sich in der Benutzeroberfläche Ihres NAS anmelden, um Einstellungen vorzunehmen. Im folgenden Schritt legen Sie sich einen eigenen Ordner (Netzwerkfreigabe) an, auf den nur Sie selbst Zugriff haben.

Neuen Benutzer und neuen Freigabeordner anlegen

In der Benutzeroberfläche Ihres NAS-Geräts lassen sich neue Freigabeordner festlegen, die dann für andere Geräte im Heimnetz als Netzlaufwerk zur Verfügung stehen. Außerdem lässt sich einstellen, ob ein solches Netzlaufwerk für jedermann zugänglich sein soll oder ob nur bestimmte Anwender auf dieses Laufwerk zugreifen dürfen. Beinahe jedes NAS-Gerät besitzt in seiner Benutzeroberfläche eine entsprechende Einstellungsmöglichkeit.

Beim Anlegen eines neuen Freigabeordners lässt sich in der Regel auch festlegen, mit welchen Rechten (Lese-/Schreibrechte) einzelne Benutzer auf die Inhalte dieses Ordners zugreifen dürfen.

Wichtig dabei: Damit Sie ein Netzlaufwerk überhaupt einem bestimmten Benutzer zuordnen können, müssen Sie diesen Benutzer (samt zugehörigem Passwort) in der Benutzerverwaltung des NAS anlegen. Der folgende Workshop beschreibt das Anlegen eines neuen Benutzers und eines neuen Freigabeordners. Dabei soll ausschließlich der neue Benutzer auf den Freigabeordner zugreifen dürfen.

1 **Neuen Benutzer anlegen**
Wechseln Sie über das NAS-Tool des Herstellers in die Benutzeroberfläche Ihrer Netzwerkfestplatte und wechseln Sie in den Bereich mit den Einstellungen (Administration, Konfiguration etc.). Hierzu benötigen Sie die bei der Ersteinrichtung vergebenen Zugangsdaten.

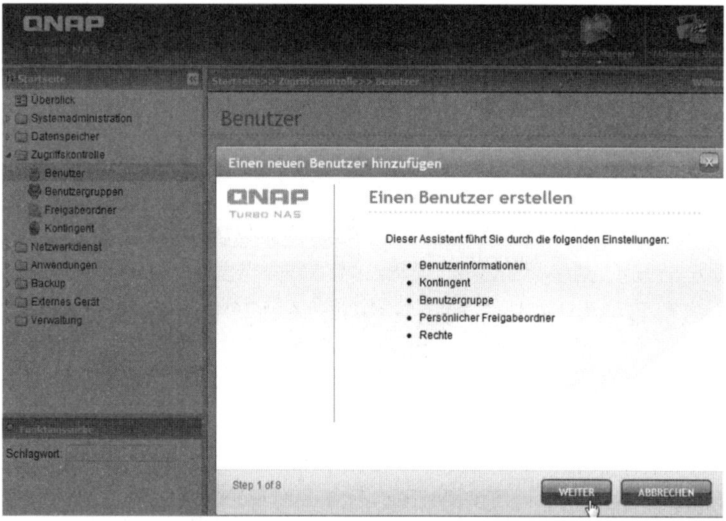

Bild 3.10: Diese Netzwerkfestplatte bietet im Bereich unter *Zugriffskontrolle/ Benutzer* einen eigenen kleinen Assistenten zur Anlage eines neuen Benutzers.

Im Administrationsbereich des NAS suchen Sie nun nach dem Bereich, der für die Einstellungen der Benutzerverwaltung zuständig ist. Legen Sie einen neuen Benutzer an und vergeben Sie ein Passwort für diesen neuen Benutzer. Manche NAS-Geräte bieten Ihnen bereits beim Anlegen eines neuen Benutzers an, einen persönlichen Freigabeordner für diesen Benutzer zu erstellen.

Bild 3.11: Praktisch: Hier wird beim Anlegen eines neuen Benutzers auf Wunsch auch gleich der diesem Benutzer zugeordnete persönliche Freigabeordner erstellt.

In einem solchen Fall stimmen Sie natürlich zu und überspringen damit den folgenden zweiten Schritt (»Einen neuen Freigabeordner anlegen«).

2 Einen neuen Freigabeordner anlegen
Wechseln Sie nun in den Einstellungen des NAS in den Bereich, der für die Verwaltung der Freigabeordner, Netzlaufwerke oder Shares zuständig ist. Der Begriff »Shares« steht in diesem Fall nicht für »Aktien«, sondern für »im Netzwerk freigegebene Laufwerke«, Netzlaufwerke oder Freigabeordner.

Legen Sie dort nun einen neuen Freigabeordner an. Dazu geben Sie dem neuen Ordner einen eigenen Namen und weisen ihn dann Ihrem unter Schritt 1 neu angelegten Benutzer zu. Achten Sie darauf, dass Ihr Benutzer Schreibrechte auf dem Laufwerk erhält. Diese Rechte werden manchmal auch mit dem Kürzel »rw« für »read/write« abgekürzt.

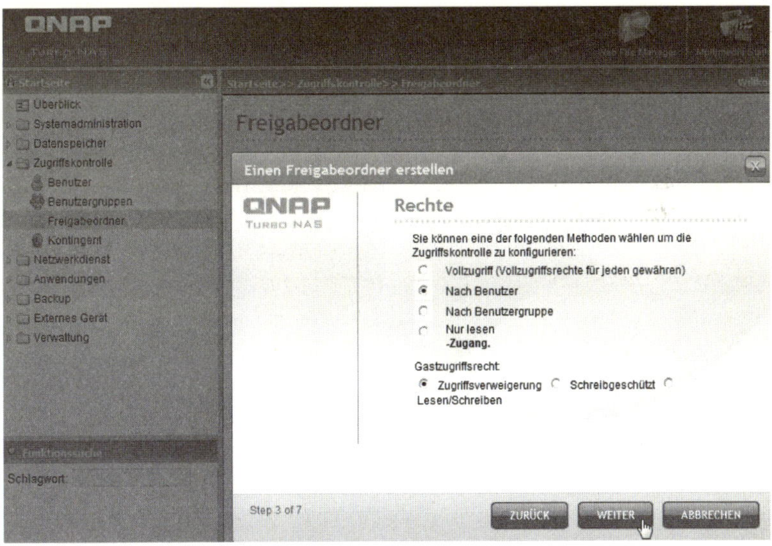

Bild 3.12: Die Vergabe der Zugriffsrechte ist bei jedem NAS-Gerätehersteller anders.

Beachten Sie außerdem, dass die Verwaltung von Zugriffsrechten auf Netzlaufwerke bei jedem Hersteller von NAS-Geräten ein klein wenig anders funktioniert. Im Idealfall finden Sie sich schnell zurecht oder erhalten über die Onlinehilfe des NAS die nötigen Informationen.

In seltenen Fällen reicht selbst der Blick ins ausführliche (PDF-)Handbuch nicht aus, dann müssen Sie einzelne Einstellungen ausprobieren.

3 Der Zugriff auf den Freigabeordner

Sobald Sie das neue Laufwerk angelegt haben, melden Sie sich von der Browseroberfläche des NAS ab. Sicher möchten Sie Ihr neu angelegtes Netzlaufwerk ausprobieren und beispielsweise einige Dateien auf das NAS übertragen. Wie bereits angesprochen, sollte Ihr NAS im Windows Explorer links in der Ordnerspalte unter *Netzwerk* erscheinen.

Doch ist Windows nach wie vor etwas langsam, wenn es um die Anzeige neu hinzugefügter Netzwerkgeräte geht. Erscheint Ihr NAS also noch nicht im Explorer, hilft Ihnen das Tool des NAS-Herstellers weiter. Hier findet sich, egal bei welchem Hersteller, immer auch eine Option, die Ihnen den direkten Zugang zu den Freigabeordnern des NAS im Windows Explorer verschafft. Im Fall des Finder-Tools von QNAP wählen Sie im Menü *Verbinden* die Option *Im Datei-Explorer öffnen.*

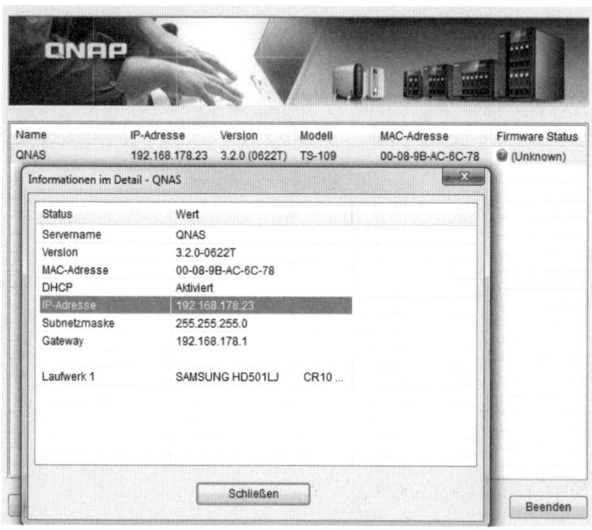

Bild 3.13: Jedes Suchtool eines Heimnetz-NAS bietet auch einen direkten Zugang zu den Netzwerkfreigaben.

Kurz darauf öffnet sich ein Explorer-Fenster, in dem alle Netzlaufwerke Ihres NAS angezeigt werden. Versuchen Sie, Ihr neu angelegtes Netzlaufwerk per Doppelklick zu öffnen, müsste nun eine Zugangsabfrage erscheinen. Hier geben

Sie den Namen und das Passwort des Benutzers ein, den Sie zuvor unter Schritt 1 angelegt haben.

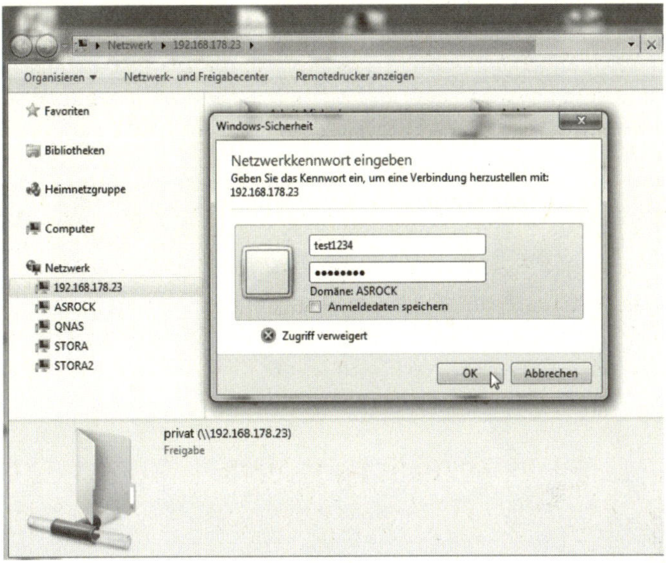

Bild 3.14: Da der Freigabeordner *privat* dem Benutzer *test1234* zugeordnet wurde, müssen für den Zugriff Benutzername und zugehöriges Passwort korrekt eingegeben werden.

Im Anschluss öffnet sich der Freigabeordner im Windows Explorer, und Sie können Ihr privates Netzlaufwerk verwenden, zum Beispiel indem Sie Dateien von Ihrem Notebook oder PC auf das NAS übertragen.

Auf die soeben beschriebene Weise können Sie für jeden Nutzer in Ihrem Heimnetz ein eigenes privates Netzlaufwerk anlegen.

3.4 Geschützte und öffentliche Freigaben

Beachten Sie, dass Sie in Ihrem NAS als Administrator, der ja Zugang zum Einstellungsbereich besitzt, jedes Netzlaufwerk beliebig konfigurieren können. Sie allein bestimmen, ob ein Laufwerk für jeden Benutzer im Heimnetz offen steht oder ob nur bestimmte Benutzer darauf Zugriff haben. Sie können auch Laufwerke einrichten, für die bestimmte Benutzer (Lese- und) Schreibrechte besitzen, andere hingegen nur Leseberechtigungen. Das ist beispielsweise sinnvoll, wenn Sie Ihre Fotosammlung ins Heimnetz stellen.

Sie legen dafür einen Freigabeordner namens *Bilder* an. Allerdings sollen Ihre Kinder die Fotos bei Bedarf zwar betrachten, nicht jedoch (versehentlich) löschen dürfen. Für diesen Ordner geben Sie Ihren Kindern folglich nur Leserrechte, während die Eltern für diesen Ordner Lese- und Schreibrechte erhalten, zumal sie ja auch ständig neue Fotos in den Ordner hochladen.

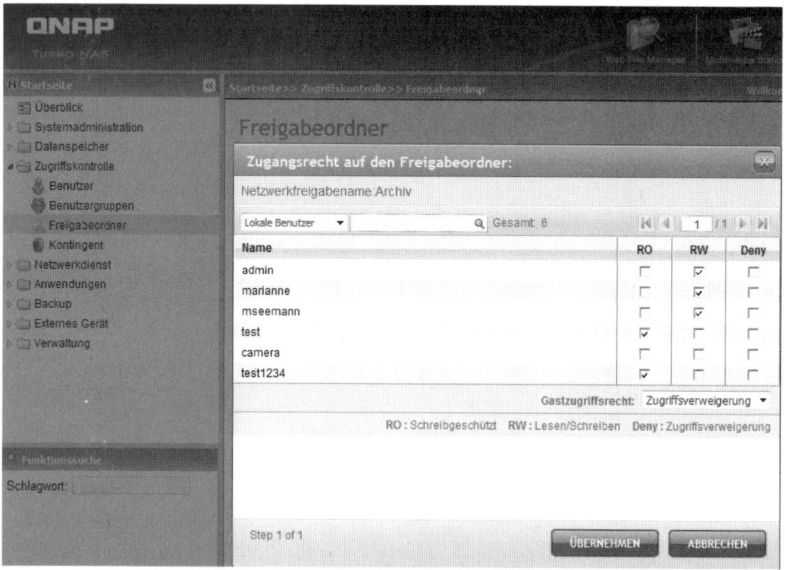

Bild 3.15: Dieses NAS-Modell von QNAP erlaubt für jedes Netzlaufwerk eine sehr detaillierte und dennoch übersichtliche Einstellung der Zugriffsrechte.

In der obigen Abbildung beispielsweise werden die Zugriffs- oder Zugangsrechte auf das Netzlaufwerk *Archiv* geregelt. Vollzugriff (Schreibrechte bzw. *RW*) erhalten neben dem *admin* auch die beiden Benutzer *marianne* und *mseemann*. Die Benutzer *test* und *test1234* erhalten hingegen nur lesenden Zugriff (*RO* für *read only*). Der folgende Infokasten fasst noch einmal die wichtigsten Begriffe zu Zugriffsrechten zusammen.

Freigaben und Zugriffsrechte im NAS

Öffentlicher Ordner: Ein öffentlicher Ordner, häufig auch als Public-Ordner bezeichnet, ist für jeden Teilnehmer im Heimnetzwerk zugänglich, und zwar ohne jegliche Zugriffsbeschränkung. Hier kann also jeder Benutzer beliebig Inhalte lesen, hineinschreiben und selbstverständlich auch löschen.

Ordner mit Zugriffsbeschränkung: Dieser Ordnertyp kann entweder nur von bestimmten Benutzern (mit Passwort und entsprechenden Benutzerrechten) geöffnet werden, oder er ist zwar für jedermann zugänglich, allerdings nur mit Lesezugriff.

Benutzer mit Schreibrechten: Dieser Benutzer hat (auf einen bestimmten Freigabeordner) Vollzugriff und kann Daten in diesen Ordner hineinschreiben, löschen oder kopieren (lesen). Ein Benutzer mit Schreibrechten hat auch immer automatisch Leserechte. Die Rechte für einen solchen Benutzer werden auch mit »rw« abgekürzt (read/write für lesen/schreiben).

Benutzer mit Leserechten: Dieser Benutzer darf die Inhalte eines bestimmten Ordners lesen, aber den Inhalt des Ordners nicht ändern. Er kann Ordnerinhalte öffnen und beliebig kopieren, darf diesem Ordner aber keine Dateien hinzufügen oder gar welche löschen. In diesem Fall lautet die Abkürzung »ro« (read-only für nur lesen).

3.5 Auf dem NAS gespeicherte Daten sichern

Worüber sich jeder NAS-Besitzer unbedingt Gedanken machen sollte, ist die Sicherung der Daten, die auf dem NAS gespeichert sind. Es ist eine zentrale Ablage für gemeinsam genutzte oder private Datenbestände, ein Verlust dieser wertvollen Daten – ob nun die Foto-, Musik- oder Videosammlung – käme einer mittleren Katastrophe gleich. Noch schlimmer kann der Verlust wichtiger Dokumente sein, wie zum Beispiel Steuerunterlagen oder gar die Rohfassung einer umfassenden Arbeit (Referat, Facharbeit, Diplomarbeit etc.).

Gibt nämlich die interne Festplatte im NAS unerwartet ihren Geist auf, sind alle Daten auf dieser Festplatte meist rettungslos verloren. Und defekte Festplatten sind keine Seltenheit. Jeder Anwender, der bereits längere Zeit mit PCs oder Notebooks arbeitet, dürfte in dieser Beziehung schon Erfahrungen gesammelt haben.

Der genaue Zeitpunkt für solch einen Festplattendefekt lässt sich nur schwer vorhersagen. Zwar lesen auch die meisten NAS-Geräte die sogenannten SMART-Daten der internen Festplatte aus, doch ist auf diese Werte nur bedingt Verlass.

Die Abkürzung SMART steht für »Self-Monitoring, Analysis and Reporting Technology«. Hierbei handelt es sich um einen in der Festplatte implementierten Industriestandard. Der SMART-Standard soll durch das ständige Überwachen bestimmter Parameter und deren Veränderung vor dem bevorstehenden Ausfall eines Festplattenlaufwerks warnen.

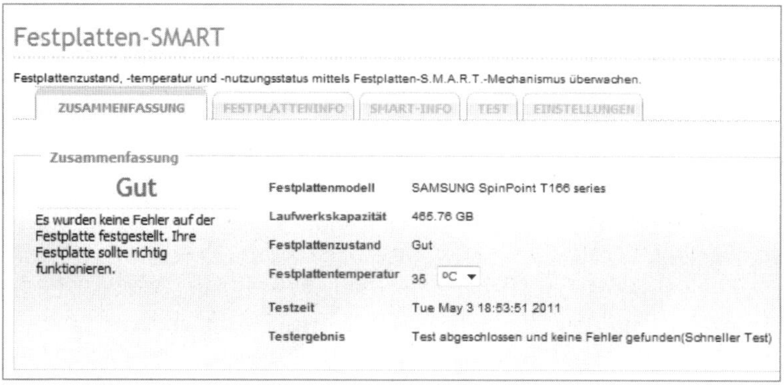

Bild 3.16: Das Auslesen von SMART-Daten im NAS kann eventuell vor dem drohenden Ableben einer Festplatte warnen – das klappt aber bei Weitem nicht immer.

Beunruhigende Studie

Im Rahmen einer Google-Studie aus dem Jahr 2007 wurden innerhalb eines Zeitraums von neun Monaten Ausfalldaten aller großen Festplattenhersteller zusammengetragen und ausgewertet. Das Ergebnis war nicht sehr vertrauenerweckend: Nur bei 64 Prozent der Festplattenausfälle gab SMART vorab entsprechende Warnungen aus. Die restlichen 36 Prozent der betroffenen Laufwerke verabschiedeten sich, obwohl die Festplatten laut SMART völlig in Ordnung waren.

Ist Ihr Laufwerk also tatsächlich defekt, stehen die Chancen laut Google-Studie bei 64 Prozent, dass SMART den Defekt rechtzeitig erkennt – und Sie Ihre Daten rechtzeitig auf ein anderes Laufwerk retten können. Darauf sollten Sie sich nicht verlassen – weder bei den Laufwerken Ihres PCs noch Ihres Notebooks und ebenso wenig bei einer NAS-Festplatte.

Strategien zur Datensicherung

Die beste Vorsorge liegt deshalb in der Sicherung wertvoller Daten auf ein zweites Speichermedium. Die Wahrscheinlichkeit, dass beide Datenträger gleichzeitig den Geist aufgeben, ist zweifellos erheblich geringer.

Wer die Inhalte auf seiner Netzwerkfestplatte sichern möchte – und das ist bei wichtigen Daten unbedingt zu empfehlen –, kann hierzu verschiedene Strategien verfolgen. Die unkomplizierteste und flotteste Variante ist sicherlich das Spiegeln der Daten.

Datensicherung mit RAID

NAS-Geräte mit zwei internen Festplatten erlauben eine komfortable Sicherungsmethode als sogenanntes RAID-System. Der Begriff steht für »Redundant Array of Independent Disks«, was sich mit »redundante Anordnung unabhängiger Festplatten« übersetzen lässt. Mit einem RAID-System lässt sich unter anderem die Sicherheit der Daten, die auf den einzelnen beteiligten Festplatten gespeichert sind, deutlich erhöhen. Fällt eine (interne) Platte im RAID-System aus, lassen sich alle Daten komplett wiederherstellen.

Für Festplatten im Heimnetzwerk spielt vor allem der RAID-1-Modus eine Rolle, da inzwischen zahlreiche NAS-Modelle mit zwei Platzhaltern oder Einschüben für interne Festplatten im Handel erhältlich sind.

Bild 3.17: Bei diesem 2-Bay-NAS gestaltet sich ein Plattenwechsel relativ unkompliziert. (Quelle: *www.qnap.com*)

Ein Einschub im NAS, der eine interne Festplatte aufnehmen kann, wird im Fachjargon auch als »Bay« (zu Deutsch Bucht) bezeichnet. Ein NAS, das zwei Festplatten aufnehmen kann, ist demnach ein 2-Bay-NAS. Allerdings wird von verschiedenen Onlinehändlern anstelle von »Bay« auch die Bezeichnung »Slot« (Steckplatz) verwendet.

Je nach Hersteller, Modellreihe und Händler sind die Geräte bereits mit zwei internen Festplatten bestückt, manche enthalten nur eine interne Festplatte, wieder andere Netzspeicher werden ohne interne Festplatten (»nackt«) geliefert. In den beiden letztgenannten Fällen müssen Sie die internen Laufwerke also kaufen und nachrüsten, da Sie sonst keine Datensicherung über RAID 1 durchführen können.

Datenspiegelung (RAID 1)

Bei der Datenspiegelung (RAID-1-Modus) wird der Inhalt der einen Festplatte vollautomatisch auf die zweite interne Festplatte abgebildet oder gespiegelt. Fällt eine der beiden Festplatten aus, sind alle Daten trotzdem vollständig auf der zweiten, noch intakten Platte gesichert.

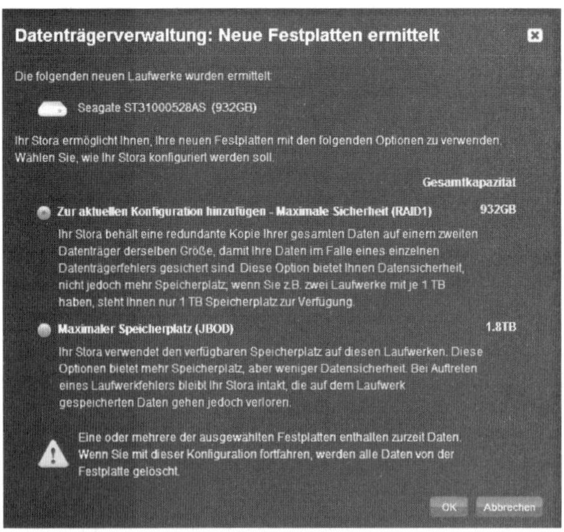

Bild 3.18: Auch beim nachträglichen Einbau einer zweiten Platte sollten die Daten auf der ersten Platte vor dem Umschalten auf RAID 1 gesichert werden.

Dieser RAID-1-Modus ist jedoch nicht automatisch bei jedem 2-Bay-Modell werkseitig eingerichtet. Viele NAS-Geräte laufen zunächst im sogenannten JBOD-Modus oder sind gar als RAID 0 konfiguriert. JBOD steht als Abkürzung für »Just a

Bunch of Disks«, was sich etwa mit »eine Ansammlung von Platten« übersetzen lässt.

Keine Sicherheit bei JBOD oder RAID 0

Diese beiden Speichermodi sind auf maximalen Speicherplatz (JBOD) oder maximale Performance (RAID 0) ausgelegt, bieten jedoch beide keine Sicherung beim Ausfall eines internen Laufwerks.

Schlimmer noch: Sowohl RAID 0 als auch JBOD fassen die beiden internen Festplatten zu einem logischen Laufwerk zusammen. Während RAID 0 die Daten nun gleichmäßig auf beide Platten verteilt, füllt JBOD zunächst die eine und dann die nächste Platte.

Fällt nun eine der beiden internen Festplatten aus, sind bei einem RAID-0-System mit einem Schlag alle Daten verloren. Bei JBOD besteht immerhin noch die Chance, dass ein Teil der Daten auf der nicht betroffenen Platte gerettet werden kann – doch auch darauf sollte man sich nicht verlassen. Manche NAS-Geräte behandeln im JBOD-Modus jede interne Platte als getrenntes Laufwerk. Nur hier können die Daten der noch intakten Platte sicher gerettet werden, die der ausgefallenen Platte sind nach wie vor verloren.

Vorsicht beim Wechsel auf RAID 1

Deshalb sollten Sie bei einem neu gekauften 2-Bay-NAS sofort prüfen, welcher Speichermodus für die internen Platten aktiviert ist – und notfalls direkt auf RAID 1 umstellen. Die entsprechende Einstellung hierzu finden Sie in der Benutzeroberfläche des NAS meist unter dem Rubriknamen *Laufwerkverwaltung* oder *Datenträgerverwaltung*.

Achtung! Falls Sie diese Einstellung, oder besser Umstellung, nachträglich vornehmen möchten, sollten Sie zuvor unbedingt alle Daten, die sich bereits auf dem NAS befinden, auf einen dritten Speicher sichern. Denn bei der Umstellung auf RAID 1 werden durch die komplette Neuorganisation der Speicherung meist beide internen Festplatten komplett gelöscht.

Ähnliches gilt übrigens, wenn Sie Ihr 2-Bay-NAS zunächst mit einer internen Festplatte betrieben haben, dann nachträglich eine zweite Platte einbauen und auf den RAID-1-Betrieb umstellen möchten. Auch in diesem Fall sichern Sie am besten Ihre

Daten, die sich noch auf Platte 1 befinden, auf einen alternativen Speicher. Erst dann setzen Sie die zweite Platte ein und stellen auf RAID 1 um.

Nach der erfolgreichen Umstellung auf RAID 1, was je nach Plattengröße mehrere Stunden dauern kann, läuft die Sicherung Ihrer Daten vollautomatisch ab. Sobald Sie nun eine Datei auf Ihr NAS übertragen, wird diese Datei auf Platte 1 gespeichert und gleichzeitig auf Platte 2 gespiegelt.

Sollte eine der beiden Platten defekt sein, wechseln Sie diese aus, und RAID 1 sorgt dafür, dass die Inhalte der noch intakten auf die neu eingesetzte Platte übertragen werden.

Sicherungskosten

Der Nachteil dieser Sicherungsmethode mit RAID 1: Bei zwei eingebauten 1-TByte-Laufwerken, also insgesamt 2 TByte Speicher, lässt sich nur 1 TByte als effektiver Datenspeicher nutzen, da die zweite Platte allein zur Datensicherung benötigt wird.

Trotzdem empfehle ich jedem Anwender, der halbwegs wertvolle Daten auf seinem NAS speichert, die Datenspiegelung (RAID 1) als Sicherungsmethode. Eine interne 1-TByte-Platte ist inzwischen für gut 40 Euro zu haben, und auch 1,5-TByte-Laufwerke kosten nicht einmal mehr 50 Euro. Das sollte einem die Sicherheit seiner Daten schon wert sein.

NAS-Geräte mit mehr als zwei Laufwerken

Selbstverständlich finden sich auch NAS-Geräte im Handel, die mehr als zwei interne Festplatten aufnehmen können – und dementsprechend auch andere Möglichkeiten zur Datensicherung besitzen. Auf diese oft deutlich höherpreisigen NAS-Geräte, die meist mit vier (oder mehr) internen Festplatteneinschüben (Bays) ausgestattet sind, soll hier nur der Vollständigkeit halber eingegangen werden.

Bild 3.19: Buffalos TeraStation ES fasst bis zu 8 TByte Speicher und unterstützt RAID 5, doch für den Einsatz im Wohnzimmer eignet es sich eher weniger. (Quelle: *www.buffalotech.com*)

NAS-Geräte mit mehr als zwei internen Festplatten unterstützen in der Regel den RAID-5-Modus, der zur Datensicherung erheblich weniger Speicher benötigt. Während bei RAID 1 der gesamte zur Verfügung stehende Speicher aufgrund der Datenspiegelung halbiert wird, berechnet sich bei RAID 5 der zur Verfügung stehende Speicher wie folgt:

```
(Festplattenanzahl - 1) x Speicher der kleinsten Festplatte
```

Wendet man diese Formel beispielsweise auf ein NAS-Gerät mit vier internen 1-TByte-Platten an, ergibt sich laut Formel:

```
(4 - 1) x 1 TByte = 3 TByte
```

So lassen sich von der Gesamtkapazität 4 TByte immerhin 3 TByte, also 75 Prozent, als Speicher für Daten verwenden, während bei RAID 1 nur 50 Prozent des Gesamtspeichers als nutzbarer Speicher übrig bleiben.

Auch bei RAID 5 bleiben ebenso wie bei RAID 1 alle Daten erhalten, falls ein Laufwerk ausfällt. Fällt noch ein zweites Laufwerk aus, bevor das erste ersetzt wurde, sind alle Daten verloren.

Im Heimnetz eher die Ausnahme

Allerdings wurden solche RAID-5-Geräte ab vier internen Platten meist weniger für das Heimnetz, sondern in erster Linie für den Einsatz in Firmen oder größeren Büros entworfen.

Denn diese Multi-Bay-Geräte sind nicht nur deutlich teurer in der Anschaffung, sondern verbrauchen aufgrund der zahlreichen internen Festplatten auch mehr Energie (Strom). Das wiederum hat zur Folge, dass diese Geräte auch erheblich mehr Abwärme erzeugen und deshalb stärker gekühlt werden müssen. Die hierzu erforderliche aktive Kühlung mit einem oder mehreren im Gehäuse verbauten Ventilatoren sowie mehreren rotierenden Festplatten erzeugen wiederum eine nicht zu überhörende Geräuschkulisse – und damit erübrigt sich der Einsatz solcher Geräte im häuslichen Umfeld (Wohnzimmer!) in der Regel.

Darüber hinaus sind solche Business-NAS-Geräte grundsätzlich mit verschiedenen Funktionalitäten für Firmennetzwerke ausgestattet, die in einem Heimnetz niemals benötigt werden und einen Großteil der Anwender, die nicht zufällig Netzwerkadministrator von Beruf sind, höchstwahrscheinlich überfordern. Dennoch wird es immer wieder einzelne Anwender mit einem Bedarf an solch großen Speicherkapazitäten geben, die deshalb einen solchen Speicherriesen in ihr Heimnetz integrieren.

Sicherung auf externe Speicher

Sehr viel zahlreicher sind aber die Anwender, die stattdessen mit einem sehr viel günstigeren, typischen Heimnetz-NAS mit nur einer internen Festplatte liebäugeln. Bei einem solchen »1-Bay-NAS« ist eine Datenspiegelung über den RAID-1-Modus natürlich nicht möglich. Trotzdem passen inzwischen bis zu 2 TByte Daten auf ein solches NAS, die im Fall eines Ablebens der internen Platte nicht alle verloren gehen sollen.

Ähnliches gilt für den, der zwar ein 2-Bay-NAS besitzt, jedoch lieber den kompletten Speicher im JBOD-Modus nutzt und stattdessen nur einige wenige Ordner oder Dateien explizit sichern möchte.

Glücklicherweise finden sich auch hier alternative Sicherungsmöglichkeiten. Vor allem bei 1-Bay-NAS-Geräten sollten Sie darauf achten, dass sich darauf gespeicherte Daten in irgendeiner Form, im Idealfall sogar automatisch, auf ein anderes externes Speichermedium sichern lassen.

Einige NAS-Geräte bieten USB- oder eSATA-Schnittstellen für den Anschluss von externen Festplatten, die dann als Backup-Laufwerk für bestimmte Verzeichnisse oder komplette Ordnerfreigaben auf dem NAS verwendet werden können.

Bild 3.20: An dieses QNAP TS-119 lassen sich externe Speichermedien sowohl per USB als auch per eSATA anschließen und als Backup-Medium nutzen. (Quelle: *www.qnap.com*)

Die Sicherung auf externe Speichermedien ist eine durchaus interessante Alternative zur Datenspiegelung mit RAID 1. Allerdings ist sie nicht ganz so komfortabel, da die externen Geräte an das NAS angeschlossen werden müssen und außerdem Einstellungen im NAS vorgenommen werden müssen (Backup-Auftrag).

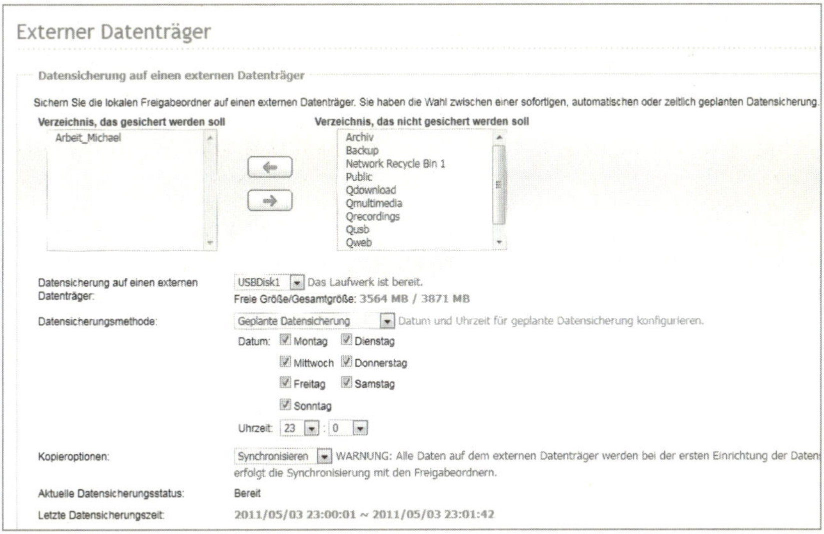

Bild 3.21: QNAP bietet eine praktische Funktion für Backups auf externe Speichermedien, die auf Wunsch auch nur einzelne, besonders wichtige Ordner oder Verzeichnisse aus dem NAS sichert.

Selektives Spiegeln

Eine besonders ausgefeilte Lösung bietet Hersteller LG mit seinem 2-Bay-Laufwerk N2A2. Hier lässt sich in der Datenträger- oder Festplattenverwaltung eine Sonderform der Datenspiegelung, das sogenannte »selektive Spiegeln«, einrichten. Dabei wird ein von der Speichergröße her individuell festlegbarer Teil als RAID 1 gefahren, während der verbleibende Speicher voll, aber ungesichert, genutzt werden kann.

Ein Beispiel: Sie möchten 250 GByte auf dem LG-NAS besonders schützen. Diese 250 GByte werden also selektiv als RAID 1 gespiegelt, wofür weitere 250 GByte auf dem zweiten internen Laufwerk veranschlagt werden.

Bei einer Gesamtkapazität von 2 x 1 TByte (2 x 1.000 GByte) bleiben Ihnen dann immer noch 2 x 750 GByte oder 1,5 TByte an Restspeicher übrig. Würde man das gesamte 2-TByte-NAS mit RAID 1 fahren, hätte man insgesamt nur 1 TByte effektiven Speicher zur Verfügung, da ja Platte 1 auf Platte 2 gespiegelt wird. Eine durchaus interessante Lösung.

Bild 3.22: Das 2-Bay-NAS N2A2 von LG bietet über das »selektive Spiegeln« einen interessanten Kompromiss zwischen Sicherheit und maximaler Speichernutzung. (Quelle: *www.lg.com*)

Versehentliches Löschen vermeiden

Wovor Sie allerdings auch ein RAID 1 nicht schützen kann, ist die eigene Nachlässigkeit – oder Dummheit. Wenn Sie beispielsweise Dateien auf der Festplatte Ihres PCs löschen, landen diese zunächst im Papierkorb. Das ist auch gut so, denn sollte sich herausstellen, dass Sie eine Datei oder ein ganzes Verzeichnis versehentlich gelöscht haben, holen Sie es einfach wieder aus dem Papierkorb heraus. Bei einem Netzlaufwerk sieht die Sache in der Regel etwas anders aus. Denn alle Daten, die Sie im Netz löschen, sind zunächst einmal unwiederbringlich verloren.

Glücklicherweise bieten manche Festplattenhersteller eine sinnvolle Einrichtung namens »Netzwerkpapierkorb«. Dieser erfüllt den gleichen Zweck in den Netzlaufwerken des NAS wie der Papierkorb auf dem Desktop Ihres PCs oder Notebooks. Allerdings ist dieser Netzwerkpapierkorb in den Werkeinstellungen einer Netzwerkfestplatte noch nicht aktiviert. Das sollten Sie unbedingt nachholen. Sehen Sie dazu notfalls im Handbuch des NAS nach.

Unter anderem bieten die Hersteller QNAP, Buffalo und LG in ihren NAS-Geräten fürs Heimnetz ein solches »Rückhaltebecken« für versehentlich gelöschte Daten an.

Falls Sie jedoch häufig mit größeren Dateien (Filmen, ISO-Images etc.) auf Ihrem NAS hantieren und diese zum Teil auch wieder (gewollt) löschen, wird Ihr Netzwerkpapierkorb in relativ kurzer Zeit sehr viel Speicherplatz verschlingen.

Um wieder freien Speicherplatz auf dem NAS zu erhalten, bleibt Ihnen dann gar nichts anderes übrig, als den Netzwerkpapierkorb hin und wieder mal zu durchforsten und definitiv nicht mehr benötigte Elemente endgültig zu entfernen. Nur wenn Sie sich ganz sicher sind, sollten Sie den Netzwerkpapierkorb vollständig leeren.

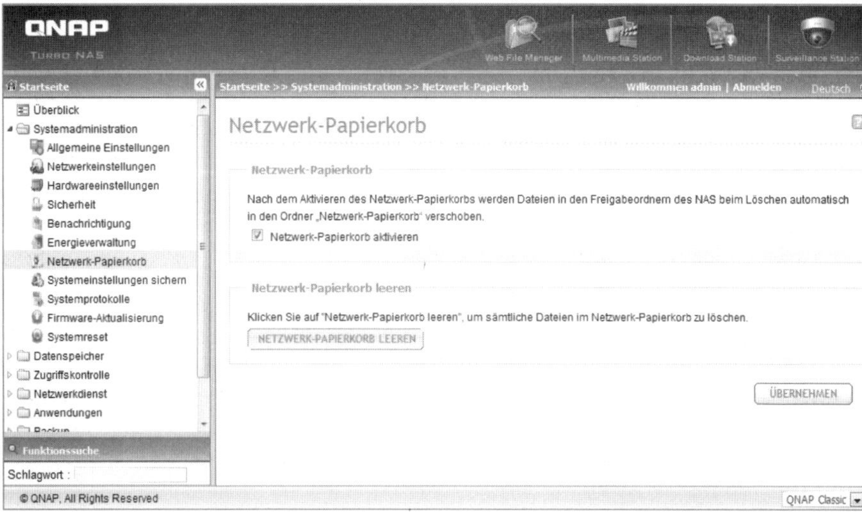

Bild 3.23: Besitzt Ihr NAS einen Netzwerkpapierkorb, sollten Sie diesen auch unbedingt aktivieren. Vergessen Sie jedoch nicht, ihn hin und wieder auch einmal zu leeren.

3.6 Das NAS als Backup-Speicher

Wie im letzten Kapitel bereits angesprochen, kann jede Festplatte im schlimmsten Fall ohne Vorwarnung ihren Geist aufgeben – und dazu zählt eben auch der interne Speicher Ihres PCs oder Ihres Notebooks.

Nicht jeder Anwender wird alle seine Daten und Dokumente vollständig auf die Netzwerkfestplatte auslagern wollen. Das gilt zum Beispiel für Dokumente, die man auch außerhalb der eigenen vier Wände benötigt und bearbeiten möchte, oder Dokumente, die man nur an einem bestimmten Rechner bearbeitet, weil nur auf diesem Rechner eine bestimmte Software installiert ist.

Aus dem eingangs genannten Grund sollte man jedoch auch diese lokal gespeicherten Dokumente unbedingt absichern, indem man sie als Backup auf einen zweiten, unabhängigen Datenspeicher sichert. Und eine Netzwerkfestplatte eignet sich geradezu perfekt für diese Aufgabe.

Backup-Tools

Für solche Backup-Aufgaben gibt es mittlerweile jede Menge Tools – kostenpflichtig und gratis. Zwar könnte man einfache Datensicherungen auf eine Netzwerkfestplatte auch von Hand im Windows Explorer erledigen, doch das ist etwas umständlich und auch nicht besonders zuverlässig, weil man die Durchführung des Backup zuweilen vergisst. Ein Backup-Tool, das im Hintergrund läuft, sobald Sie Ihren Rechner gestartet haben, führt diese Aufgabe automatisch aus, und Sie müssen sich um nichts weiter kümmern, als die Backup-Aufgabe einmal korrekt einzurichten.

Die meisten NAS-Hersteller legen ihren Geräten standardmäßig ein Backup-Tool bei, um Datensicherungen vom PC oder Notebook auf die Netzwerkfestplatte durchführen zu können. Auch lassen sich diese Tools in der Regel auf mehreren, teilweise sogar beliebig vielen Rechnern im Heimnetz installieren, sodass von jedem einzelnen Client Dateien, Verzeichnisse oder ganze Laufwerke gesichert werden können.

Ich empfehle Ihnen wärmstens, diese Tools auf Ihren Rechnern im Heimnetz auch wirklich einzusetzen. Wer kein Backup-Tool zur Verfügung hat oder mit der mitgelieferten Backup-Software nicht klarkommt, kann hierzu auch das kostenlose Microsoft-Tool SyncToy verwenden.

Datensicherung mit Microsoft SyncToy

Das englischsprachige SyncToy ist streng genommen kein echtes Backup-Tool, sondern eine Synchronisierungssoftware. Mit SyncToy lässt sich beispielsweise ein Ordner (Verzeichnis) auf einem PC oder Notebook mit einem zweiten Ordner automatisch abgleichen.

Dieser zweite Ordner kann sich auf einem lokalen Laufwerk desselben Rechners, auf einem externen Laufwerk oder auf einem Netzlaufwerk (Freigabeordner) befinden. Mit den richtigen Einstellungen lässt sich SyncToy somit auch für einfache Datensicherungsaufgaben verwenden.

Der folgende Workshop zeigt, wie Sie eine solche Backup-Aufgabe vom PC (Notebook) aus auf einen Ordner Ihres NAS einrichten.

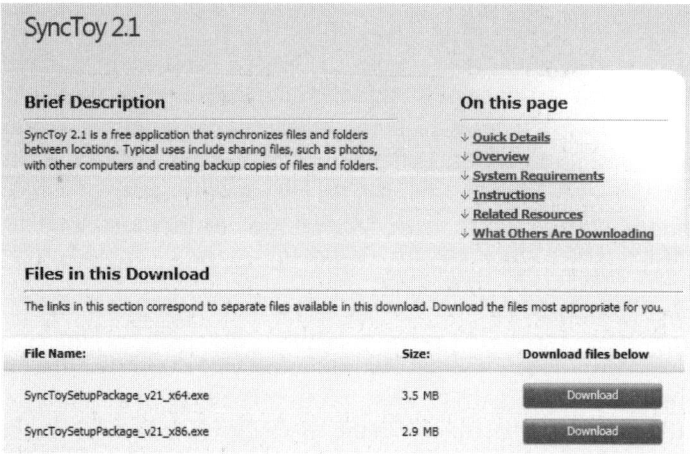

Bild 3.24: SyncToy 2.1 steht in zwei Download-Versionen (*x64.exe* und *x86.exe*) zur Verfügung.

SyncToy herunterladen und installieren

Laden Sie sich SyncToy zunächst von der Microsoft-Homepage herunter. Zum Zeitpunkt des Redaktionsschlusses hatte die Software die aktuelle Versionsnummer 2.1. Im Anschluss installieren Sie das Tool auf dem Rechner, dessen Daten Sie auf eine Ordnerfreigabe Ihres NAS sichern möchten,

1. **Download auf amerikanischer Microsoft-Site**
   Das Microsoft-Tool SyncToy finden Sie leider nicht auf der deutschen, sondern nur auf der amerikanischen Download-Seite von Microsoft unter *www.microsoft.com/downloads.* Geben Sie *synctoy* in die Suchleiste oben ein und klicken Sie auf das Suchergebnis mit der höchsten Versionsnummer (SyncToy 2.1). Auf der folgenden Seite erscheint SyncToy in zwei Download-Versionen: als 32-Bit-(x86) und als 64-Bit-(x64)Version.

2. **Systemtyp des eigenen Betriebssystems ermitteln (32 oder 64 Bit)**
   Falls Sie nicht wissen, welche Windows-Version (32 oder 64 Bit) auf Ihrem Rechner installiert ist, öffnen Sie links unten das Startmenü von Windows und gehen dann per rechtem Mausklick auf die Menüoption *Computer.* Im sich nun öffnenden Kontextmenü wählen Sie die Option *Eigenschaften.* Es erscheint ein Systemsteuerungsfenster mit Basisinformationen zu Ihrem Computer.

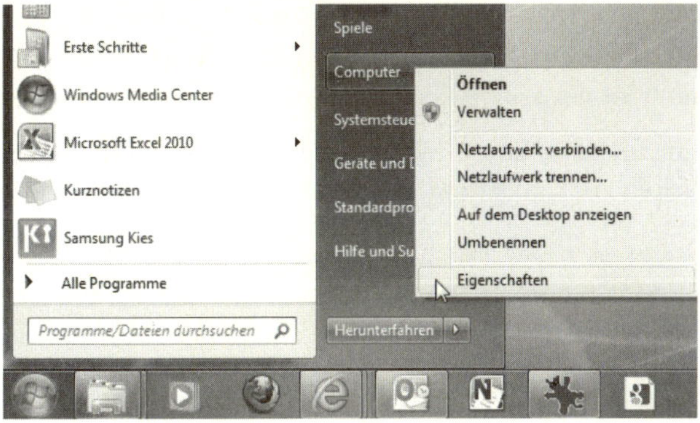

Bild 3.25: Mit einem Rechtsklick auf *Computer* im Windows-Startmenü und der Option *Eigenschaften* im Kontextmenü öffnen Sie das Fenster mit den Basisinformationen zu Ihrem Computer.

Unter der Rubrik *System* finden Sie unter anderem auch den *Systemtyp*, der angibt, ob es sich bei Ihrem Windows um ein *64-Bit-Betriebssystem* (siehe Abbildung) oder um ein *32-Bit-Betriebssystem* handelt.

Laden Sie dementsprechend die passende SyncToy-Version auf Ihren Rechner herunter.

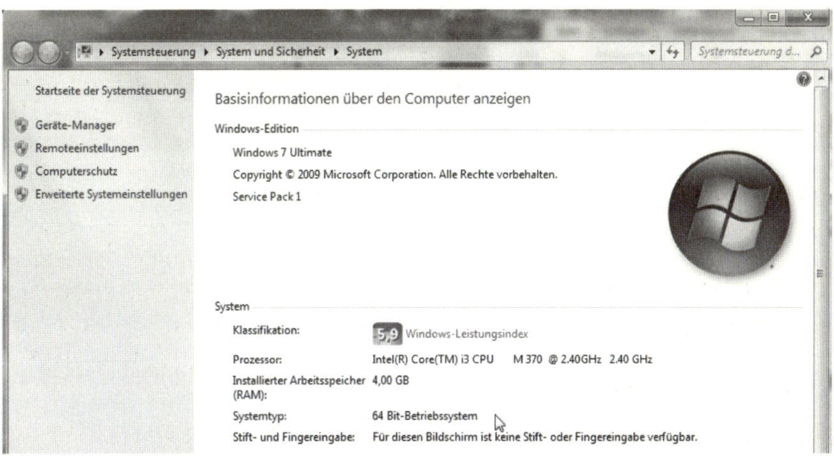

Bild 3.26: Hier erfahren Sie, ob es sich bei Ihrem Windows um eine 32-Bit-(x86-) oder um eine 64-Bit-(x64-)Version handelt.

③ SyncToy installieren

Starten Sie nun die Setup-Datei und bestätigen Sie zunächst mit zwei Klicks auf *Accept* die Installation einiger *Components* und *Services*, die SyncToy benötigt.

Kurz darauf startet der Setup Wizard, der darauf hinweist, dass es zu Fehlern kommen könnte, falls eine ältere Version von SyncToy gerade zwei Ordner miteinander abgleicht, während Sie die neuere Version installieren.

Da Sie höchstwahrscheinlich keine ältere SyncToy-Version installiert haben, setzen Sie gleich ein Häkchen vor *I have read and understand the warning above* und klicken dann auf *Next.*

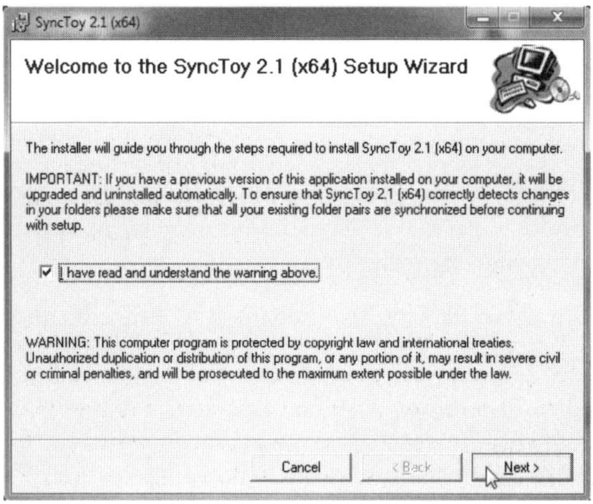

Bild 3.27: Setzen Sie ein Häkchen vor *I have read and understand the warning above,* da Sie sonst nicht auf *Next* klicken können.

Stimmen Sie dem folgenden *Licence Agreement* zu, indem Sie *I Agree* aktivieren, und gehen Sie anschließend mehrmals hintereinander auf *Next,* bis schließlich die eigentliche Installation des Tools ausgeführt wird. Danach schließen Sie den Assistenten mit einem Klick auf *Close.*

Backup-Auftrag erstellen

SyncToy arbeitet immer mit zwei Ordnern oder Verzeichnissen, auch Ordnerpaare genannt. Beim ersten Ordner handelt es sich um den Quellordner, dessen Inhalt in den zweiten Ordner (Zielordner) gesichert werden soll.

Im folgenden Abschnitt legen Sie nun einen Backup- oder Sicherungsauftrag an, indem Sie SyncToy zunächst den Pfad des Quellordners mitteilen. Dieser befindet sich auf Ihrem PC (Notebook) und enthält die Dateien, die Sie gern sichern möchten.

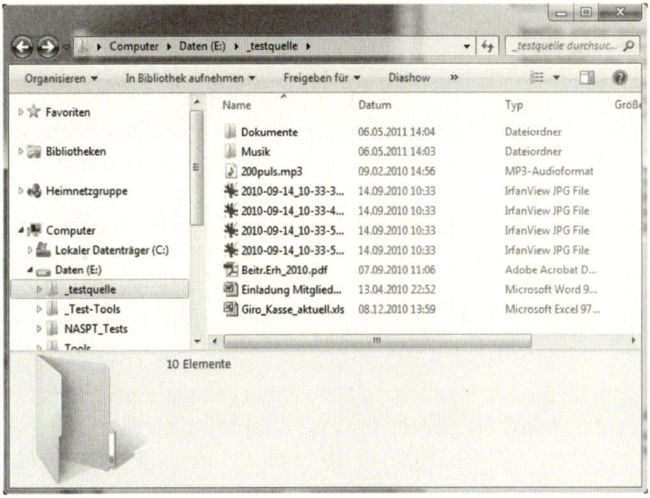

Bild 3.28: Im Folgenden soll ein beliebiges lokales Verzeichnis (in diesem Beispiel *E:_testquelle*) auf ein Netzlaufwerk auf dem NAS gesichert werden.

Dann benötigt SyncToy den Pfad des Zielordners auf dem NAS, damit es »weiß«, wohin es die Inhalte des Quellordners sichern soll. Schließlich muss SyncToy noch wissen, wie es die Daten sichern soll. Hierzu stehen insgesamt fünf verschiedene Möglichkeiten bereit, die sich scheinbar nur minimal unterscheiden – tatsächlich jedoch ganz entscheidende Auswirkungen auf die Sicherheit Ihrer Daten haben können.

1 **Quell- und Zielordner festlegen**

Für SyncToy-Neulinge ist es übrigens durchaus sinnvoll, den ersten Backup-Versuch erst einmal mit zwei Probeverzeichnissen durchzuführen. So bekommen Sie einen ersten Eindruck davon, wie das Tool »tickt«, und können verschiedene Einstellungen und deren Auswirkungen gefahrlos nachvollziehen.

Bevor Sie also SyncToy zum ersten Mal starten, legen Sie sich zunächst einen beliebigen Quellordner lokal auf Ihrem Rechner an und füllen diesen mit einigen Dateien wie Fotos, MP3s oder Dokumenten. Kopieren Sie ruhig auch einen Ordner mit Unterordnern hinein. Allerdings sollten Sie Ihren Testordner nicht zu groß machen, da sonst die Synchronisation mit Ihrem NAS zu lange dauert.

Legen Sie sich dann noch einen beliebigen leeren Zielordner auf einem beliebigen Netzlaufwerk (Ordnerfreigabe/Freigabeordner) Ihres NAS an.

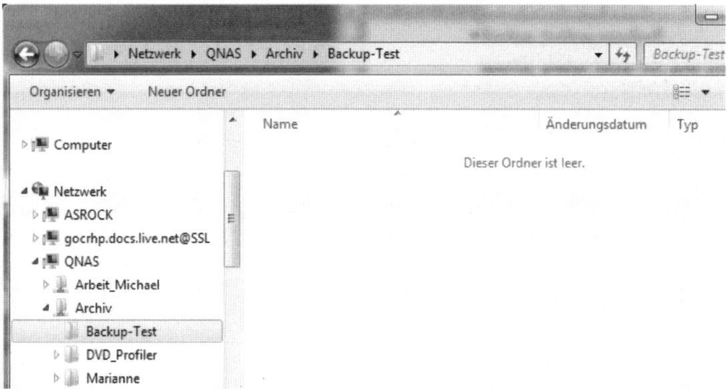

Bild 3.29: Als Zielordner für die Datensicherung dient ein beliebiges Verzeichnis einer Ordnerfreigabe auf dem NAS (in diesem Beispiel: *\\QNAS\Archiv\Backup-Test*).

② Quell- und Zielordner in SyncToy eintragen

Starten Sie nun SyncToy über *Start/Alle Programme*. Das erste Fenster zum *Customer Experience Improvement Program* bestätigen Sie ohne Änderung der Voreinstellung mit *OK*. Das Startfenster des Tools erscheint und begrüßt Sie mit *Welcome to SyncToy*.

Bild 3.30: Der linke Ordner (*Left Folder*) symbolisiert das Quelllaufwerk, der Ordner rechts (*Right Folder*) stellt das Ziellaufwerk dar.

Klicken Sie nun auf *Create New Folder Pair*, öffnet sich ein neues, kleineres Fenster namens *Create New Folder Pair (1 of 3)* mit zwei Eingabefeldern und jeweils einer *Browse*-Schaltfläche darunter.

Wählen Sie zunächst den linken *Browse*-Button und klicken Sie sich im folgenden Dialogfeld bis zu Ihrem lokalen Quellordner durch, dessen Inhalt gesichert werden soll. Markieren Sie diesen Ordner und bestätigen Sie mit *OK*. Das Dialogfenster schließt sich, und im linken Eingabefeld unter *Left Folder* erscheint nun der Pfad Ihres lokalen Quellordners (in diesem Beispiel ist es der Pfad *E:_testquelle*).

Betätigen Sie dann den rechten *Browse*-Button und klicken Sie sich im Dialogfeld über den Eintrag *Netzwerk* zu Ihrem NAS und der von Ihnen gewählten Freigabe durch. Markieren Sie auch hier den gewünschten Zielordner und bestätigen Sie mit *OK*. Nun sollte im rechten Eingabefeld der Pfad zu dem gewünschten Ordner Ihrer Netzwerkfreigabe erscheinen.

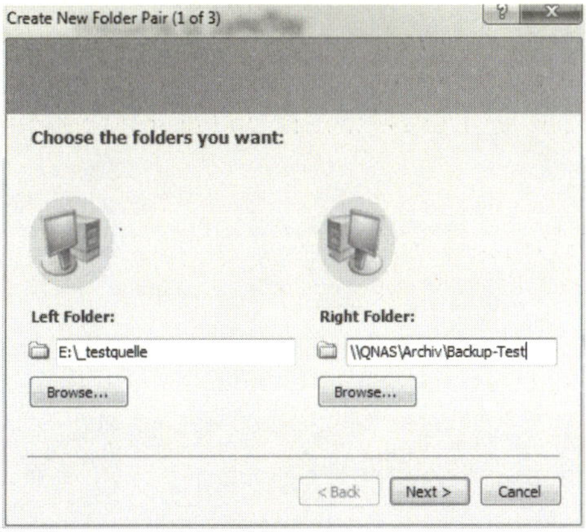

Bild 3.31: Links steht der Pfad des Quell-, rechts der Pfad des Zielverzeichnisses.

In diesem Beispiel lautet der Zielpfad zum Verzeichnis auf der Netzwerkfestplatte *\\QNAS\Archiv\Backup-Test*, wobei *QNAS* der Name der Netzwerkfestplatte und *Archiv* ein Netzlaufwerk (Ordnerfreigabe bzw. Freigabeordner) dieses Netzspeichers darstellt. *Backup-Test* ist ein gewöhnlicher Ordner auf dem (Netz-)Laufwerk *Archiv*.

Zur Erinnerung
Netzlaufwerke (Ordnerfreigaben, Freigabeordner) können Sie nur in der (hoffentlich) passwortgeschützten Benutzeroberfläche Ihres NAS anlegen. Die Ordner oder Unterordner auf einem bestehenden Netzlaufwerk können Sie hingegen einfach im Windows Explorer anlegen – wenn das Netzlaufwerk nicht schreibgeschützt ist oder wenn Sie ein Benutzer mit Schreibrechten sind (siehe den Abschnitt »Geschützte und öffentliche Freigaben« weiter oben).

3 **Art der Datensicherung auswählen**
Klicken Sie auf *Next.* Sie befinden sich nun im Fenster *Create New Folder Pair (2 of 3),* und SyncToy fragt, was Sie nun eigentlich mit den beiden Ordnern machen möchten (*What do you want to do?*).

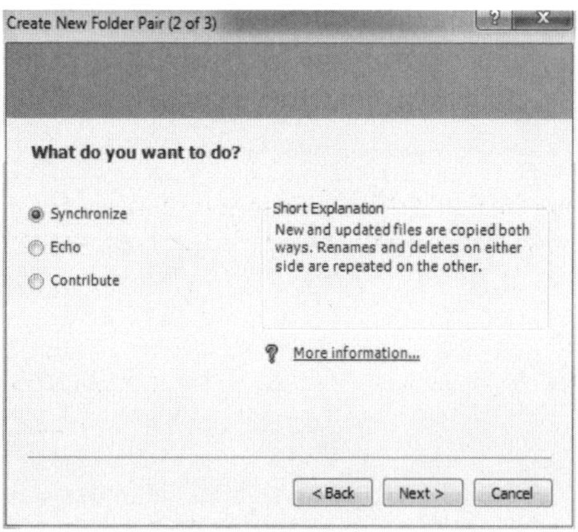

Bild 3.32: Das voreingestellte *Synchronize* eignet sich hervorragend, um Daten in zwei Ordnern abzugleichen, jedoch weniger zur Datensicherung.

Es bietet Ihnen die folgenden drei Möglichkeiten an, die ich Ihnen etwas näher erläutern möchte, da sie entscheidende Auswirkungen auf die Daten in den Ordnern haben:

- *Synchronize:* Wählen Sie diese Einstellung, kopiert und aktualisiert SyncToy Dateien in beide Richtungen. Wenn Sie also eine Datei in einem Ordner umbenennen oder löschen, wird diese Aktion ebenso im anderen Ordner durchgeführt.

  Beispiel: Falls Sie Datei A im linken Ordner löschen, wird SyncToy dieselbe Datei A auch im rechten Ordner löschen. Und auch andersherum: Wenn Sie im rechten Ordner etwas ändern (eine Datei umbenennen/löschen/neu erstellen etc.), überträgt SyncToy diese Änderung auf den linken Ordner. Die Funktion *Synchronize* wirkt somit in beide Richtungen. Für die Sicherung eines lokalen Verzeichnisses auf einer Netzwerkfestplatte würde ich Ihnen diese Funktion nicht empfehlen, da immer das Risiko besteht, Daten durch versehentliches Löschen zu verlieren.

- *Echo:* Die Einstellung *Echo* kopiert neue und geänderte (aktualisierte) Dateien von links nach rechts. Auch Umbenennungen und Löschungen werden von links nach rechts ausgeführt, jedoch nicht von rechts nach links.

  Beispiel: Löschen Sie Datei A im linken Ordner, verschwindet diese Datei auch im rechten Ordner. Löschen Sie hingegen Datei B im rechten Ordner, bleibt Datei B im linken Ordner erhalten.

- *Contribute:* Möchten Sie wirklich sichergehen, sollten Sie die Einstellung *Contribute* zur Datensicherung verwenden. *Contribute* kopiert neue Dateien von links nach rechts und übernimmt ebenso alle Änderungen (Aktualisierungen) an Dateien von links nach rechts. Löschungen auf der linken Seite wirken sich hingegen nicht auf die rechte Seite aus.

  Beispiel: Löschen Sie Datei A im linken Ordner, bleibt Datei A im rechten Ordner erhalten. Benennen Sie Datei B im linken Ordner in B1 um, wird nach dem nächsten Abgleich mit SyncToy auch im rechten Ordner B durch die »neue« Datei B1 ersetzt.

Möchten Sie Ihre Dokumente bestmöglich sichern, empfehle ich Ihnen die Einstellung *Contribute.* Wenn Sie keine älteren Dateiversionen auf Ihrem NAS-Laufwerk ansammeln möchten, wählen Sie die Einstellung *Echo.*

Außerdem empfehle ich Ihnen dringend, dass Sie ein mit SyncToy gesichertes Verzeichnis, also den rechten Ordner, nicht ebenfalls als Arbeitsverzeichnis verwenden, sondern immer nur den linken Ordner. Die soeben beschriebene Sicherungsstrategie bezieht sich auf Daten, die lokal bearbeitet und zentral (auf dem NAS) gesichert werden – und nicht andersherum.

4 **Namen für die Sicherung vergeben**
Nachdem Sie nun eine der drei Sicherungsmöglichkeiten gewählt haben, klicken Sie auf *Next,* und Sie befinden sich im Fenster *Create New Folder Pair (3 of 3).* Geben Sie hier Ihrem Ordnerpaar einen aussagekräftigen Namen, der zum Beispiel beschreibt, was Sie von links nach rechts sichern.

Oder Sie nehmen einfach den Namen des linken Ordners und hängen ein *_backup* oder *_sicherung* an.

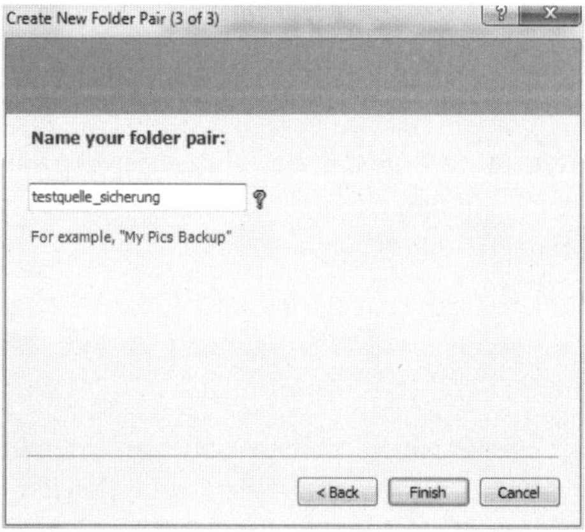

Bild 3.33: Vergeben Sie einen sinnvollen Namen für Ihren Sicherungsauftrag.

Mit einem Klick auf *Finish* schließen Sie die Erstellung des Ordnerpaars ab. Sie befinden sich nun wieder im Hauptfenster von SyncToy. Der Name Ihres neuen Sicherungsauftrags erscheint in der linken Randspalte ganz oben an erster Stelle und sollte markiert sein.

Alle Einstellungen, die Sie soeben vorgenommen haben (linker und rechter Ordnerpfad, Sicherungsart), werden in einer Übersicht angezeigt.

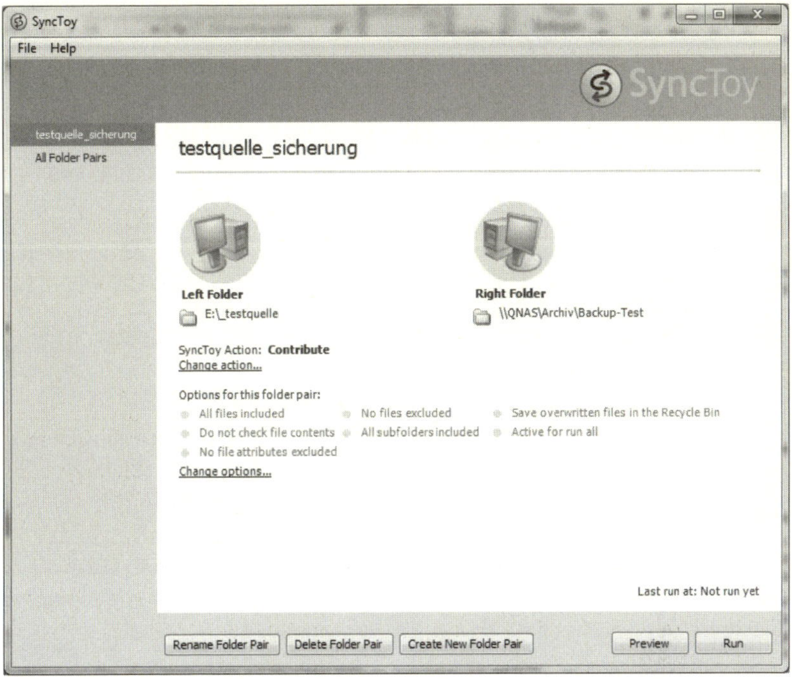

Bild 3.34: SyncToy zeigt Ihren ersten Sicherungsauftrag in einer Übersicht an.

5 Sicherungsauftrag durchführen

Bevor Sie nun Ihren ersten Sicherungsauftrag starten, bietet SyncToy über den *Preview*-Button eine nützliche *Vorschau*-Funktion. So sehen Sie bereits vorher, wie sich die Inhalte im linken und rechten Ordner nach Durchführung Ihrer soeben angelegten Datensicherung zusammensetzen werden.

Die *Preview*-Schaltfläche ist eine sehr gute Hilfe, wenn Sie nicht sicher sind, ob Sie Ihre Datensicherung mit der korrekten Aktion (*Synchronize*, *Echo* oder *Contribute*) angelegt haben, oder wenn Sie die Auswirkungen dieser drei Einstellungen auf Ihre beiden Ordner vorab testen möchten.

Um die Datensicherung mit SyncToy dann tatsächlich erstmalig zu starten, klicken Sie rechts unten auf die Schaltfläche *Run*. Je nach Größe und Anzahl der zu übertragenden Dateien kann die vollständige Ausführung des ersten Sicherungsauftrags etwas Zeit in Anspruch nehmen. Jeder nachfolgend durchgeführte Sicherungslauf benötigt meist weniger Zeit, da SyncToy ja nur die Änderungen im Ordnerpaar übernimmt.

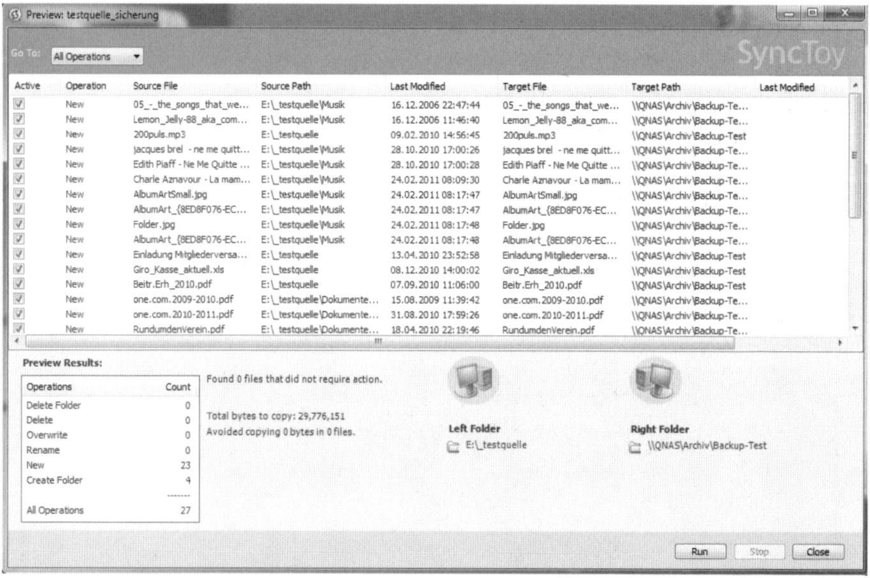

Bild 3.35: Das *Preview*-Fenster zeigt an, welche Operationen SyncToy im Ordnerpaar vornehmen wird, und bietet somit eine gute Vorabkontrolle.

Auf diese Weise können Sie in SyncToy nun beliebige Sicherungsaufträge zwischen Ordnern in Ihrem Heimnetz anlegen. Bei mehr als einem angelegten Sicherungsauftrag müssen Sie allerdings darauf achten, dass Sie den gewünschten Auftrag in der Liste oben links auch entsprechend markieren, bevor Sie auf *Run* klicken.

Automatisierung mit der Windows-Aufgabenplanung

Allerdings wäre es jetzt noch angenehm, wenn der SyncToy-Sicherungsauftrag nicht per Knopfdruck, sondern automatisiert startete – zum Beispiel jeden Tag um 20 Uhr abends oder immer dann, wenn Sie Ihren Rechner hochfahren.

Mithilfe der *Aufgabenplanung* in Windows 7, die unter Windows XP noch *Geplante Tasks* hieß, lässt sich die in SyncToy angelegte Backup-Aufgabe sogar automatisieren.

1. **Aufgabe erstellen in der Windows-7-Aufgabenplanung**
   Rufen Sie zunächst die *Aufgabenplanung* unter Windows 7 auf. Dazu öffnen Sie

im Startmenü die *Systemsteuerung* und wechseln dort in *System und Sicherheit/Verwaltung/Aufgaben planen.*

Gehen Sie im *Aktionen*-Menü rechts auf den Eintrag *Aufgabe erstellen*, und das gleichnamige Fenster öffnet sich. Im Register *Allgemein* geben Sie der Aufgabe den gleichen Namen, den Sie auch für Ihren Sicherungsauftrag in SyncToy verwendet haben. In meinem Beispiel ist das *testquelle_sicherung.*

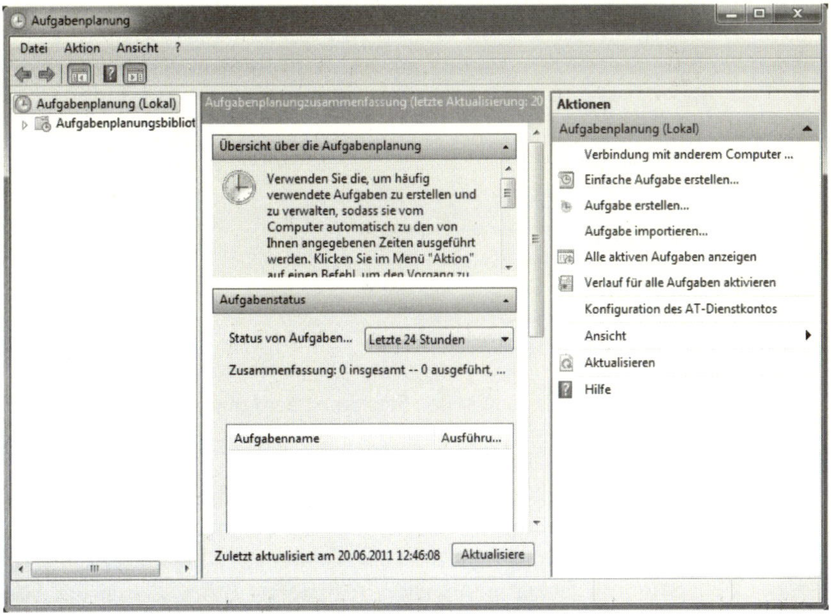

Bild 3.36: Die *Aufgabenplanung* von Windows 7 nach dem ersten Start.

Im Register *Trigger* stellen Sie ein, wann die geplante Aufgabe gestartet werden soll. Nach einem Klick auf die Schaltfläche *Neu* öffnet sich das Fenster *Neuer Trigger.* Meine Aufgabe (die Datensicherung mit SyncToy) soll beispielsweise täglich um 22 Uhr durchgeführt werden.

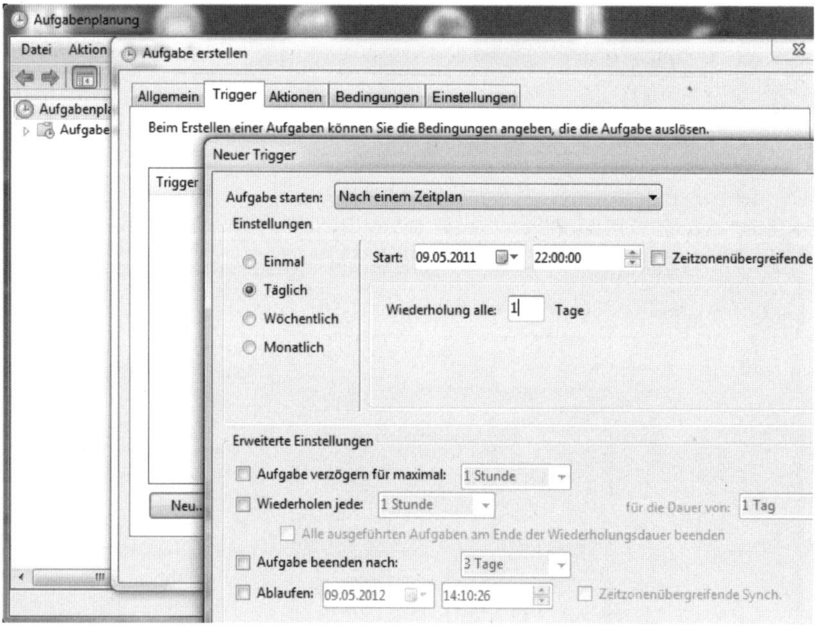

Bild 3.37: Unter *Trigger* stellen Sie den Startpunkt der Aufgabe ein.

② Neue Aktion (SyncToy) hinzufügen

Bestätigen Sie Ihre Einstellungen mit *OK* und wechseln Sie in das Register *Aktionen*. Hier fügen Sie nun das Programm hinzu, das automatisch gestartet werden soll (nämlich SyncToy), und ergänzen außerdem ein Argument, das dafür sorgt, dass eine bestimmte Sicherungsaufgabe in SyncToy (nämlich die der Datensicherung auf das NAS) ausgeführt wird.

Klicken Sie auf die Schaltfläche *Neu*, und das Fenster *Neue Aktion* öffnet sich. Im Drop-down-Menü rechts neben *Aktion* sollte *Programm starten* ausgewählt sein. Unter *Programm/Skript* klicken Sie sich mit *Durchsuchen* bis zum Programmverzeichnis von SyncToy durch und wählen dort die Startdatei *SyncToyCmd* bzw. *SyncToyCmd.exe.* Das Programmverzeichnis lautet entweder *C:\Programme\SyncToy2.1* oder *C:\Programme(x86)\SyncToy 2.1.*

Unter *Argumente hinzufügen (optional)* geben Sie nun das Kürzel *–R* gefolgt von einem Leerzeichen ein und tragen dann den Namen Ihres zuvor angelegten Sicherungsauftrags in SyncToy ein. In meinem Beispiel lautet das Argument demzufolge:

```
-R testquelle_sicherung
```

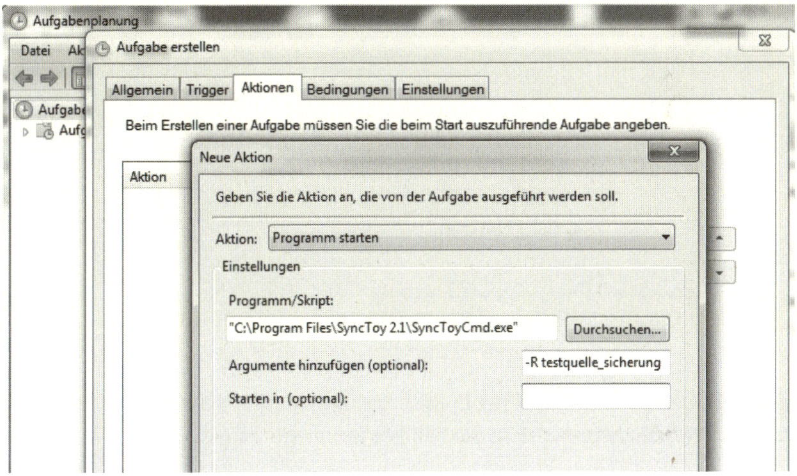

Bild 3.38: Auf diese Weise lässt sich bereits vorab testen, ob Ihre Aufgabenplanung funktioniert.

3 Letzte Einstellungen vornehmen

Bestätigen Sie mit *OK* und wechseln Sie in das Register *Einstellungen*. Hier sollten Sie ein Häkchen vor *Aufgabe so schnell wie möglich nach einem verpassten Start ausführen* setzen und dann erneut mit *OK* bestätigen. Damit haben Sie Ihre Datensicherung von SyncToy mit der Aufgabenplanung in Windows automatisiert.

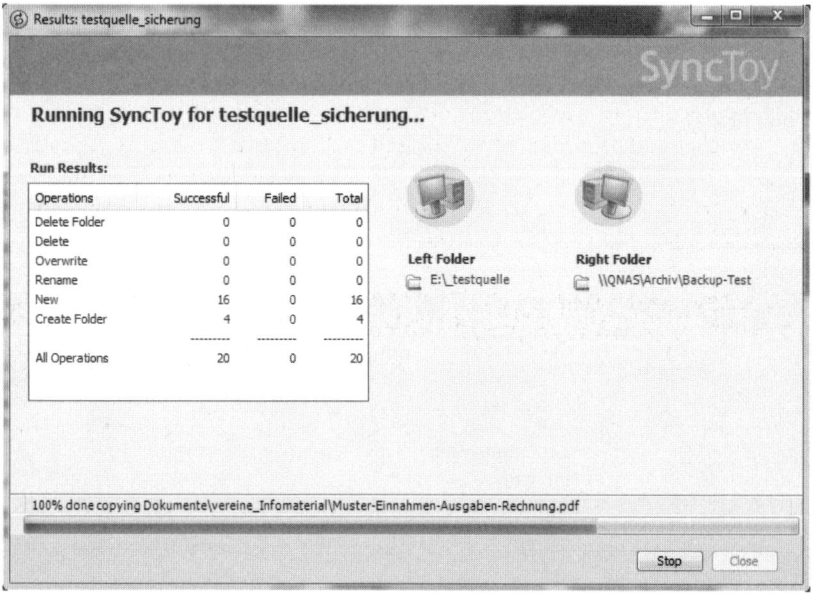

Bild 3.39: Der Sicherungsauftrag in SyncToy kann nur dann automatisch ausgeführt werden, wenn die Argumente korrekt eingetragen wurden.

④ Aufgabe testen

Damit Sie nun nicht bis zum eingestellten Startpunkt warten müssen, können Sie Ihre soeben angelegte Aufgabe auch direkt auf ihre Funktion testen.

Klicken Sie dazu im Hauptfenster der *Aufgabenplanung* in der linken Spalte auf die *Aufgabenplanungsbibliothek* und suchen Sie dann in der mittleren Spalte oben nach Ihrer soeben angelegten Aufgabe.

Gehen Sie mit Rechtsklick auf Ihre Aufgabe und wählen Sie im Kontextmenü gleich die erste Option *Ausführen.*

Kopieren Sie testweise eine neue Datei in Ihren linken SyncToy-Ordner und führen Sie danach Ihre Aufgabe in der *Aufgabenplanung* aus. Sehen Sie anschließend im rechten Datensicherungsordner auf Ihrem NAS nach, ob die neue Datei tatsächlich von SyncToy übertragen wurde.

3.7 Der Energiesparmodus

Ebenso wie die Datensicherheit spielt auch der Energieverbrauch eines Geräts im Heimnetz eine immer wichtigere Rolle. Eine Netzwerkfestplatte, die rund um die Uhr eingeschaltet ist, verbraucht rund um die Uhr Strom. Ein NAS-Gerät mit zwei internen 3,5-Zoll-Festplatten benötigt somit eine ganze Menge an Strom, würden die beiden Platten im Dauerbetrieb laufen. Hinzu kommt der deutlich früher einsetzende Verschleiß der internen Laufwerke.

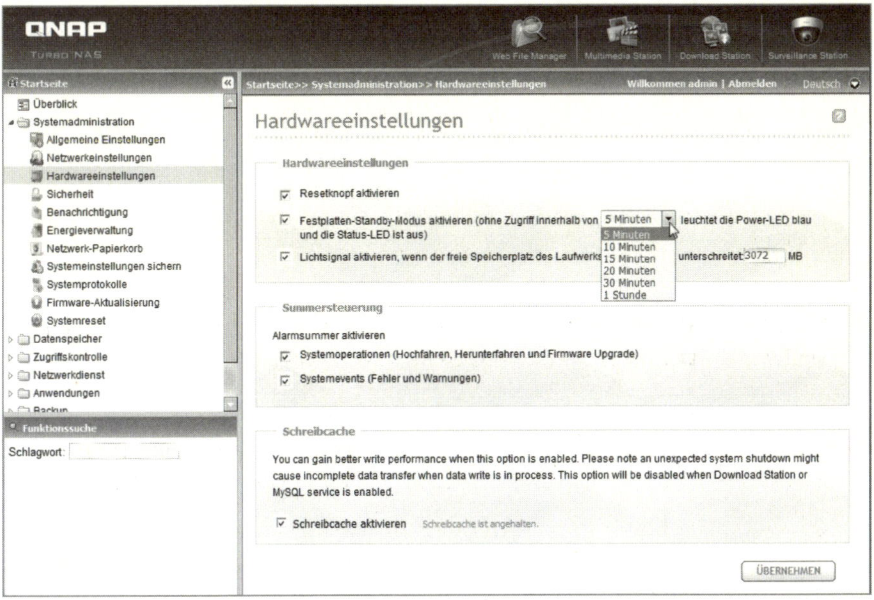

Bild 3.40: Dieses NAS bietet diverse Einstellungsmöglichkeiten dazu, nach welcher »Leerlaufzeit« die interne(n) Festplatte(n) in den Stand-by-Modus schalten sollen.

Allein aus diesem Grund sollte jedes NAS-Gerät mit einem Energiesparmodus ausgestattet sein. Dieser fährt die internen Festplatten automatisch in den Ruhe-, Sleep- oder Energiesparmodus herunter, sobald über einen bestimmten Zeitraum hinweg kein Gerät mehr auf das NAS zugegriffen hat.

Bei manchen NAS ist der Zeitraum, bis der Energiesparmodus einsetzt, fest vorgegeben und kann beispielsweise nicht über deren Benutzeroberfläche geändert werden.

Bei einigen Netzwerkfestplatten lässt sich sogar einstellen, nach wie vielen Minuten ohne Zugriff der Sleepmodus aktiviert werden soll. Dieser Zeitraum wird im Englischen auch als »Idle Time« bezeichnet. Im Sleep- oder Energiesparmodus sinkt die Leistungsaufnahme eines NAS mit zwei internen Platten um mehr als die Hälfte ab.

Manche Geräte lassen sich sogar zu einer angegebenen Uhrzeit, zum Beispiel täglich gegen 23 Uhr, herunterfahren und wachen zu einer ebenfalls vorgegebenen Uhrzeit, zum Beispiel um 8 Uhr morgens, automatisch wieder auf. Während dieser Ruhephase, in der die internen Festplatten meist vollständig abgeschaltet sind, sinkt der Stromverbrauch noch deutlich weiter ab.

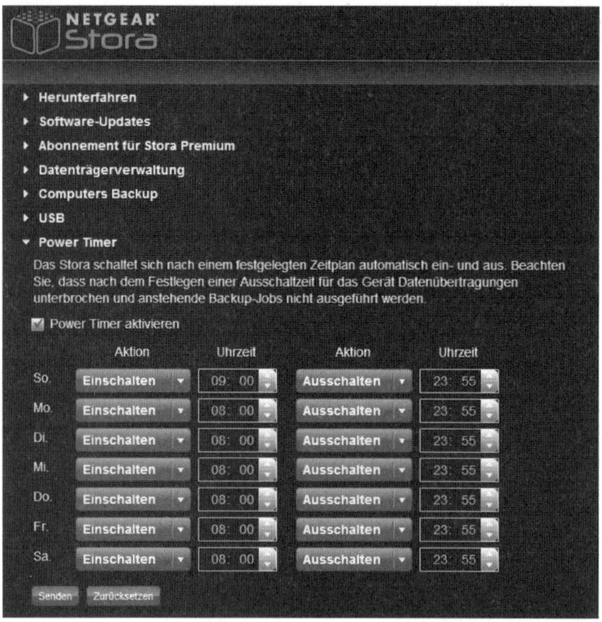

Bild 3.41: Im *Power Timer* von Netgears NAS Stora lässt sich explizit einstellen, wann sich die Festplatte ein- und ausgeschaltet.

Eine weitere sehr interessante Energiesparmaßnahme bei NAS-Geräten ist der Einsatz von 2,5-Zoll-Festplatten als interne Speicherlaufwerke. Diese verbrauchen von Haus aus erheblich weniger Strom als ihre großen 3,5-Zoll-Brüder.

Zudem verursachen 2,5-Zoll-Laufwerke erheblich weniger Laufgeräusche und erzeugen aufgrund des geringeren Stromverbrauchs auch weniger Wärme.

Dadurch erübrigt sich in der Regel die aktive Kühlung per Ventilator, was wiederum eine geringere Geräuschentwicklung zur Folge hat.

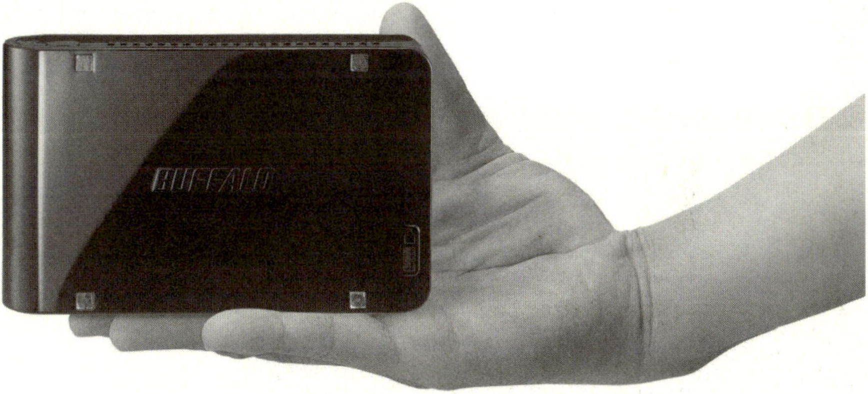

Bild 3.42: Buffalos Link Station Mini ist eines der wenigen NAS-Geräte fürs Heimnetz, die mit kleinen 2,5-Zoll-Laufwerken bestückt sind. (Quelle: *www.buffalotech.com*)

3.8 Der Zugriff aus dem Internet

Eine weitere Anwendung, die im Zusammenhang mit Netzwerkfestplatten immer häufiger angeboten wird, ist der sogenannte Fernzugriff. Hierunter versteht man den Zugriff auf das NAS von einem beliebigen Rechner (oder Smartphone) aus dem Internet. Egal ob Sie am Arbeitsplatz-PC, vor dem Notebook bei einem Bekannten oder vor einem anderen Rechner mit Internetzugang sitzen: Sie können jederzeit auf Ihr NAS im Heimnetz zugreifen, um beispielsweise ein dringend benötigtes Dokument herunterzuladen – oder ein Fotoalbum zu betrachten.

Grundsätzlich lässt sich der Fernzugriff über jedes NAS einrichten, das über einen sogenannten FTP-Zugang, genauer gesagt einen FTP-Server, verfügt. FTP steht für »File Transfer Protocol« und eignet sich dazu, Dateien möglichst schnell übers Internet zu übertragen.

FTP: schnell, aber wenig komfortabel

Um die Übertragung via FTP nutzen zu können, sind spezielle Einstellungen im Heimnetzrouter erforderlich. So sollte zunächst ein konstanter Zugang zum Heimnetz über einen Dynamic-DNS-Dienst eingerichtet werden. Außerdem muss eine Portweiterleitung im Router eingestellt und aktiviert werden.

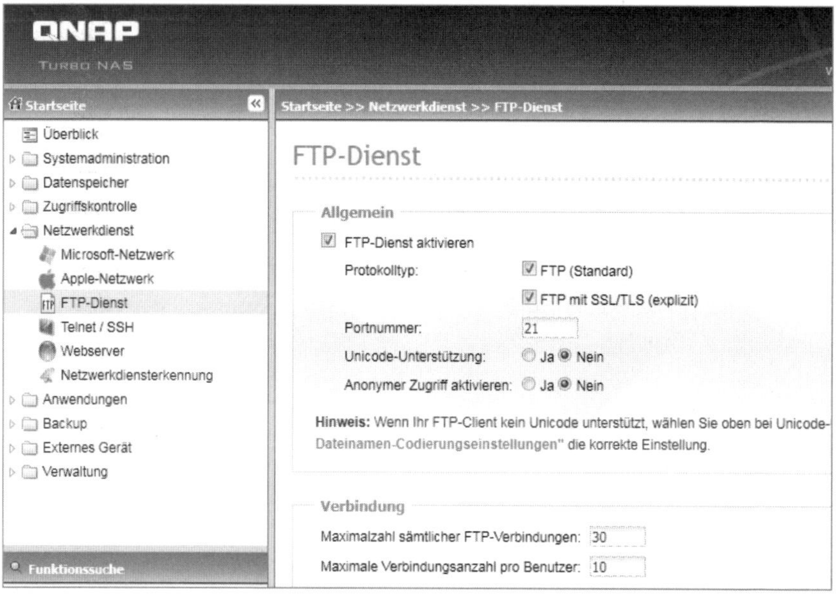

Bild 3.43: Manche NAS-Geräte bieten sogar einen per SSL gesicherten FTP-Zugriff.

Der Zugriff über FTP ist nicht besonders komfortabel, da es beispielsweise keine Dateivorschau anzeigt und auch keine Streamingoption bietet.

Komfortabel, aber riskant: UPnP

Alternativ bieten einige NAS-Hersteller die Möglichkeit, dass deren NAS selbst die Einstellungen in den Porteinstellungen des Heimnetzrouters vornimmt. Dies erfolgt über das sogenannte UPnP-Protokoll – nicht zu verwechseln mit dem im folgenden Kapitel vorgestellten UPnP AV und DLNA.

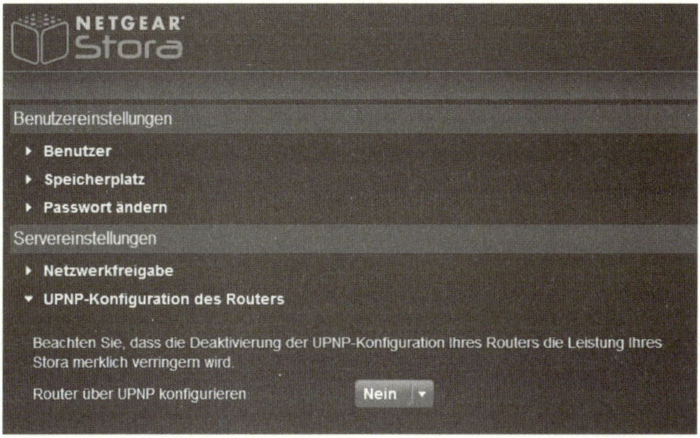

Bild 3.44: Einige Heimnetzfestplatten können Einstellungen im Router mittels UPnP steuern und erleichtern dadurch den Fernzugriff.

Das Problem dabei: Hierzu muss im Heimnetzrouter die Konfiguration über UPnP aktiviert werden. Allerdings kann dann jedes Gerät und vor allem jede Software (auch schädliche) im Heimnetz den Router nach Belieben konfigurieren.

So praktisch und komfortabel die UPnP-Methode auch ist, sie birgt immer die Gefahr, dass eine schädliche Anwendung den Router ohne Ihr Wissen umkonfiguriert, um beispielsweise vorübergehend bestimmte Ports zu öffnen.

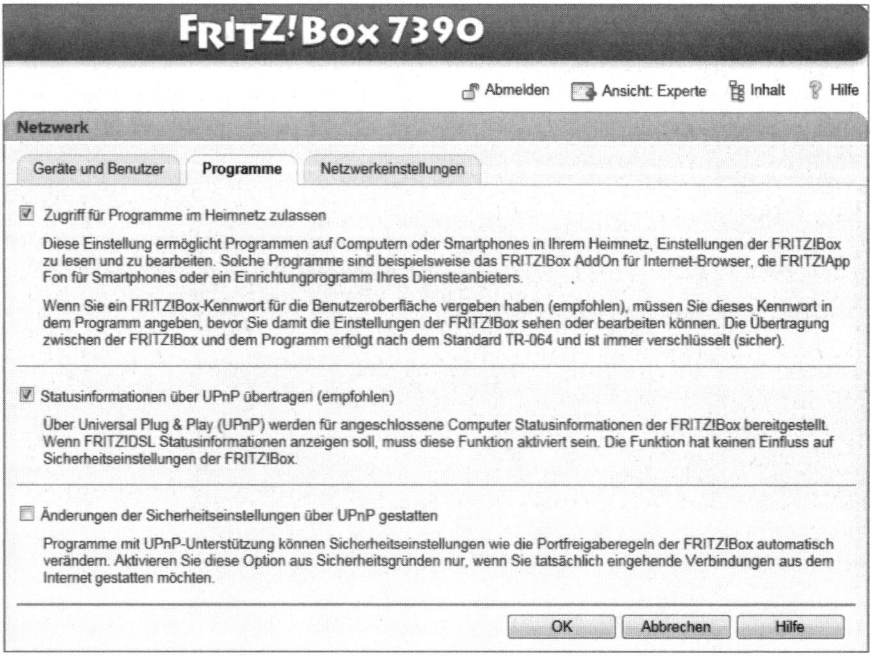

Bild 3.45: Bei den meisten Routern muss die Änderung der Einstellungen über UPnP erst nachträglich aktiviert werden, da sie ein Sicherheitsrisiko darstellt.

Zugriff über spezielle Verbindungsdienste

Immer häufiger arbeiten die Hersteller von (Heim-)Netzwerkfestplatten mit speziellen Diensten im Internet zusammen, die nach einer Onlineregistrierung den Zugriff auf das NAS im Heimnetz erheblich einfacher und vor allem komfortabler gestalten. Der Anwender muss sich hierzu einmalig bei der ersten Einrichtung seiner Netzwerkfestplatte bei dem entsprechenden Onlinedienst registrieren. Ab diesem Zeitpunkt hält die Netzwerkfestplatte eine konstante Verbindung zum Onlinedienst. Meldet sich der Anwender von einem beliebigen Internetrechner (Notebook, Smartphone etc.) auf der Homepage des Onlinediensts an, wird er innerhalb der Browseroberfläche mit seinem NAS verbunden.

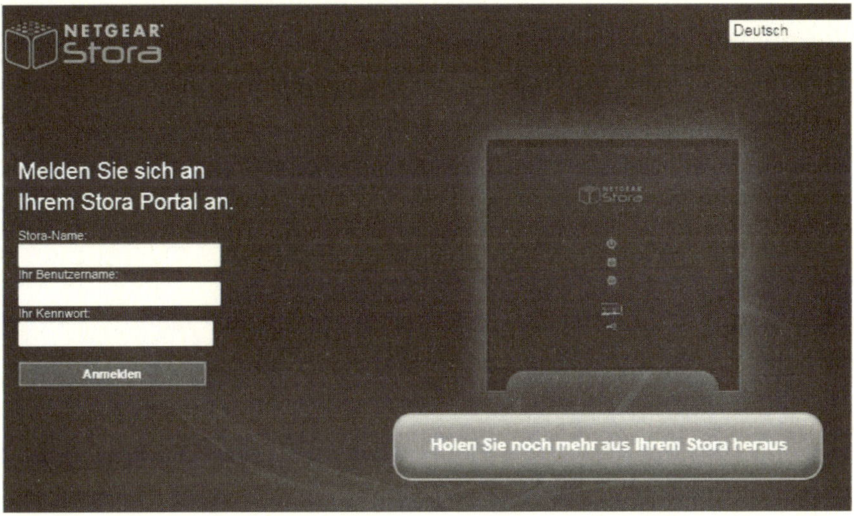

Bild 3.46: Nach Anmeldung bei diesem Onlineportal wird die Verbindung zum NAS im Heimnetz (hier Netgear Stora) über die Browseroberfläche hergestellt.

Veränderungen in den Routereinstellungen sind hierzu in der Regel nicht mehr erforderlich. Der Zugriff auf die Ordner im NAS erfolgt dabei meist über ein Browserfenster, Bilderordner lassen sich als Vorschau betrachten, Musik- und Videodateien häufig sogar direkt im Browser abspielen. Allerdings hängt hier die Übertragungsgeschwindigkeit vom NAS auf den zugreifenden Rechner im Internet ganz entscheidend von der Bandbreite des Onlinezugangs im Heimnetz ab.

Diese Transferrate kann folglich also nicht schneller sein als die maximale Upstream-Geschwindigkeit des Onlineanschlusses zu Hause. Liegt Ihre Upload-Rate im Heimnetz bei 400 kBit/s (0,4 MBit/s), kann somit auch der Zugriff von außerhalb nicht »schneller« als 0,4 MBit/s sein.

4 Multimedia im Wohnzimmer

Fotos, Musik- und Videodateien lassen sich alle am PC bzw. Notebook wiedergeben. Das ist jedoch nicht immer praktisch. Im Wohnzimmer beispielsweise möchte man seine Filme und Fotos lieber komfortabel am großen Fernseher genießen. Auch wäre es schön, wenn man seine Musiksammlung auf der Festplatte über die Hi-Fi-Anlage hören könnte und nicht immer nur vom MP3-Player oder aus dem quäkenden Notebook-Lautsprecher.

In diesem Kapitel möchte ich Ihnen einige interessante Möglichkeiten vorstellen, mit denen Sie Ihre digitalen Schätze bequem im Wohnzimmer genießen können. Den PC oder das Notebook können Sie dabei (fast) immer ausgeschaltet lassen.

4.1 Fotos, Musik und Filme im Wandel der Zeit

Vor gut 25 Jahren hörte man Musik vornehmlich von Schallplatte oder Musikkassette, bis sich Ende der 1980er-Jahre die Audio-CD als Tonträger durchsetzte. Wer sich einen Videofilm ansehen wollte, griff zur VHS-Kassette, die erst kurz nach der Jahrtausendwende von der DVD als wichtigstem Filmdatenträger überholt und schließlich verdrängt wurde. Auch der Umstieg auf die digitale Fotografie vollzog sich erst vor rund zehn Jahren. Zuvor schoss jeder Hobbyfotograf seine Aufnahmen nahezu ausnahmslos mit einer analogen Kamera. Wer sich kein eigenes Fotolabor eingerichtet hatte, musste seine Filmrollen erst einschicken und entwickeln lassen, um schließlich die Abzüge für das Fotoalbum zu erhalten.

Bis Ende des letzten Jahrtausends lagen Fotos, Filme und Musik in deutschen Haushalten strikt voneinander getrennt auf unterschiedlichen, meist analogen Speichermedien vor. Diese Situation hat sich im Laufe der vergangenen zehn Jahre ganz erheblich gewandelt.

Alle Daten liegen auf der Festplatte

Heutzutage finden sich Fotos, Musik und Filme nahezu ausschließlich in digitaler Form auf PC, Notebook oder diversen Datenspeichern wieder. Zu Letzteren zählen vor allem externe Festplatten, USB-Sticks oder Speicherkarten, manchmal auch noch DVD- oder CD-Rohlinge. Das Praktische daran: Sämtliche Medien lassen sich problemlos an den Rechner anschließen, verwalten und wiedergeben.

Allerdings eignet sich der PC im Arbeitszimmer nicht unbedingt als Abspielgerät, wenn man einen gemütlichen Foto- oder Videoabend durchführen möchte. Und auch die MP3-Sammlung auf Festplatte hört sich über die kleinen PC- oder Notebook-Lautsprecher eher mäßig an. Die Hi-Fi-Anlage im Wohnzimmer hätte da schon deutlich mehr Volumen zu bieten.

Und die auf Festplatte gespeicherten Fotos und Videos kämen auf dem großen Flachbildfernseher im Wohnzimmer erst richtig zur Geltung – zumal Sie es sich dann beim Gucken auf der Couch oder dem Sessel gemütlich machen können.

Der Umweg über den Computer

Natürlich lässt sich das Notebook oder ein noch handlicheres Netbook in der Nähe des Fernsehers oder der Hi-Fi-Anlage postieren und – ähnlich wie ein DVD-Player – als Abspielgerät für Dateien nutzen. Die Verbindung zwischen Rechner und Ausgabegerät (Fernseher oder Verstärker) erfolgt dann über ein entsprechendes Audio- oder Videokabel.

Dabei spielt das Notebook die gewünschten Mediendateien ab, zum Beispiel über den Windows Media Player, und gibt die Signale dann über das Kabel an die Musikanlage oder an den Fernseher weiter.

Dazu müssen Sie nur die (Audio- oder Video-)Ausgangsbuchse an Ihrem Notebook über das passende Kabel mit der entsprechenden Eingangsbuchse Ihrer Hi-Fi-Anlage oder Ihres Fernsehgeräts verbinden. Von Ausnahmen einmal abgesehen, sind die meisten Notebooks oder Desktops mit bis zu zwei Videoausgängen und einem Audioausgang ausgestattet.

Die Verbindung eines Rechners mit der Hi-Fi-Anlage zwecks Musikwiedergabe ist kein Problem. Sie erfolgt in der Regel über ein spezielles Audiokabel, das auf der einen Seite mit einem Klinkenstecker und auf der anderen mit einem zweifachen Cinchstecker versehen ist.

Bild 4.1: Über ein solches Klinke-auf-Cinch-Kabel lässt sich rasch ein analoges Audiosignal vom Rechner auf die Hi-Fi-Anlage übertragen. (Quelle: *www.belkin.de*)

Zur Übertragung von Filmen auf den Fernseher verwendet man am besten die sogenannte HDMI-Schnittstelle, die sowohl Bild- als auch Tonsignale übertragen kann. Inzwischen besitzen alle neueren PCs und auch zahlreiche Notebooks einen sogenannten HDMI-Ausgang. Ebenso ist jeder halbwegs aktuelle Fernseher mit mindestens einem HDMI-Eingang ausgestattet. Als Verbindungskabel benötigen Sie ein ausreichend langes HDMI-Kabel.

Mit dieser direkten Verbindungsmethode per Kabel können alle Fotos, Filme und MP3s auf dem Rechner verbleiben. Sie müssen Ihre Dateien somit nicht erst umständlich konvertieren und auf CD- oder DVD-Rohlinge brennen, um sie beispielsweise am DVD-Player wiedergeben zu können. Zudem halten sich die Anschaffungskosten für entsprechende Verbindungskabel in Grenzen.

Bild 4.2: Das HDMI-Kabel überträgt Audio- und Videosignale gleichzeitig und in bester Qualität. (Quelle: *www.belkin.de*)

Die Nachteile des Direktanschlusses

Doch hat diese direkte Übertragungsmethode vom Rechner auch einige Nachteile. Da das Abspielen der Dateien durch eine Software geschieht, die am PC oder Notebook installiert ist, muss der entsprechende Rechner eingeschaltet und hochgefahren sein. Zudem steuern die wenigsten Anwender ihren Computer per Fernbedienung. Wer also nicht direkt neben dem Rechner sitzt, muss immer wieder aufstehen, um beispielsweise einen Song zu überspringen, zurückzuspulen oder die Diashow bei einem bestimmten Foto kurz anzuhalten.

Der gravierendste Nachteil dürfte jedoch sein, dass sich PC oder Notebook in »Kabelreichweite« zu den entsprechenden Wiedergabegeräten (Fernseher, Musikanlage) befinden müssen. Nicht jeder möchte seinen PC im Wohnzimmer platzieren oder sein Notebook immer wieder umständlich an die Hi-Fi-Anlage oder den Fernseher an- und später wieder abstöpseln.

Fernseher mit USB- und Netzwerkanschluss

Eine weit elegantere Lösung zur Wiedergabe von Mediendateien bieten inzwischen viele moderne Fernseher, Blu-ray-Player und auch Spielekonsolen. Die Geräte sind mit einem USB-Anschluss ausgestattet, an den sich beispielsweise eine externe Festplatte oder ein USB-Speicherstick anschließen lässt. Im Idealfall kann der Fernseher oder Player dann alle Fotos, MP3-Dateien und auch Videodateien direkt vom angeschlossenen Datenspeicher abspielen.

Bild 4.3: Moderne TV-Geräte besitzen USB-Anschlüsse, um Multimedia-Dateien direkt vom angeschlossenen Datenspeicher abzuspielen. (Quelle: *www.samsung.de*)

Viele Fernseher und Blu-ray-Player können sogar auf Daten zugreifen, die im heimischen Netzwerk gespeichert sind. Dazu müssen Sie die Geräte allerdings per Kabel, WLAN oder Powerline mit Ihrem Heimnetz(-Router) verbinden. Ist das geschehen, können Sie zum Beispiel über die TV-Fernsteuerung Fotos, Musik und Videos von Ihrer Netzwerkfestplatte abspielen.

Dieser Zugriff im Heimnetz funktioniert über zwei verschiedene Methoden: Die erste Zugriffsmethode kennen Sie bereits aus dem vorangegangenen Kapitel. Hierbei greift das Wiedergabegerät (Fernseher, Blu-ray-Player etc.) ähnlich wie der Windows Explorer auf Freigabeordner oder Netzwerkfreigaben im Heimnetz zu. Dabei spielt es keine Rolle, ob dieser Freigabeordner auf einem PC oder auf einer Netzwerkfestplatte angelegt ist.

Bei geschützten Freigaben müssen, ebenso wie beim Zugriff vom PC oder Notebook aus, Benutzername und Kennwort eingegeben werden. Da Fernseher und Blu-ray-Player über keine richtige Tastatur verfügen, erfolgt diese Eingabe dann häufig mittels eingeblendeter Bildschirmtastatur.

Alternativ zum Freigabeordner hat sich in den vergangenen Jahren eine zweite Zugriffsmethode durchgesetzt, die speziell für das Multimedia-Heimnetz entwickelt wurde: der sogenannte Medien- oder Media Server.

Ein solcher Medienserver kann allen Abspielgeräten im Heimnetz Multimedia-Dateien in aufbereiteter Form zur Verfügung stellen. Voraussetzung ist nur, dass die Abspielgeräte den Medienserver auch »sehen« können oder, anders ausgedrückt, »dieselbe Sprache sprechen«.

In diesem Zusammenhang stößt man zwangsläufig auf die beiden Begriffe »UPnP AV« und »DLNA«.

4.2 Über Medienserver und UPnP AV

Das Kürzel »UPnP« steht für »Universal Plug'n'Play« und ist eine Art Standard, der den Datenaustausch zwischen miteinander vernetzten Geräten ermöglichen soll. Der Anwender soll dabei möglichst wenige oder gar keine Einstellungen vornehmen müssen, frei nach dem Motto »Plug-and-play« eben, was man in diesem Fall frei mit »einstecken und loslegen« übersetzen kann.

Bei der Sonderform »UPnP AV« geht es um die möglichst einfache und komfortable Verteilung und Wiedergabe von Multimedia-Dateien im Heimnetz, wobei »AV« als Abkürzung für »Audio/Video« steht.

Wichtig dabei: Jedes Gerät, das im Heimnetz über UPnP AV kommunizieren möchte, muss diesen Standard auch unterstützen. Der UPnP-AV-Standard unterscheidet dabei verschiedene virtuelle Gerätetypen, die über das Netzwerk miteinander in Verbindung treten können.

Hier eine kurze Zusammenfassung der drei wichtigsten dieser UPnP-AV-Gerätetypen, die im Verlauf des Kapitels noch benötigt werden:

- Der **Media Server** stellt Multimedia-Dateien im Netzwerk bereit und legt eine nach verschiedenen Kriterien filterbare Zugriffsliste (Index) für die Dateien an. Nahezu alle Netzwerkfestplatten für das Heimnetz sind inzwischen mit einem Media Server ausgestattet. Auch jeder Windows-7- und Vista-Rechner verfügt durch den Windows Media Player bereits über einen Media Server.
- Der **Media Renderer** kann die vom Media Server bereitgehaltenen Inhalte über die Netzwerkverbindung hinweg wiedergeben (Streaming). Typische Media Renderer sind zum Beispiel Webradios, Fernseher, Blu-ray-Player und HD

Media Player etc., aber auch der Windows Media Player. Einen Media Renderer bezeichnet man auch als Streaming-Client.

- Der **Control Point** schließlich steuert Auswahl und Wiedergabe der Multimedia-Dateien zwischen Media Server und Media Renderer. Der Control Point übernimmt somit die Funktion einer Fernsteuerung. Er kann bestimmen, dass Daten von einem Media Server auf einem Media Renderer wiedergegeben werden.

Bild 4.4: Der Windows Media Player funktioniert hier als Control Point, indem er Songs auf einen Streaming-Client sendet, hier das Webradio *NOXON 90elf*, der diese dann abspielt.

Mehrere Typen in einem Gerät

Sehr häufig werden die beiden UPnP-AV-Gerätetypen Media Renderer und Control Point in einem Hardwaregerät oder einer Software zusammengefasst. Das ergibt auch durchaus Sinn, da Steuerung und Wiedergabe ja recht häufig am selben Gerät erfolgen sollen. Das Interessante daran: Ein Gerät, das Control Point und

Media Renderer ist, lässt sich auch jederzeit durch einen anderen Control Point im Heimnetzwerk steuern.

Moderne Smartphones, die per WLAN mit dem Heimnetz verbunden sind, können die Funktion eines Media Renderer übernehmen und Filme, Musik oder Videos von Media Servern im Heimnetz wiedergeben. Sie spielen aber auch Dateien vom eigenen Speicher auf einem Media Renderer (Webradio, Fernseher) im Heimnetz ab.

Schließlich kann ein Smartphone über seine Control-Point-Funktion sogar einen Media Server als Datenquelle im Heimnetz auswählen und einen Renderer im Heimnetz bestimmen, der die ausgewählten Songs, Filme oder Bilder wiedergeben soll. Damit übernimmt das Smartphone die Funktion einer Fernsteuerung im Heimnetz. Wie das funktioniert, erfahren Sie weiter unten im Abschnitt »Ihr Smartphone als Medienstar«.

Bild 4.5: Android-Smartphones wie das Samsung Galaxy 3 i5800 lassen sich als UPnP-AV-Fernbedienung einsetzen. Samsung verwendet dazu ein eigenes Steuerungstool namens AllShare, das Medienstreaming von, zu und durch das Smartphone ermöglicht. (Quelle: *www.samsung.de*)

Manche Softwarelösungen wie zum Beispiel der Windows Media Player 12 vereinen die UPnP-AV-Funktionen Media Server, Media Renderer und Control Point unter einem Dach.

Der Microsoft-Player als Teil des Windows-Betriebssystems kann Multimedia-Dateien anderer Media Server übers Heimnetz abspielen (Control Point, Renderer), kann selbst als Media Server für anderer Wiedergabegeräte dienen und übernimmt, falls gewünscht, auch die Steuerung, um Dateien von einem Media Server (z. B. Netzwerkfestplatte) auf einem Media Renderer (z. B. Webradio) im Heimnetz wiederzugeben.

Was ist Streaming?

Ein Begriff, der im Zusammenhang mit UPnP AV sehr häufig verwendet wird, ist das sogenannte Streaming. Hierunter versteht man die kontinuierliche Übertragung von (Multimedia-)Daten über ein Netzwerk.

Der Ausdruck »Streaming« kommt dabei aus dem Englischen und lässt sich mit »strömen« oder »fließen« übersetzen. Vor allem beim Streaming von Videos oder Musik über Netzwerkverbindungen kommt es auf eine möglichst unterbrechungsfreie Übertragung an. Der Media-Datenstrom im Heimnetz sollte also immer ausreichend Bandbreite zur Verfügung haben.

Damit das Streaming von Multimedia-Dateien im Heimnetz funktioniert, müssen verschiedene Voraussetzungen erfüllt sein:

- Alle beteiligten Geräte müssen Teil desselben Netzwerks sein. Die Verbindung der beteiligten Geräte zum Heimnetzrouter muss weitgehend stabil sein und sollte über eine ausreichende Bandbreite verfügen.
- Alle beteiligten Geräte müssen den Standard UPnP AV (oder DLNA) unterstützen.
- Eine Datei, die gestreamt werden soll, muss vom Media Server als Multimedia-Datei erkannt werden, damit er die Datei in seinen Index (seine Wiedergabeliste) aufnehmen kann.
- Das UPnP-AV-Wiedergabegerät (Media Renderer) muss die gestreamte Multimedia-Datei abspielen können. Bei Film-, Musik- und Bilddateien herrscht eine enorme Vielfalt an unterschiedlichsten Formaten, und manche Wiedergabegeräte können bestimmte Formate eben nicht abspielen. Woran das liegt, erfahren Sie weiter unten im Abschnitt »Multimedia-Spezialisten«.

DLNA und UPnP AV

Neben UPnP AV stößt man im IT- und Multimedia-Fachhandel immer häufiger auch auf das Kürzel DLNA, wenn es um Streaming oder generell um Multimedia im Heimnetz geht. DLNA steht für »Digital Living Network Alliance« und baut vollständig auf UPnP AV auf. Es führt noch einige zusätzliche virtuelle Gerätetypen ein, wie zum Beispiel den Digital Media Player, den Media Uploader sowie den Media Printer. Außerdem muss jedes Gerät mit DLNA-Logo einen Zertifizierungsprozess durchlaufen, der unter anderem für noch höhere Kompatibilität unter DLNA-Geräten sorgen soll.

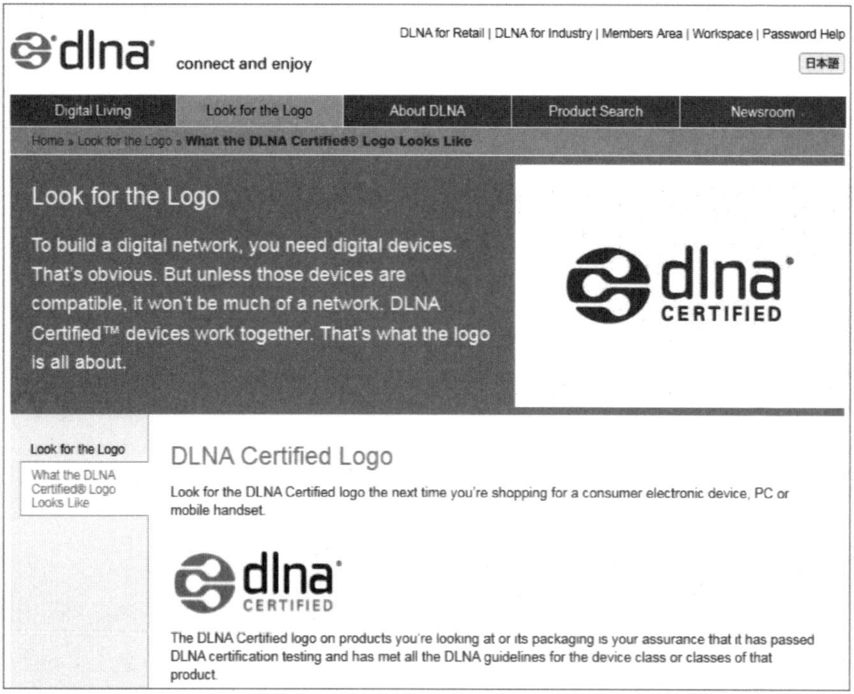

Bild 4.6: Das DLNA-Logo erhalten Geräte, die nach einem speziellen Verfahren zertifiziert wurden.

Grundsätzlich ist jedoch davon auszugehen, dass ein UPnP-AV-Gerät zu einem DLNA-zertifizierten Gerät kompatibel ist – sprich: DLNA- und UPnP-AV-Geräte im Heimnetz verstehen sich.

Der PC kann ausgeschaltet bleiben

Doch was ist nun eigentlich der entscheidende Vorteil an dieser ganzen UPnP-AV- und DLNA-Geschichte? Dieser Multimedia-Standard macht es erst möglich, dass

Sie Fotos, Musikdateien und Videos übers Netzwerk übertragen und anzeigen können, ohne dass Sie hierzu auch nur einen Rechner einschalten oder hochfahren müssen. UPnP AV lässt sich in jedes netzwerkfähige Multimedia-Gerät integrieren, das dann als Server, als Wiedergabegerät oder als Steuergerät seinen Dienst versieht.

Ein Webradio beispielsweise stellt über die Verbindung zum Heimnetzrouter die Verbindung ins Internet her. Diese Verbindung wird benötigt, um die entsprechenden Internetradiostationen aufrufen und deren Programm abspielen zu können.

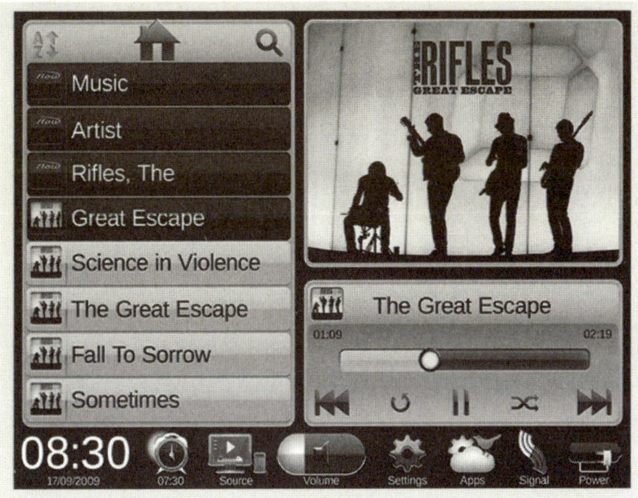

Bild 4.7: Über die Benutzeroberfläche dieses Webradios (Pure Sensia) greift man auf die vom Media Server bereitgestellte Musik im Heimnetz zu. (Quelle: *www.pure.com*)

Da jedes Webradio zusätzlich auch als UPnP-AV-Client (Media Renderer) funktioniert, kann es beispielsweise auch auf Ihre komplette MP3-Sammlung zugreifen – sofern diese über einen UPnP-AV- oder DLNA-Media-Server in Ihrem Heimnetz bereitgestellt wird.

Die Netzwerkfestplatten als Media Server

Natürlich könnten Sie Ihre Musikdateien alle über einen Windows-Rechner und per Windows Media Player im Heimnetz bereitstellen. Doch dazu müssten Sie schon wieder einen Rechner hochfahren, wenn Sie Musik hören, Fotos betrachten oder einen Film ansehen möchten. Das ist jedoch nicht erforderlich, wenn Sie eine halbwegs aktuelle Netzwerkfestplatte besitzen.

Denn inzwischen hat so gut wie jede Netzwerkfestplatte fürs Heimnetz automatisch auch einen integrierten UPnP-AV- oder DLNA-zertifizierten Media Server. Sie können also Ihre gesamte Multimedia-Sammlung – ob nun Fotos, Musik oder Filme – auf Ihre Netzwerkfestplatte kopieren und über den integrierten Media Server freigeben.

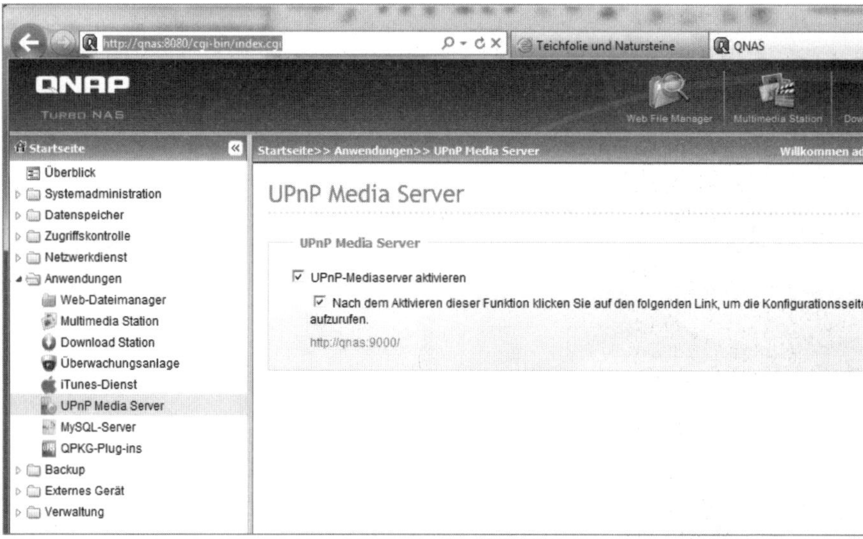

Bild 4.8: Bei manchen Netzwerkfestplatten muss der integrierte (UPnP-AV-) Media Server erst aktiviert werden.

Dann haben Sie von jedem UPnP-fähigen Gerät im Heimnetz aus immer Zugriff auf alle Ihre Multimedia-Daten – und müssen dazu nicht einmal einen PC oder ein Notebook hochfahren. Sicherlich könnte man aber einwenden, dass ja auch die Netzwerkfestplatte erst gestartet werden muss, um überhaupt Zugriff auf die darauf gespeicherten Daten zu erhalten.

Energiesparmodus und Media Server

Doch aufgrund eines meist ausgeklügelten Energiemanagements verbraucht eine moderne Netzwerkfestplatte erheblich weniger Strom als ein eingeschalteter PC und ist in der Regel auch sparsamer als ein Notebook. Greifen Sie nämlich für eine gewisse Zeitspanne nicht mehr auf den Media Server zu, schaltet das Laufwerk automatisch in den energiesparenden Ruhe- oder Sleepmodus. In dieser Ruhephase nimmt die Netzwerkfestplatte deutlich weniger Leistung auf, ist aber nach wie vor »empfangsbereit«.

Sobald Sie Musik hören oder Fotos am Fernseher betrachten möchten, schaltet die Netzwerkfestplatte ihre internen Laufwerke vom Sleep- in den Arbeitsmodus.

Allerdings möchte ich Sie in diesem Zusammenhang auch auf die nicht ganz so gelungene Abstimmung zwischen Media-Server-Funktion und Energiesparmodus hinweisen, wie sie beispielsweise bei Netzwerkfestplatten des Herstellers Buffalo Technology auftritt.

Bild 4.9: Energiemanagement und Media-Server-Funktion arbeiten bei NAS-Geräten von Buffalo noch nicht optimal zusammen. (Quelle: *www.buffalotech.de*)

Zunächst einmal muss man Buffalo Technology zugute halten, dass es sich hierbei um einen der ersten Hersteller überhaupt handelt, die Netzwerkfestplatten mit einem integrierten UPnP-AV-Server auf den deutschen Markt gebracht haben.

Für die Nutzung in einem herkömmlichen Netzwerk mit PCs und Notebooks erscheint das Energiesparmanagement eines Buffalo-NAS durchaus einleuchtend: Denn bei der erstmaligen Einrichtung des NAS installiert man ein kleines Tool, den sogenannten NAS Navigator, auf PC und/oder Notebook, der als Dienst im Hintergrund läuft. Sobald man diesen Rechner herunterfährt, bringt sich automatisch auch das NAS-Laufwerk in einen Tiefschlafmodus.

Aus diesem Ruhemodus lässt sich das NAS jedoch nur wieder durch Hochfahren des NAS-Navigatorrechners erwecken – oder eben manuell per Einschalter direkt am Gerät. Der Zugriff von UPnP-AV- oder DLNA-Geräten auf den Media Server des NAS funktioniert während des Tiefschlafs leider nicht.

Wer folglich das Buffalo-NAS als Media Server nutzen möchte, muss es entweder im normalen (Nicht-Energiespar-)Betrieb durchlaufen lassen oder die Platte jedes Mal umständlich von Hand ein- und danach wieder ausschalten. Es wäre schön, wenn Buffalo dieses kleine, aber ärgerliche Problem lösen würde, das immer dann auftritt, wenn UPnP-AV-Zugriffe ohne Beteiligung eines Rechners gewünscht sind.

Mehr zum Thema Energiesparmodus bei Netzwerkfestplatten finden Sie übrigens auch in Kapitel 3 im Abschnitt »Der Energiesparmodus«.

4.3 Ihre Audio-CD-Sammlung im Heimnetz

In diesem Abschnitt möchte ich Ihnen anhand eines Projekts zeigen, wie Sie aus Ihrem gewöhnlichen Heimnetz ein Multimedia-Heimnetz machen können. Das Projekt lautet: Wie kann ich meine Audio-CD-Sammlung überall in meinem Heimnetz verfügbar machen?

Ziel dieses Projekts ist es, dass Sie von jedem beliebigen UPnP-fähigen Gerät in Ihrem Heimnetz aus Zugriff auf Ihre gesamte Musiksammlung haben. Der Zugriff kann dann von einem (oder mehreren) Webradio(s) erfolgen, von einem oder mehreren UPnP-fähigen Netzwerkplayern, von einem Smartphone, von einem netzwerkfähigen Fernseher und beliebig vielen anderen Netzwerkgeräten aus, die UPnP AV unterstützen.

Audio-CD in MP3 umwandeln

Dazu wandeln Sie mithilfe des Windows Media Player 12 Ihre Audio-CDs in das Format MP3 um. Danach können Sie diese Alben direkt am PC für alle UPnP-Geräte in Ihrem Heimnetz freigeben, indem Sie den Windows Media Player als UPnP-Media-Server nutzen.

Sie können Ihre MP3-Alben aber auch von Ihrem Rechner auf eine UPnP-fähige Netzwerkfestplatte übertragen und sie über den darin integrierten Media Server freigeben.

1 Voraussetzung

Als Voraussetzung für diesen Workshop benötigen Sie zunächst einmal nur einen halbwegs aktuellen Rechner, der mit Windows 7 oder Windows Vista und dem aktuellen Windows Media Player 12 ausgestattet ist.

Bild 4.10: Die Version des Windows Media Player finden Sie heraus, indem Sie den Player starten und anschließend die [Alt]-Taste drücken. Im nun angezeigten Menü wählen Sie die Option *Hilfe/Info*.

Der Rechner sollte im Heimnetz eingebunden sein und über eine Verbindung ins Internet verfügen. Die benötigen Sie nämlich, um die korrekten Informationen für Ihre ins MP3-Format umgewandelten Musikdateien zu erhalten. Schließlich sollen später, wenn Sie den Song über das Heimnetz abspielen, auch Titel und Interpret des Songs richtig (oder überhaupt) angezeigt werden.

Außerdem benötigen Sie später – je nach Anzahl Ihrer Audio-CDs – ausreichend freien Speicherplatz, um Ihre gesamte Musiksammlung als MP3-Dateien darauf ablegen zu können.

Für den Workshop selbst genügt zunächst einmal der Platz, um ein Album ins MP3-Format umzuwandeln. In ausreichend guter Qualität benötigen Sie für eine Audio-CD nicht mehr als etwa 50 bis 70 MByte Speicherplatz.

Und natürlich brauchen Sie ein internes oder externes DVD-Laufwerk, mit dem Sie Ihre Audio-CDs einlesen können.

2 Speicherort der umgewandelten Musikdateien

Starten Sie den Windows Media Player 12 direkt von der Windows-Taskleiste. Alternativ finden Sie ihn im Startmenü unter *Alle Programme*. Gehen Sie links oben auf die Schaltfläche *Organisieren* und im sich öffnenden Menü auf *Optionen.*

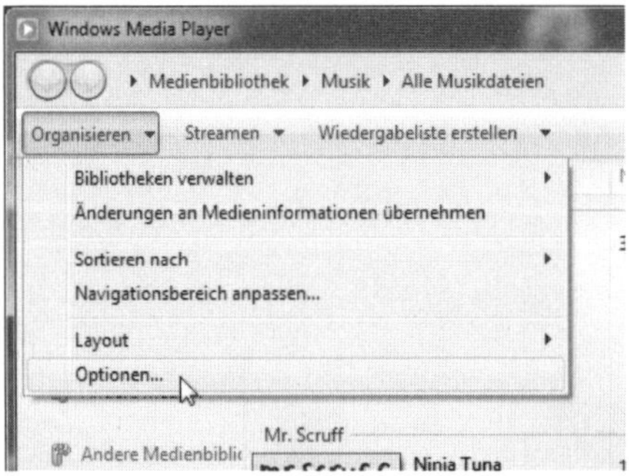

Bild 4.11: So öffnen Sie im Windows Media Player 12 das *Optionen*-Fenster.

Im Fenster *Optionen* klicken Sie auf die Registerkarte *Musik kopieren.* Hier können Sie verschiedene Einstellungen treffen, die die Umwandlung einer eingelegten Audio-CD betreffen.

Wenn Sie möchten, können Sie zunächst den voreingestellten Speicherort der umgewandelten Musikdateien ändern. So können Sie beispielsweise Ihre Musik gleich direkt auf ein anderes Laufwerk oder eine an den Rechner angeschlossene externe Festplatte speichern. Klicken Sie auf die Schaltfläche *Ändern* und wählen Sie hier im Fenster *Ordner suchen* das gewünschte Verzeichnis. Ansonsten belassen Sie es bei der Voreinstellung *C:\ Users\Benutzername\Musik.*

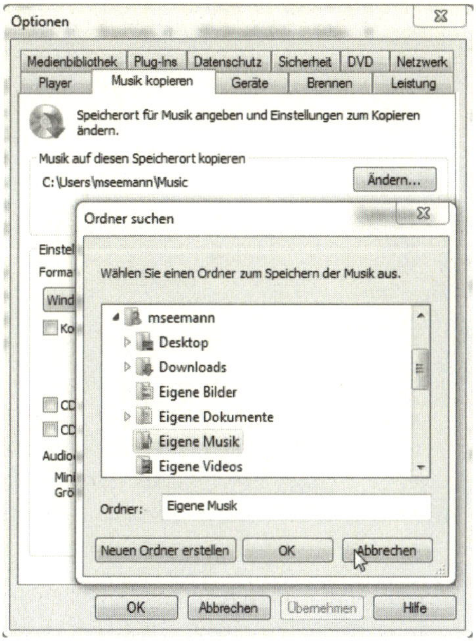

Bild 4.12: Hier ändern Sie den Speicherort, um im Windows Media Player ein umgewandeltes Album abzulegen.

③ Den Dateinamen festlegen

Unter der Schaltfläche *Dateiname* legen Sie fest, aus welchen Details sich der Dateiname einer einzelnen Songdatei zusammensetzen soll. Hier empfiehlt es sich, die *Titelnummer* des Songs wie vorgeschlagen an den Anfang des Dateinamens zu stellen. Eventuell können Sie auch noch die Details *Interpret* und *Album* hinzufügen.

Bedenken Sie jedoch, dass der Dateiname dann extrem lang werden kann. Alle wichtigen Informationen (Titelnummer, Songname, Interpret, Album, Genre) werden im Zuge des Kopiervorgangs sowieso in jeder Songdatei als sogenannte Metainformation gespeichert.

Diese Metainformationen werden immer angezeigt, sobald Sie einen Song auf einem Wiedergabegerät abspielen. Zudem benötigt der Media Server diese Metainformationen in den Multimedia-Dateien, wenn er seinen Index erstellt.

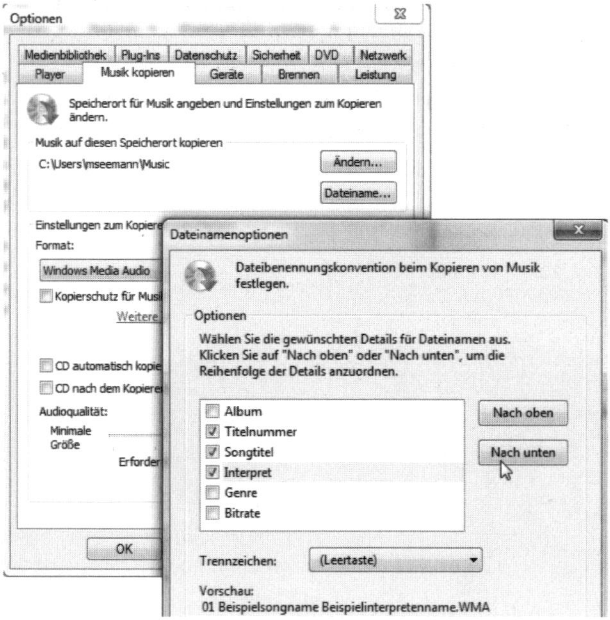

Bild 4.13: Über die *Nach oben/Nach unten*-Schaltfläche ändern Sie die Reihenfolge der markierten Details im Dateinamen des Songs.

Bei *Trennzeichen* wählen Sie das Sonderzeichen, mit dem die aneinandergereihten Details im Dateinamen voneinander getrennt werden.

Die *Vorschau* am unteren Rand des Fensters zeigt schließlich an, wie sich der Dateiname aufgrund Ihrer aktuellen Einstellungen zusammensetzt. Bestätigen Sie Ihre Auswahl mit *OK* und wenden Sie sich nun dem *Format* der Songdatei zu.

4 Das Format der Songdatei

Wenn Sie Wert darauf legen, dass Ihre Musikdateien sowie die darin enthaltenen Metainformationen von möglichst allen UPnP-fähigen Audiogeräten abgespielt werden können, entscheiden Sie sich unbedingt für das MP3-Format. MP3 ist der Standard schlechthin, wenn es um das Abspielen und Streamen von Musik geht. Wählen Sie also im Drop-down-Menü anstelle von *Windows Media Audio* die Einstellung *MP3*.

Setzen Sie außerdem ein Häkchen vor *CD nach dem Kopieren auswerfen.* Dann wissen Sie später, wenn Sie mehrere Audio-CDs hintereinander umwandeln, immer gleich, wann der Media Player mit einem Album fertig ist.

Und noch ganz wichtig: Ziehen Sie den Regler unter *Audioqualität* auf die zweite Position von rechts, also auf *256 kBit/s.* Diese Qualitätsstufe sollten Sie Ihren Songs von Audio-CDs schon gönnen, wenn Sie sie auf Festplatte bannen. Mehr möchte ich an dieser Stelle zum Thema »die optimale Bitrate für das Konvertieren ins MP3-Format« nicht sagen. Selbstverständlich steht es Ihnen frei, mit 192 oder mit 320 kBit/s zu konvertieren.

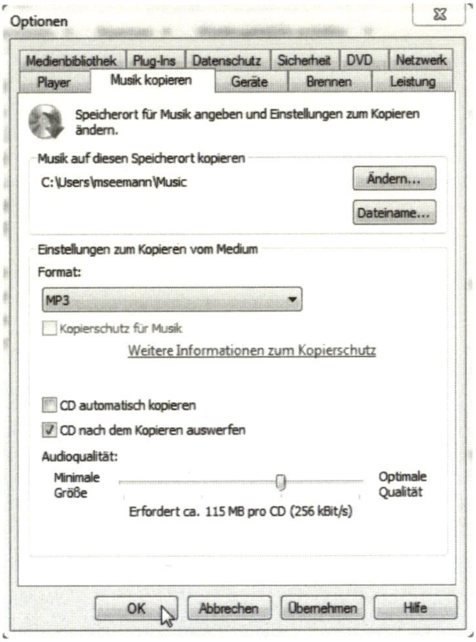

Bild 4.14: Mit dem Schieberegler stellen Sie die *Audioqualität* der MP3-Dateien auf *256 kBit/s* ein.

Damit haben Sie alle erforderlichen Einstellungen zum Konvertieren von Audio-CDs ins MP3-Format erledigt. Mit einem Klick auf *OK* bestätigen Sie Ihre Eingaben und schließen das *Optionen*-Fenster.

5 Audio-CD einlegen und Metainformationen abrufen

Legen Sie nun – bei geöffnetem Windows Media Player – Ihre erste Audio-CD in das DVD-Laufwerk Ihres Rechners ein. Zunächst erscheint eine Liste mit *Titel 1, Titel 2, Titel 3, …,* doch bereits kurze Zeit später blendet der Media Player alle Songtitel der eingelegten Audio-CD samt CD-Label ein.

Außerdem legt der Windows Media Player im Fenster rechts gleich eine Wiedergabeliste an und beginnt, die eingelegte Audio CD abzuspielen. Falls gewünscht, beenden Sie die Wiedergabe mit einem Klick auf die Stopptaste am unteren Fensterrand.

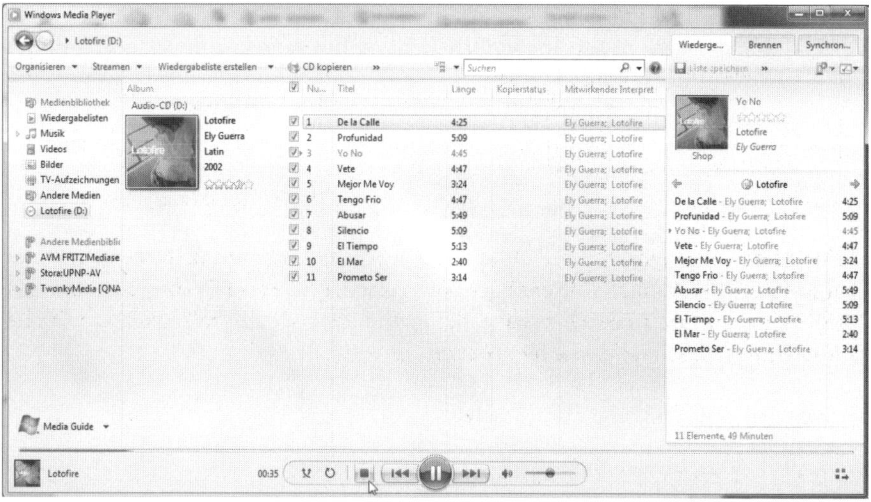

Bild 4.15: Über die Onlineverbindung besorgt sich der Windows Media Player gleich die passenden Details (Metainformationen) zur eingelegten Audio-CD.

Suche nach Albuminformationen
Diese automatische Suche der Albuminformationen funktioniert nur bei einem Originalalbum oder einer Eins-zu-eins-Kopie eines Originalalbums. Die Informationen zu einer aus mehreren Alben zusammengestellten Audio-CD kann Ihnen der Windows Media Player nicht liefern. Allerdings bietet er Ihnen dann die Möglichkeit, die Metainformationen selbst einzutragen.

---

6 Album auf die Festplatte kopieren
Starten Sie nun den Kopiervorgang, indem Sie in der Kopfleiste des Players auf die Schaltfläche *CD kopieren* mit dem kleinen CD-Symbol klicken.

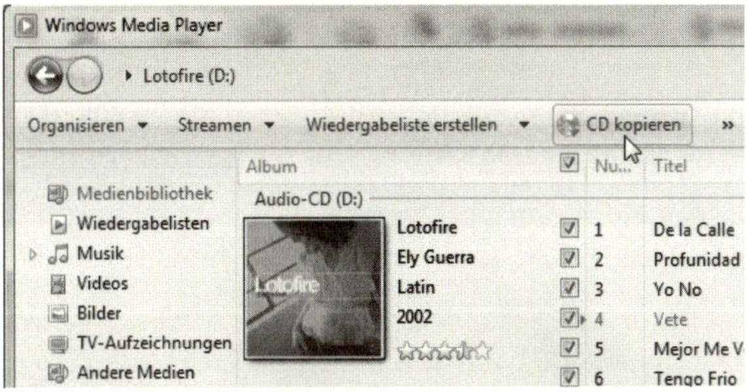

Bild 4.16: Mit einem Klick auf *CD kopieren* starten Sie den Kopiervorgang.

Das kleine CD-Symbol wird durch einen roten Stoppbutton ersetzt, und die Schaltfläche heißt nun *Kopieren beenden.* Der Player wandelt Song für Song ins MP3-Format um, was sich anhand des grünen Fortschrittsbalkens in der Spalte *Kopierstatus* anschaulich nachvollziehen lässt.

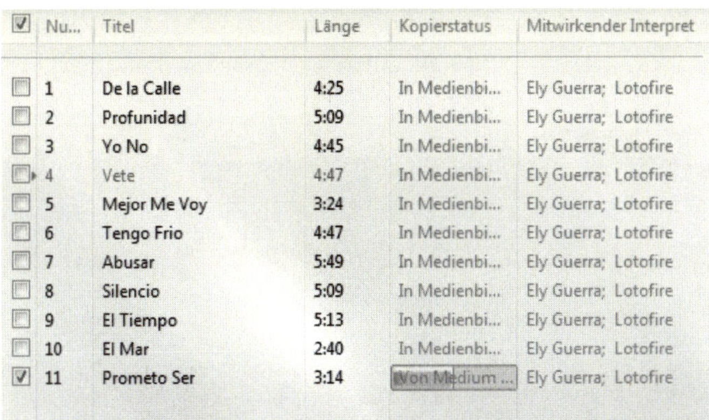

Bild 4.17: Die Umwandlung dieses Albums ist in wenigen Sekunden abgeschlossen.

Ist der Kopiervorgang beendet, sollte das DVD-Laufwerk Ihre Audio-CD automatisch auswerfen – und Sie können das nächste Album einlegen.

Auf diese Weise wandeln Sie ganz nebenbei, auch wenn Sie gerade an Ihrem Rechner arbeiten müssen, Ihre komplette Audio-CD-Sammlung ins MP3-Format um.

7 Mit mehreren Laufwerken gleichzeitig konvertieren
Ist Ihr Rechner zufällig mit einem zweiten internen CD-/DVD-Laufwerk ausgestattet? Oder besitzen Sie zusätzlich ein externes DVD-Laufwerk? Dann können Sie beim Konvertieren Ihrer Audio-CD-Sammlung eine Menge Zeit sparen.

Der Windows Media Player kann nämlich problemlos auch mit mehreren DVD-Laufwerken gleichzeitig umgehen und somit mehrere Audio-CDs parallel in MP3-Dateien konvertieren.

Um flott zwischen den verschiedenen Laufwerken hin- und herzuschalten, verwenden Sie das Drop-down-Menü links oben im Kopf des Playerfensters gleich neben den beiden Navigationspfeilen.

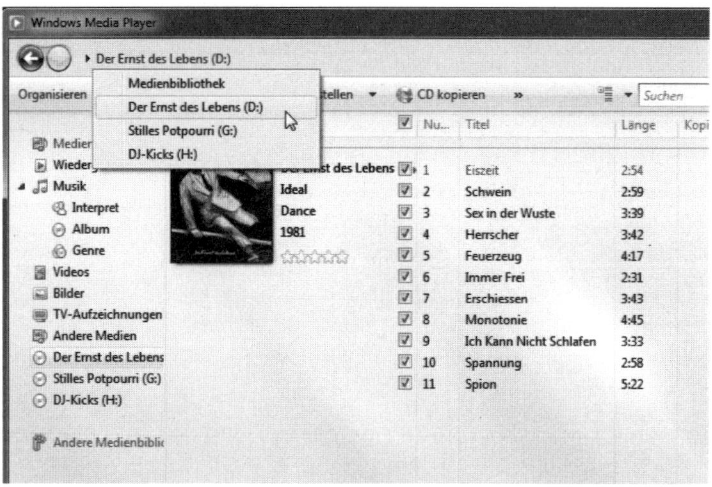

Bild 4.18: Der Windows Media Player kann mehrere Audio-CDs parallel konvertieren. In diesem Beispiel sind drei DVD-Laufwerke angeschlossen, in die je eine Audio-CD eingelegt ist.

Wählen Sie über dieses Drop-down-Menü jedes DVD-Laufwerk an und starten Sie den Konvertierungsvorgang für jedes Album einzeln.

Ich selbst habe diese Prozedur mit bis zu drei DVD-Laufwerken an einem Durchschnittsrechner (Core-i3-Prozessor, Windows 7 64 Bit, 4 GByte RAM) durchexerziert – es funktionierte problemlos und erstaunlich flott.

Haben Sie darüber hinaus einen zweiten Rechner zur Verfügung, lässt sich die ganze Angelegenheit noch zusätzlich beschleunigen. Allerdings sind Sie dann vollauf beschäftigt, da Sie ja mehrere Laufwerke ständig mit neuen Audio-CDs füttern und darauf achten müssen, dass die vom Media Player übernommenen Metainformationen aus dem Internet auch korrekt sind. An ein gemütliches Umwandeln so ganz nebenbei ist dann natürlich nicht mehr zu denken.

8 Automatische Konvertierung

Sie möchten nicht ständig zwischen den verschiedenen Laufwerken hin- und herschalten, um die Konvertierung für jedes Album einzeln zu starten? Dann stellen Sie den Windows Media Player so ein, dass er automatisch mit dem Konvertieren beginnt, sobald Sie eine neue Audio-CD eingelegt haben. Damit beschleunigen Sie die Konvertierung ins MP3-Format zusätzlich.

Öffnen Sie erneut über *Organisieren/Optionen* die Registerkarte *Musik kopieren*, setzen Sie einen Haken vor *CD automatisch kopieren* und bestätigen Sie mit *OK*.

Bild 4.19: Aktivieren Sie *CD automatisch kopieren*, und die Konvertierung startet sofort nach Einlegen der Audio-CD.

Einziger Nachteil dieser flotteren Variante: Sie können vorab nicht mehr prüfen, ob die heruntergeladenen Metadaten auch stimmen. Findet der Media Player während des gesamten Umwandlungsvorgangs keine passenden Informationen zum eingelegten Album im Internet, legt er die Audio-CD unter *Musik* als *Unbekanntes Album* sowie *Unbekannter Interpret* ab.

9 **Metainformationen nachträglich eingeben**
Hier haben Sie dann die Möglichkeit, die einzelnen Metainformationen recht komfortabel von Hand einzugeben. Gehen Sie dazu einfach mit Rechtsklick auf das entsprechende Detail (z. B. *Unbekanntes Album*) und wählen Sie *Bearbeiten.*

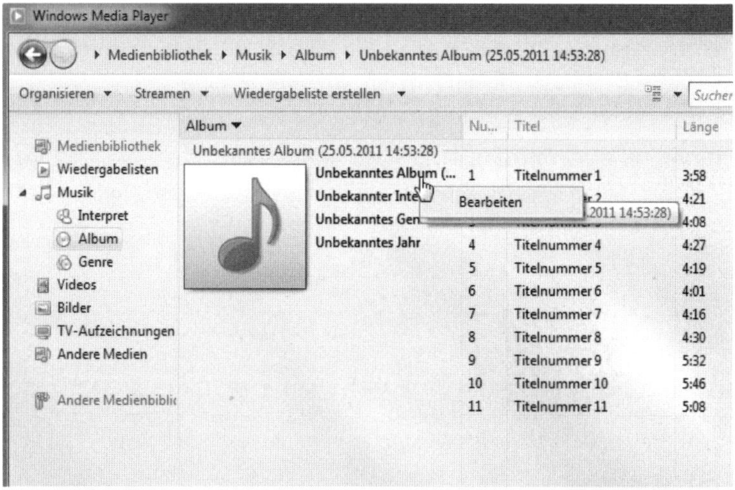

Bild 4.20: Unbekannte und deshalb unbenannte Audio-CDs lassen sich im Nachhinein manuell und sogar durchaus komfortabel umbenennen.

Sobald Sie den Albumnamen eingegeben haben, wird der Eintrag automatisch für alle Songs des Albums übernommen. Das Gleiche gilt für die Detailinfos *Interpret*, *Genre* und *Jahr.* Nur die Namen der Songs müssen Sie natürlich für jeden Titel einzeln eintragen.

Ab und an irrt sich der Windows Media Player übrigens auch, indem er die falschen Metainformationen herunterlädt. So gibt es des Öfteren mehrere Versionen eines Albums, deren Titelreihenfolge geringfügig abweicht, oder Sondereditionen mit Bonustrack(s). Auch in solchen Fällen müssen Sie manchmal selbst Hand anlegen und die korrekten Informationen manuell nachtragen oder ausbessern.

Übrigens lassen sich Metainformationen von MP3-Dateien inzwischen auch recht komfortabel im Explorer unter Windows 7 anzeigen und editieren.

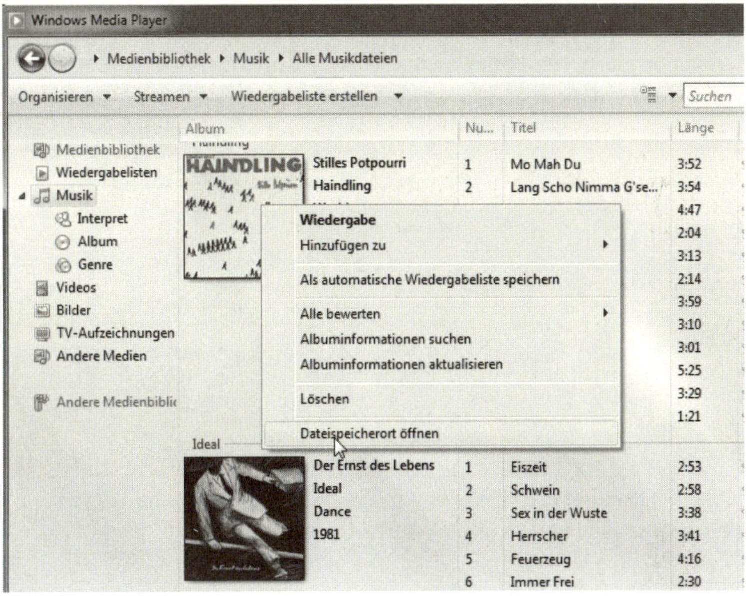

Bild 4.21: So gelangen Sie am schnellsten von der Musikbibliothek des Windows Media Player direkt in das Verzeichnis, in dem die Musikdateien auf der Festplatte gespeichert sind.

Öffnen Sie dazu zunächst Ihr Musikverzeichnis im Windows Explorer. Es ist das Verzeichnis, das Sie als Speicherort für Ihre Musik im *Optionen*-Fenster des Windows Media Player angegeben haben. Doch Sie können es sich auch einfacher machen, indem Sie einfach per Rechtsklick auf ein beliebiges Albumcover gehen und im Kontextmenü die Option *Dateispeicherort öffnen* wählen.

Im Anschluss zeigt sich ein Windows-Explorer-Fenster mit dem Verzeichnis des gewählten Albums einschließlich aller MP3-Dateien. Am unteren Rand des Explorer-Fensters finden Sie sämtliche Metainformationen zur markierten MP3-Datei.

Um beispielsweise den Albumnamen oder das Genre zu ändern, markieren Sie zunächst alle Dateien. Ihre Änderungen bestätigen Sie mit einem Klick auf *Speichern.*

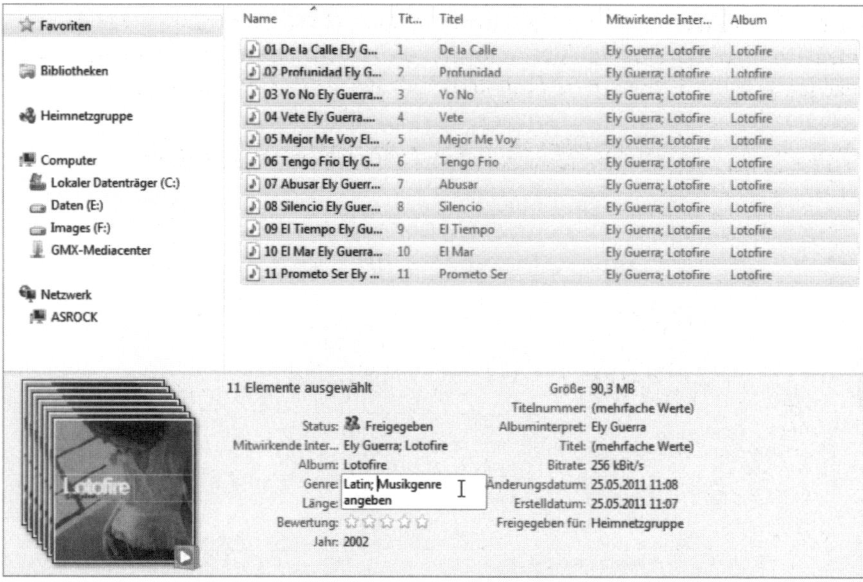

Bild 4.22: Auch im Explorer von Windows 7 lassen sich Metainformationen von Musikdateien sehr einfach und komfortabel bearbeiten.

Probleme beim Einlesen von Audio-CDs

Manche Audio-CDs machen Probleme und lassen sich nicht so einfach oder gar nicht auf Festplatte kopieren bzw. in das MP3-Format umwandeln. Das kann daran liegen, dass die Audio-CD bereits zu starke Gebrauchsspuren aufweist, also mechanisch beschädigt ist, oder unter ungünstigen Bedingungen gelagert wurde, wie zum Beispiel im Auto (hohe Temperaturunterschiede), in einer Kiste im feuchten Keller etc.

In einem solchen Fall hilft es manchmal, wenn Sie die »Problem-CD« in verschiedenen DVD-Laufwerken ausprobieren. So konnte ich feststellen, dass manche Alben, die von Laufwerk A nicht mehr eingelesen wurden, in Laufwerk B keine Probleme machten. Manche Scheiben sind allerdings so zerstört, dass sie sich von keinem Laufwerk mehr einlesen lassen. In diesem Fall bleibt dann nur der berühmte »Tritt in die Tonne«.

Ein weiteres Problem tritt bei manchen Audio-CDs auf, die vornehmlich im Zeitraum zwischen 2002 und 2006 veröffentlicht wurden. In jener Zeit versuchten sich die größeren Musiklabels an sogenannten Kopierschutzmechanismen, die das Auslesen einer Audio-CD durch ein Computerlaufwerk erschweren oder unmöglich machen sollten (siehe auch den Infokasten »Kopiergeschützte Audio-CDs«).

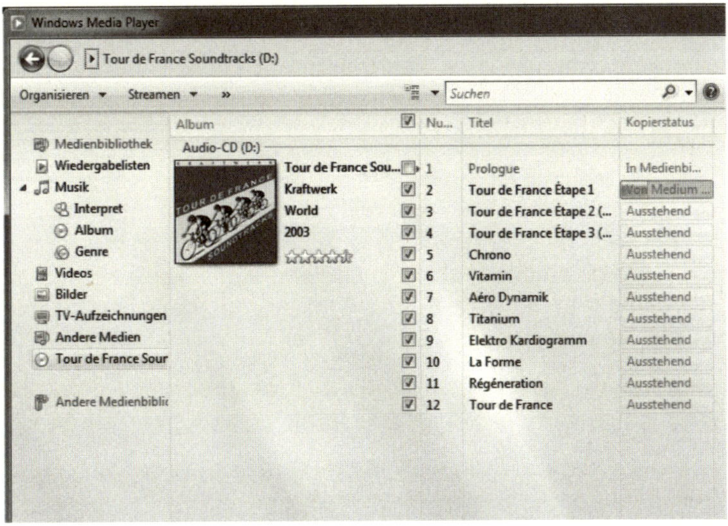

Bild 4.23: Trotz Kopierschutz ließ sich dieses Album mit einem internen Blu-ray-Combo-Laufwerk problemlos kopieren – zwei andere Laufwerke hingegen verweigerten bereits das Einlesen.

Es kann also durchaus sein, dass sich auch in Ihre Audio-CD-Sammlung ein solches Exemplar mit integriertem Kopierschutz eingeschlichen hat und sich deshalb nicht mit dem Windows Media Player 12 ins MP3-Format umwandeln lässt. Im schlimmsten Fall müssen Sie dann beim Zugriff im Heimnetz auf dieses eine kopiergeschützte Album verzichten.

Aufgrund der aktuellen Gesetzeslage darf hier leider keine Anleitung dafür geben werden, wie Sie einen bestehenden Kopierschutz mit bestimmten Tools umgehen können. Wer sich dennoch dafür interessiert, kann einen Blick auf die Homepage des Anbieters Slysoft.com werfen.

Vielleicht genügt Ihnen ja die 21-tägige Testphase der dort angebotenen Produkte, um alle kopiergeschützten Audio-CDs, die Sie ja selbst gekauft haben, so umzuwandeln, dass Sie sie auch im Heimnetz genießen können.

Bedenken Sie jedoch, dass das Umgehen eines Kopierschutzes in Deutschland verboten ist – auch wenn Sie die Original-Audio-CD selbst gekauft haben und die Songs eigentlich nur im Heimnetz oder auf Ihrem MP3-Player genießen möchten.

Unabhängig davon lassen sich manche Audio-CDs, obwohl sie mit einem Kopierschutz versehen sind, dennoch mit dem Windows Media Player ins MP3-Format bringen, und zwar ganz ohne verbotene Kopiertools. Auch diese Erfahrung habe ich bei kopiergeschützten Audio-CDs machen können, unter anderem beim Album »Tour de France« der Gruppe »Kraftwerk«.

Ebenso wie bei schlecht lesbaren CDs spielt nämlich auch beim Kopierschutz das jeweilige optische Laufwerk eine ganz entscheidende Rolle. Probieren Sie also kopiergeschützte Alben, die in Laufwerk A nicht funktionieren, immer auch mit einem zweiten oder dritten Laufwerk aus. Die Chancen stehen gar nicht mal so schlecht, dass die Kopie mit Laufwerk B oder C dann doch klappt – und rein rechtlich gesehen sind Sie auf der sicheren Seite.

Es könnte natürlich sein, dass ein Winkeladvokat die Firmware des entsprechenden Laufwerks als »Kopiertool« ansieht, doch ist eine solche Anklage und Gerichtsverhandlung äußerst unwahrscheinlich.

Kopiergeschützte Audio-CDs
In den Jahren 2002 bis 2006 haben diverse Musiklabels einige ihrer Audio-CD-Veröffentlichungen mit einem Kopierschutz versehen. Damit sollte die Vervielfältigung von Musikalben durch Privatnutzer erschwert werden. Allerdings führte dieser Kopierschutz nicht selten dazu, dass kopiergeschützte Audio-CDs in manchen CD-Playern (z. B. in Autoradios) nicht abgespielt werden konnten. Diese und andere durch den Kopierschutz hervorgerufene Probleme sorgten bei nahezu allen Käufern für großen Unmut. Im Jahr 2007 entschloss sich mit EMI schließlich das letzte große Musiklabel, endgültig auf die Pressung kopiergeschützter Audio-CDs zu verzichten.

4.4 Musik über den Media Server verfügbar machen

Nachdem Sie nun ein Musikalbum, oder Ihre gesamte Musiksammlung, ins MP3-Format umgewandelt haben, lernen Sie jetzt verschiedene Wege kennen, über die Sie Ihre Musikdateien im Heimnetz für UPnP-fähige Geräte verfügbar machen.

Windows Media Player als Media Server

Für den ersten Weg benötigen Sie keine Netzwerkfestplatte, sondern verwenden einfach den Windows Media Player auf dem Rechner, auf dem Sie Ihre Musikdateien im vorherigen Workshop abgespeichert haben. Dabei nutzen Sie die Media-Server-Funktion des Windows Media Player.

1. **Media-Server-Funktion aktivieren**
Diese Media-Server-Funktion müssen Sie im Windows Media Player 12 zunächst aktivieren, falls Sie noch keiner Heimnetzgruppe beigetreten sind. Öffnen Sie also den Windows Media Player 12 und gehen Sie in dessen Kopfzeile auf die Schaltfläche *Streamen*. Wählen Sie im Menü die Option *Medienstreaming aktivieren.*

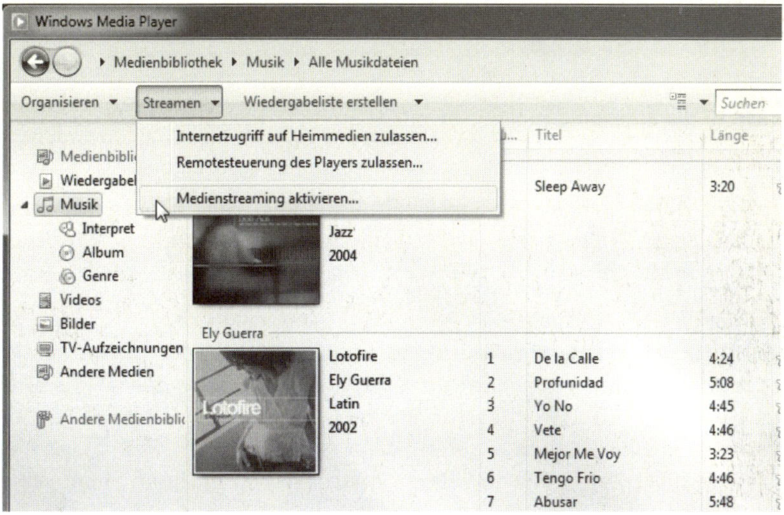

Bild 4.24: Aktivieren Sie zunächst die Streamingfunktion im Windows Media Player 12.

Ist bei Ihrem Rechner bzw. Windows Media Player das Medienstreaming bereits aktiviert, erscheint nach einem Klick auf den *Streamen*-Button ein geringfügig abgewandeltes Menü. In diesem Fall wählen Sie ebenfalls die unterste Menüoption, die hier jedoch *Weitere Streamingoptionen* heißt.

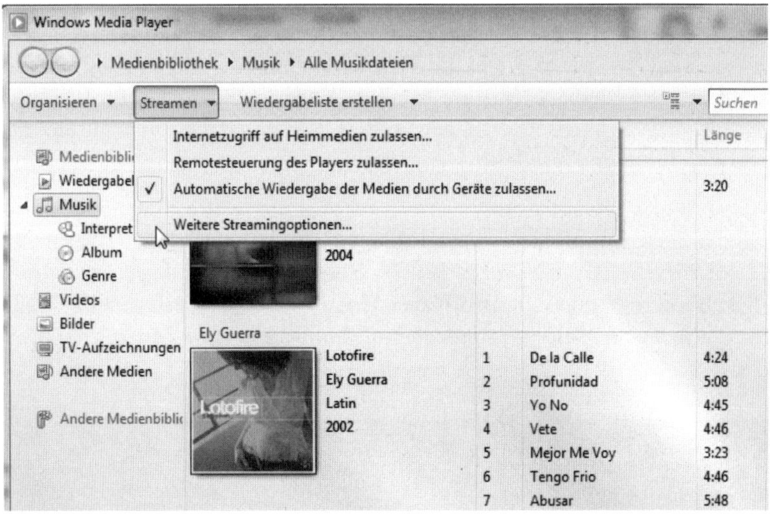

Bild 4.25: Ist die Streaming-Funktion bereits aktiviert, wählen Sie *Weitere Streamingoptionen.*

Kurz darauf öffnet sich ein Systemsteuerungsfenster. Hier müssen Sie nun ein zweites Mal Ihren Willen bekunden, indem Sie auf die Schaltfläche *Medienstreaming aktivieren* klicken.

2 Zugreifende Geräte festlegen

Nun öffnet sich ein anderes Systemsteuerungsfenster mit der Überschrift *Wählen Sie Medienstreamingoptionen für Computer und Geräte aus.* Dieses Fenster listet bereits erste Geräte in Ihrem Heimnetz auf, die per UPnP AV auf Ihren Rechner zugreifen können – sofern denn noch weitere UPnP-fähige Geräte (Webradios, Fernseher, Blu-ray-Player, Media Player) in Ihrem Heimnetz vorhanden sind.

Die in diesem Fenster gelisteten Geräte sind, vom UPnP-AV-Standard her gesehen, entweder Media Renderer (Wiedergabegeräte) oder Control Points (Fernbedienungen) – oder beides.

Bild 4.26: Beim Gerät *FLITZER* handelt es sich um ein Notebook im Heimnetz, dessen Windows Media Player gestartet wurde und das somit als Media Renderer oder Control Point auftritt.

Wenn Sie möchten, könnten Sie hier bestimmten Geräten den Zugriff auf Ihren Media Server verbieten. In diesem Fall setzen Sie die Option *Zugelassen* am rechten Rand des entsprechenden Geräts auf *Blockiert.*

③ In meiner Liste erscheinen nur Medienprogramme auf diesem PC …

Wird bei Ihnen nur ein Gerät (nämlich der eigene Rechner) in der Liste angezeigt, weil Sie kein Webradio, keinen netzwerkfähigen Fernseher, keinen Bluray-Player oder Ähnliches besitzen, fahren Sie einfach einen zweiten Rechner im Heimnetz hoch und öffnen in diesem Rechner den Windows Media Player.

Kurz darauf erscheint der Name des neuen Rechners in der Liste, da dessen gestarteter Windows Media Player nun als Media Renderer und Control Point auf den Media Server zugreifen möchte.

Das Gerät *FLITZER* (siehe Abbildung oben) beispielsweise ist ein Notebook mit gestartetem Windows Media Player.

Bitte bedenken Sie, dass Geräte nur dann in dieser Liste erscheinen, wenn sie:

- mit dem Heimnetz verbunden sind,
- eingeschaltet sind
- und UPnP-AV- (oder DLNA-)fähig sind.

Schließen Sie jetzt das Fenster mit der Geräteliste, indem Sie am unteren Rand auf die *OK*-Schaltfläche klicken.

4. **Ordner für Medienfreigabe festlegen**
Legen Sie nun die Verzeichnisse auf Ihrem Rechner fest, die Sie per Medienstreaming über UPnP AV für andere UPnP-AV-Geräte im Heimnetz freigeben möchten. Klicken Sie dazu in der Kopfzeile des Players auf die Schaltfläche *Organisieren* und fahren Sie mit dem Mauszeiger auf die Option *Bibliotheken verwalten*. Ein weiteres Untermenü öffnet sich.

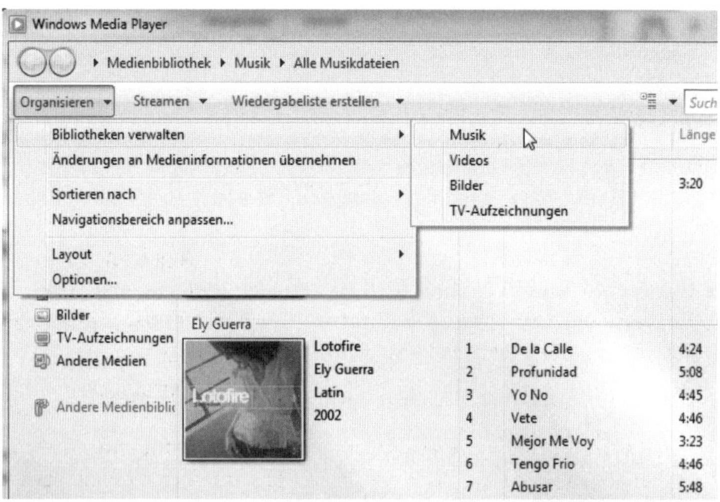

Bild 4.27: Öffnen Sie zunächst die Musikbibliothek des Media Player.

Der Windows Media Player teilt seine Bibliothek in die vier Bereiche *Musik*, *Videos*, *Bilder* und *TV-Aufzeichnungen* auf. Da wir zunächst einen Ordner mit Musikdateien über den Windows Media Player freigeben möchten, wählen wir die Einstellung *Musik*.

Im folgenden Fenster *Orte für Bibliothek »Musik«* sind alle Verzeichnisse aufgelistet, deren Inhalte bereits für das Medienstreaming freigegeben sind. Das bedeutet: Alle Musikdateien, die in den hier aufgeführten Verzeichnissen abgelegt oder gespeichert sind, werden vom Media Server des Windows Media Player besonders aufbereitet und via UPnP AV zur Wiedergabe im Heimnetz bereitgestellt.

Falls Sie den ursprünglichen Speicherort für Ihre Musikdateien nicht geändert haben (*C:\Users\IhrBenutzername\Music*), sollte dieses Verzeichnis hier bereits als *Standardspeicherort* angelegt sein.

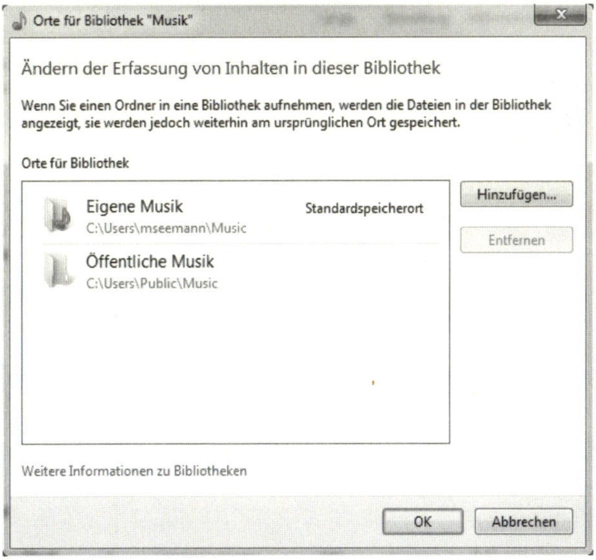

Bild 4.28: Hier können Sie dem Medienserver weitere Datenquellen hinzufügen.

Mit der Schaltfläche *Hinzufügen* erweitern Sie die Liste um ein von Ihnen gewünschtes Musikverzeichnis. Dazu wechseln Sie im Verzeichnisbaum des Dialogfensters zum gewünschten Ordner, markieren ihn und klicken anschließend auf die Schaltfläche *Ordner aufnehmen.*

Nach einer Bestätigung mit *OK* durchsucht der Windows Media Player das neu hinzugefügte Verzeichnis und stellt alle darin befindlichen Musikdateien den UPnP-AV-fähigen Geräten in Ihrem Heimnetz zur Verfügung.

Netzwerkfestplatte als (UPnP-AV-)Media Server

Wie bereits angesprochen, sind nahezu alle modernen Netzwerkfestplatten für das Heimnetz mit einem UPnP-AV-fähigen oder DLNA-zertifizierten Media Server ausgestattet. Ob und wie dieser aktiviert werden muss, ist von Hersteller zu Hersteller verschieden. Auf manchen Geräten sind spezielle Freigabeordner angelegt oder vorgegeben, in die der Anwender alle Multimedia-Dateien hineinkopiert, die er gern im Heimnetz per UPnP AV verteilen möchte.

Bei anderen Geräten können Sie, ähnlich wie beim Windows Media Player, die Verzeichnisse selbst bestimmen, die der Media Server als Datenquellen nutzen soll. Auch lässt sich in manchen NAS-Geräten explizit einstellen, wie häufig der Media Server seine Verzeichnisse nach neu hinzugefügten Multimedia-Dateien durchsuchen soll.

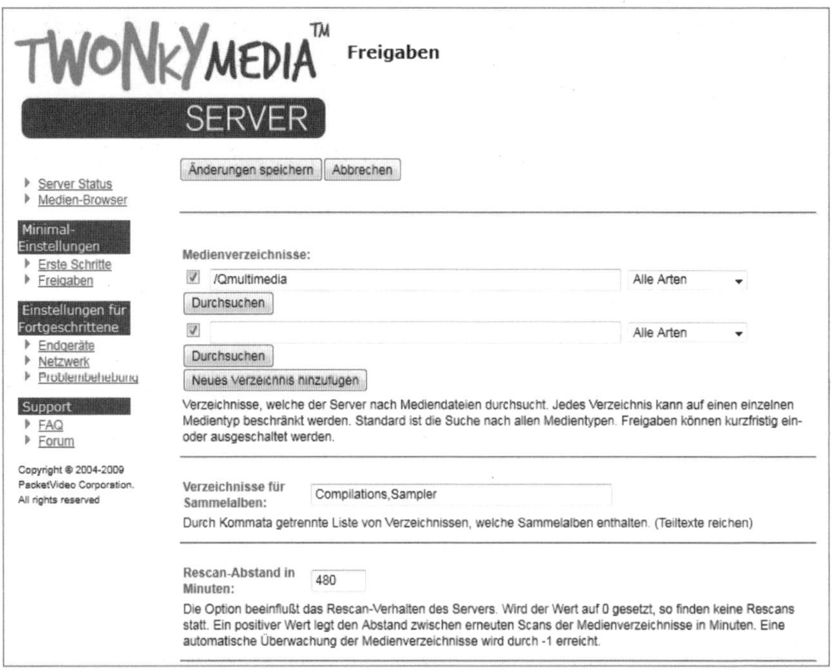

Bild 4.29: Der Media Server von Twonky findet sich auf so mancher Netzwerkfestplatte und bietet neben der freien Verzeichniswahl auch die Einstellung eines automatischen Medienscans – *www.twonky.com*.

Dazu kann ich leider keine allgemeingültige Aussage treffen, Sie müssen notfalls im Handbuch Ihres NAS nachschlagen oder in dessen Onlinehilfe in der Benutzeroberfläche des NAS nachlesen. Was jedoch bei jeder Netzwerkfestplatte gleich abläuft, sind die folgenden Schritte.

1. **Multimedia-Daten auf Netzwerkfestplatte übertragen**

   Damit Filme und Fotos oder – um bei unserem Beispiel zu bleiben – Ihre Musikdateien von der Netzwerkfestplatte per UPnP AV im Heimnetz bereitgestellt werden können, müssen diese Daten zunächst auf den Netzwerkspeicher kopiert werden.

   Am einfachsten funktioniert das über den Windows Explorer, indem Sie Ihre Multimedia-Dateien einfach vom PC oder Notebook in den entsprechenden Freigabeordner Ihrer Netzwerkfestplatte kopieren. Möchten Sie Ihre komplette Musiksammlung auf einmal kopieren, lassen Sie den Vorgang über Nacht laufen. Erfolgt der Transfer vom Notebook aus, sollten Sie dieses über Nacht ans Netzteil anschließen. Falls Sie kein n-WLAN nutzen, verbinden Sie Ihr Notebook per Netzwerkkabel mit dem Router.

Bild 4.30: Die Funktion Ihres Media Server prüfen Sie mit dem Windows Media Player. Dieser listet links unten unter *Andere Medienbibliotheken* alle UPnP-AV-Server im Heimnetz auf.

② UPnP-AV-Server im NAS aktivieren und Funktion überprüfen

Sind die MP3-Dateien übertragen, prüfen Sie, ob der Media Server (UPnP-AV-Server) am NAS bereits aktiviert ist. Eventuell müssen Sie auch das Medienscanning des NAS zunächst durch einen Schalter aktivieren. Ist das geschehen, finden Sie den Media Server der Netzwerkfestplatte über jedes UPnP-Gerät, das Musik abspielen kann.

Steht momentan kein Gerät zur Verfügung, können Sie wiederum den Windows Media Player bemühen. Ist der UPnP-Server des NAS im Heimnetz verfügbar, erscheint dieser auch im Windows Media Player – und zwar in der Spalte links unter *Andere Medienbibliotheken* (siehe Abbildung weiter oben).

Versuchen Sie nun, einzelne Musikdateien im Windows Media Player wiederzugeben. Funktioniert es, ist der Media Server Ihres NAS auch für andere UPnP-Geräte im Heimnetz »sendebereit«.

③ Anzeigeprobleme aufgrund des Beitritts zur Heimnetzgruppe

Wer als Windows-7-Nutzer einer sogenannten Heimnetzgruppe beigetreten ist, könnte Probleme beim Streamen über den Windows Media Player bekommen. Denn in einer Heimnetzgruppe gibt es zusätzliche Einstellungsmöglichkeiten bezüglich Streaming und Multimedia.

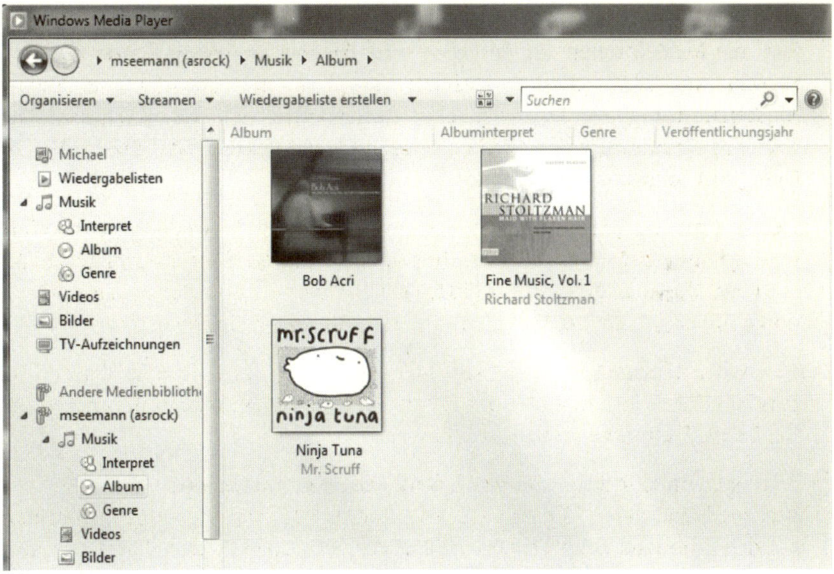

Bild 4.31: Obwohl Sie Ihre gesamte Musik korrekt auf Ihrem PC gespeichert haben, zeigen Ihnen Notebook und Webradio nur die drei Windows-Sampler an.

Wenn Sie also beispielsweise von einem anderen Rechner oder von einem Webradio (Fernseher, Blu-ray-Player etc.) per UPnP AV überhaupt keine Musikalben oder immer nur die drei Standard-Sample-Songs von Windows 7 (Bob Acri, Ninja Tuna, Fine Music) angezeigt bekommen, liegt das höchstwahrscheinlich an den Heimnetzgruppeneinstellungen.

Jeder Windows-Benutzer wird nämlich bei der Einrichtung einer solchen Heimnetzgruppe angehalten, diverse Angaben zu Streamingfreigaben zu machen. Hier werden dann oftmals Einstellungen vorgenommen, die später in Vergessenheit geraten. Viele Anwender wissen aber auch zum Zeitpunkt der Einrichtung gar nicht, wozu Streaming und Freigaben überhaupt gut sind, und nehmen deshalb falsche Einstellungen vor.

Allerdings lässt sich dieses Problem rasch beheben. Gehen Sie an den Rechner, auf dem Sie Ihre Musik- (Film-, Foto-)Dateien gespeichert haben, und klicken Sie links unten auf die *Start*-Schaltfläche. Geben Sie im *Programme durchsuchen*-Feld direkt darüber den Begriff *heimnetzgruppen* ein. Warten Sie einen kleinen Moment und bestätigen Sie dann mit der [Enter]-Taste.

Das Fenster *Heimnetzgruppen-Einstellungen ändern* erscheint. Achten Sie darauf, dass im Bereich unter *Bibliotheken und Drucker freigeben Bilder*, *Musik* und *Videos* aktiviert sind.

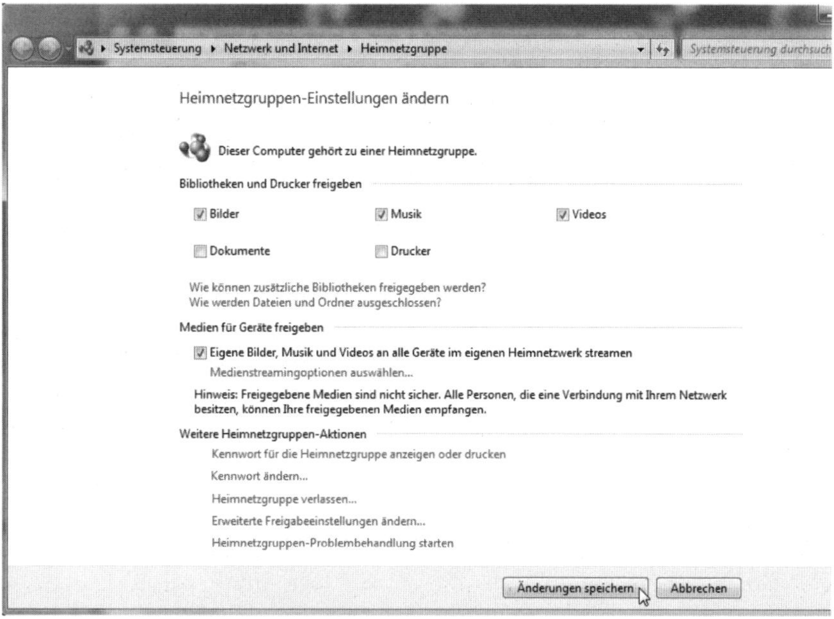

Bild 4.32: Ist der Rechner, von dem Sie per Windows Media Player streamen möchten, Teil einer Heimnetzgruppe, müssen Sie einige Einstellungen beachten.

Außerdem muss sich ein Häkchen vor *Eigene Bilder, Musik und Videos an alle Geräte im eigenen Heimnetzwerk streamen* befinden. Bestätigen Sie Ihre Einstellungen im Anschluss mit einem Klick auf die Schaltfläche *Änderungen speichern.*

Gehen Sie nun noch einmal an ein Gerät, das auf den soeben umgestellten Rechner per UPnP AV zugreift. Eigentlich sollten Sie nun Zugriff auf alle Ihre Multimedia-Daten haben.

Der Router als Media Server

Wer gern einen Media Server für Musik, Fotos und Videos im Heimnetz nutzen, sich deshalb aber nicht gleich eine Netzwerkfestplatte zulegen möchte, findet bei so manchem Routerhersteller interessante Lösungen. So bieten unter anderem AVM,

D-Link und Linksys by Cisco Router fürs Heimnetz an, die entweder mit internem Speicher ausgerüstet sind oder die sich – was sogar noch interessanter ist – mit externen Speicherlösungen erweitern lassen.

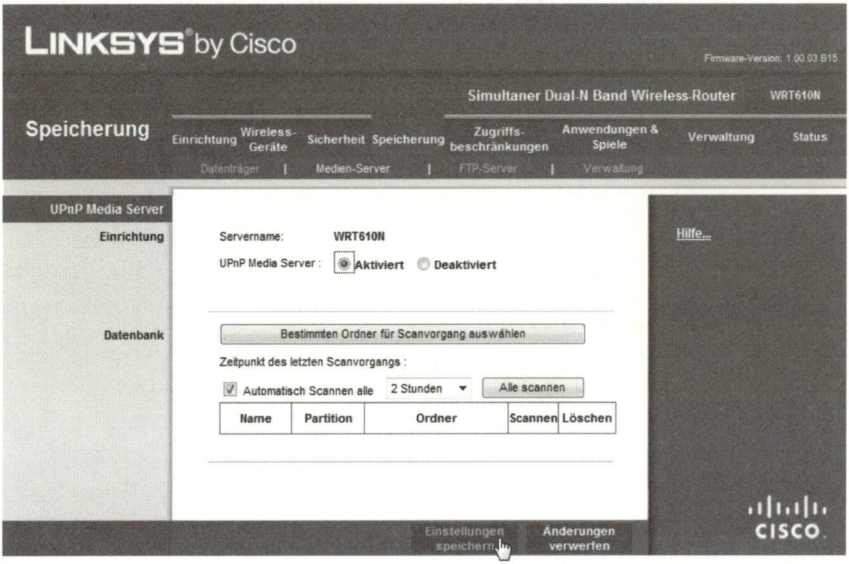

Bild 4.33: Beim Linksys-Router gestaltet sich die Aktivierung des UPnP-Servers etwas hakeliger.

Diese Geräte verfügen über einen USB-2.0-Port (genauer gesagt, einen USB-2.0-Host), an den sich beispielsweise eine mit Musik und Fotos gefüllte Festplatte oder auch ein USB-Speicherstick anschließen lässt.

Aktiviert man den Media Server in der Benutzeroberfläche des Routers, stehen sämtliche Multimedia-Daten auf der angeschlossenen USB-Festplatte schon kurze Zeit später für alle UPnP-fähigen Geräte im Netzwerk bereit. Auf diese Weise sparen Sie sich sogar das umständliche Kopieren Ihrer Multimedia-Dateien über das Netzwerk.

Bedenken Sie jedoch, dass das erstmalige Scannen einer sehr großen Anzahl von Musikalben (> 100 Alben) durchaus einige Zeit in Anspruch nehmen kann. Der Media Server durchsucht dazu jeden Song und schreibt dessen Metainformationen (Interpret, Titel, Album, Jahr etc.) in einen speziellen Index. Aktualisierungen laufen dann jedoch sehr flott.

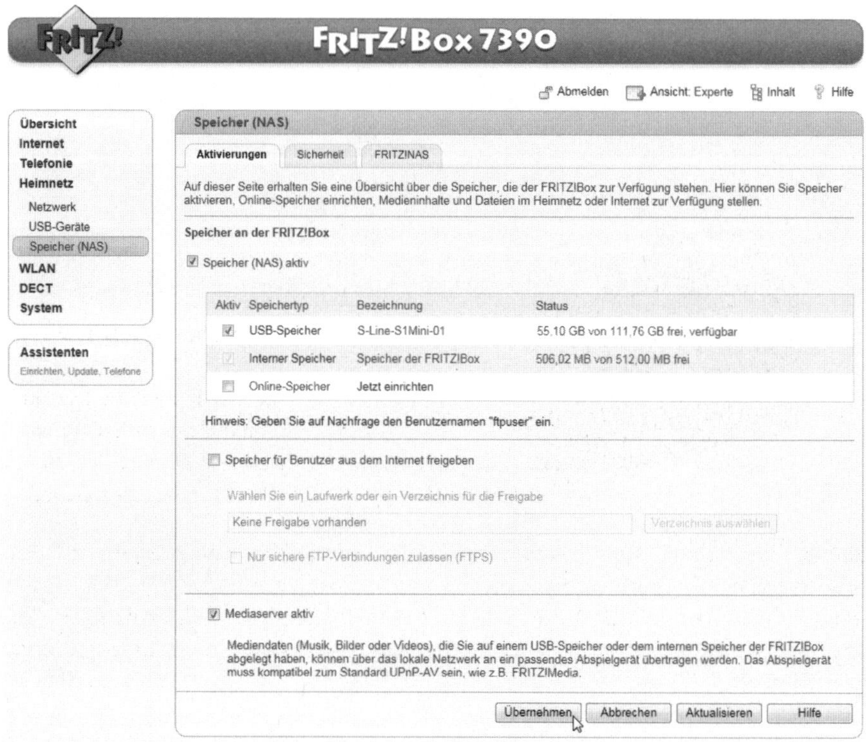

Bild 4.34: In AVMs FRITZ!Box-Modellen mit USB-Anschluss aktiviert man den Media Server im Bereich *Heimnetz/Speicher (NAS)/Aktivierungen.*

4.5 Webradios: die UPnP-Pioniere

Nun steht also Ihr Musikalbum im Heimnetz auf einem Media Server zum Abruf bereit. Kommen wir also jetzt zu den Geräten, mit denen Sie Ihre Songs wiedergeben können. Denn der Zugriff mit dem PC über den Windows Media Player ist ja nicht unbedingt spannend. Außerdem müssten Sie dazu wieder vor einem laufenden Rechner sitzen. Eine der ersten Geräteklassen, die mit UPnP AV umgehen und entsprechende Media Server nutzen konnten, waren die sogenannten Audio-Streaming-Clients oder Webradios.

Bild 4.35: Der Noxon 2 audio von TerraTec (hier in der Version mit iPod-Dock) ist ein Klassiker unter den Audio-Streaming-Clients. (Quelle: *www.terratec.net*)

Einem klassischen Audio-Streaming-Client fehlen die Lautsprecher für die Soundausgabe. Er muss deshalb entweder mit aktiven Lautsprechern ausgestattet werden, oder man verbindet ihn direkt mit der Stereoanlage im Wohnzimmer. Ein Streaming-Client bietet hierzu grundsätzlich einen analogen Stereoausgang (Cinch oder Klinke).

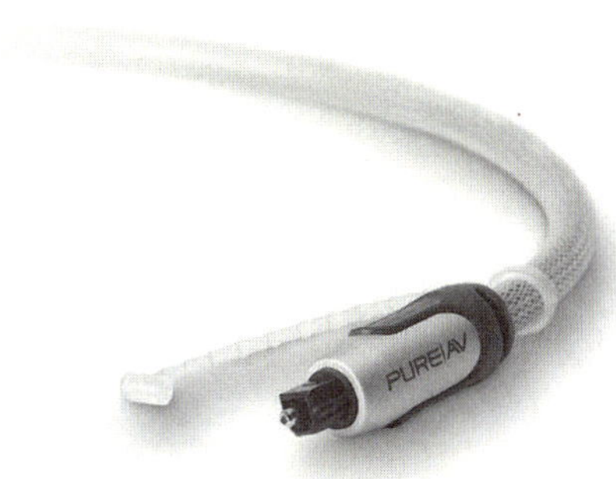

Bild 4.36: Das optische Kabel zur digitalen Übertragung von Audiosignalen wird in der Literatur auch häufig als Toslink bezeichnet.

Ab einer gewissen Qualitätsstufe sind Audio-Streaming-Clients auch mit einem digitalen Audioausgang ausgestattet. Beim digitalen Ausgang unterscheidet man zwischen einer optischen oder einer koaxialen Verbindung. Die meisten Audio-Streaming-Clients besitzen einen optischen Ausgang, wie zum Beispiel auch der Noxon 2 audio (siehe Abbildung).

Ein halbwegs moderner Verstärker (A/V-Receiver) hält in der Regel Eingänge für beide digitalen Audioverbindungsvarianten bereit. Sie benötigen nur das passende Verbindungskabel.

Ein Webradio als besondere Form des Audio-Streaming-Clients besitzt grundsätzlich integrierte Lautsprecher– und kann damit unabhängig von Aktivboxen oder Hi-Fi-Anlagen Musik wiedergeben.

Bild 4.37: Ein Internet- oder Webradio besitzt meist einen oder zwei Lautsprecher und einen WLAN-Adapter, sodass es weitgehend unabhängig im Haushalt eingesetzt werden kann. (Quelle: *www.terratec.net*)

Im weiteren Verlauf des Buchs werde ich zwischen den Begriffen »Audio-Streaming-Client« und »Webradio« keine Unterscheidung mehr machen und diese als Synonyme verwenden, denn Radiostationen kann man schließlich mit beiden Geräten empfangen.

Auswahl aus Tausenden von Radiostationen

Ein Audio-Streaming-Client (oder Webradio) kann, sobald das Gerät per WLAN oder Netzwerkkabel mit dem Router verbunden ist, oft mehrere Tausend Radiostationen der unterschiedlichsten Kategorien, vornehmlich aber Musiksender, abrufen und wiedergeben. Der Einstieg in diese unüberschaubar große Sendervielfalt erfolgt über die einzelnen Kontinente und Länder sowie über verschiedene Musikrichtungen, die meist als »Genre« bezeichnet werden.

Trotz der Filterung nach Ländern und Genre kann es passieren, dass man mit Listen hantieren muss, die mehrere Hundert Einträge umfassen. In einem solchen Fall lernt man Webradio-Fernbedienungen zu schätzen, mit denen man direkt zu einem bestimmten Anfangsbuchstaben springen kann oder die über eine sinnvolle Suchfunktion verfügen.

Die Webadressen von Internetradiostationen ändern sich häufiger einmal, und auch die Fluktuation bei den Onlinesendern ist deutlich größer als bei den terrestrischen Radiosendern. Aus diesem Grund greifen Webradios auf einen speziellen Onlinedienst zurück, der regelmäßig die Webadressen und Verbindungsdaten verschiedenster Radiosender weltweit zur Verfügung stellt und vor allem ständig aktualisiert.

In der Regel erwirbt man beim Kauf eines Streaming-Clients auch gleich ein unbegrenztes Abonnement bei einem solchen Onlineradiodienst. Allerdings ist meist eine kostenlose Registrierung erforderlich, wenn man alle Funktionen des Onlineradioangebots nutzen möchte. Weit verbreitete Onlinedienste für Webradios sind zum Beispiel vTuner, Reciva und live365.

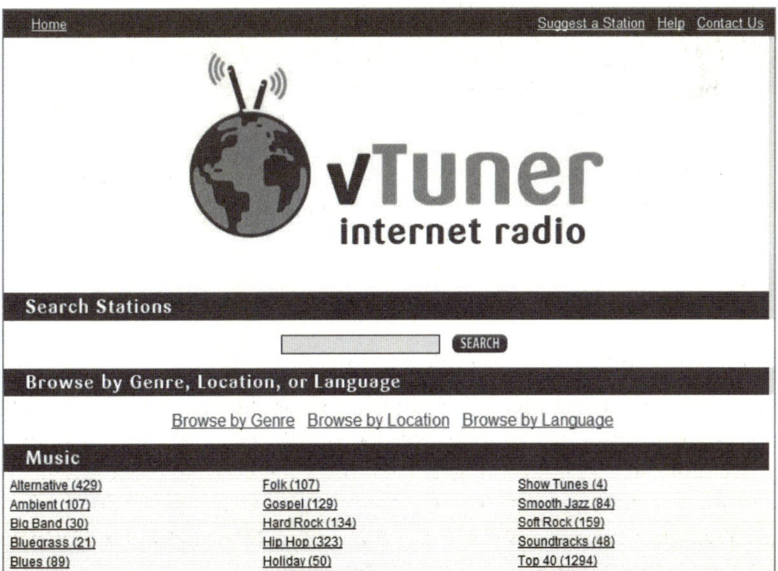

Bild 4.38: Sehr viele im Handel erhältliche Webradios greifen auf die umfangreiche Senderliste des Onlineradiodiensts vTuner zurück.

Einbindung ins Heimnetz

Webradios werden in der Regel über WLAN ins Heimnetz eingebunden. So sind sie weitgehend unabhängig vom Standort des (WLAN-)Routers und können praktisch an jeder Steckdose im Haushalt betrieben werden.

Die neueren Modelle sind bereits mit der praktischen Verschlüsselung per Knopfdruck (WPS) ausgestattet, bei den älteren Modellen muss man hingegen das WPA(2)-Passwort des WLAN-Access-Points im Heimnetzrouter oft recht umständlich über die Fernbedienung des Webradios eingeben.

Die Preise für ein halbwegs vernünftiges Webradio liegen inzwischen unter 150 Euro. Wer Wert auf besondere Ausstattungsmerkmale (Touchscreen-Bedienung etc.) legt oder anstelle eines Monolautsprechers etwas mehr Volumen und Klangqualität bevorzugt, findet natürlich auch Geräte, die ein wenig teurer sind. Wie überall im Hi-Fi-Bereich gibt es nach oben keine Grenzen.

Bild 4.39: Das Webradio Revo Heritage kommt in schickem Retrodesign daher und bietet neben Onlineradio auch UKW- und digitalen Rundfunkempfang (DAB). (Quelle: *www.revo.co.uk*)

Filme aus dem Heimnetz

Wer Filme und Videos im Heimnetz speichert, kann diese mittlerweile auch schon direkt am Fernseher wiedergeben, sofern das TV-Gerät mit dem Heimnetz (-Router) verbunden ist. Vor allem aktuelle Flachbildfernseher überraschen, da sie eine erstaunliche Vielfalt verschiedener Audio-/Videoformate beherrschen, die sie ohne Probleme von einem Rechner im Heimnetz oder einer Netzwerkfestplatte abspielen können.

Doch wer besitzt schon immer den modernsten Fernseher oder möchte sich alle zwei Jahre ein neues Gerät kaufen? Die meisten TV-Geräte in deutschen Wohnzimmern haben noch nicht einmal einen Netzwerkzugang und können meist auch keine Fotos vom USB-Stick wiedergeben.

Trotzdem sehen viele Anwender mit ihrem zwei bis fünf Jahre alten HD-Fernseher überhaupt keine Veranlassung, sich ihrem Heimnetz zuliebe für viel Geld (> 1.000 Euro) schon wieder ein neues TV-Gerät ins Haus zu stellen – zumal der alte Fernseher ja hervorragend funktioniert.

4.6 Multimedia-Spezialisten

Wer dennoch gern seine Fotos oder Filme von der Festplatte am Fernseher betrachten möchte, greift stattdessen auf einen sogenannten Netzwerkplayer oder HD Media Player zurück. Das Interessante daran: Die Geräte kosten nur einen Bruchteil von dem, was Sie für die Anschaffung eines neuen Fernsehers hinlegen müssten.

Zudem sind sie wahre Multitalente, was das Abspielen von Multimedia-Dateien anbelangt – und lassen sich bei Bedarf für die Foto- oder Videoabende bei Freunden auch ohne größere Umstände transportieren.

Außerdem zeigen sich Media Player sehr vielseitig, was ihre Ausstattung mit Audio- und Videoschnittstellen (Ausgängen) anbelangt. So lassen sie sich an nahezu jeden Fernseher oder Monitor anschließen.

Der moderne DVD-Player

Ein HD Media Player ist grundsätzlich nichts anderes als ein klassischer DVD-Player. Beide Geräteklassen spielen beispielsweise Filme oder Musik ab und geben Bild und Ton am Fernseher oder an der Hi-Fi-Anlage aus. Während ein DVD-

Player jedoch vornehmlich Film-DVDs oder Audio-CDs von der eingelegten Silberscheibe wiedergibt, greift der HD Media Player in erster Linie auf Dateien zu, die auf Festplatten oder Flashspeichermedien (USB-Stick, SD-Cards etc.) abgelegt sind.

Und im Gegensatz zu den meisten DVD-Spielern kommt ein Media Player mit fast allen gebräuchlichen Multimedia-Dateiformaten klar. Selbst der Ort, an dem die Film-, Foto- oder Musikdateien abgelegt sind, spielt für diese Geräte keine Rolle mehr. Denn ein aktueller Media Player besitzt verschiedene Möglichkeiten, um auf diese Dateien zuzugreifen: Sie können direkt an das Gerät angeschlossen sein oder irgendwo im Heimnetz bereitliegen.

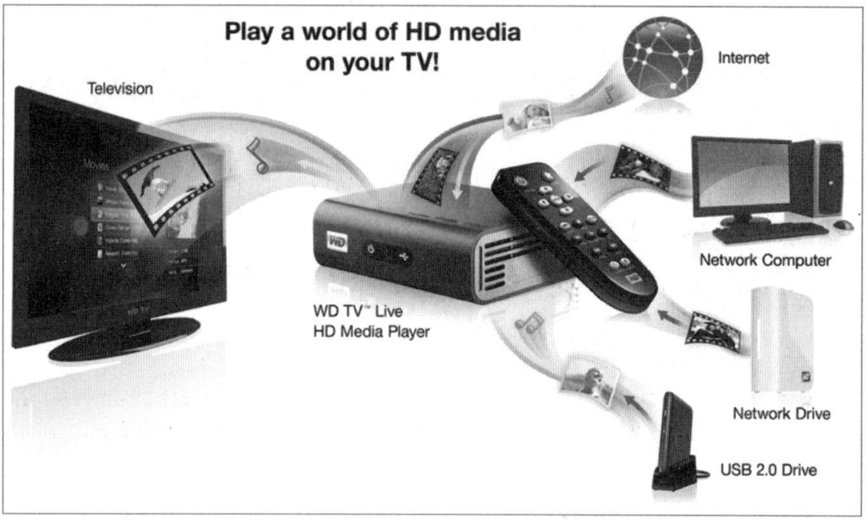

Bild 4.40: Ein HD Media Player gibt Video-, Bild- und Audiodateien von der Festplatte, aus dem Heimnetz und vom Internet am Fernseher aus. (Quelle: *www.wdbrand.com*)

Multimedia per Direktanschluss

Der einfachste Weg ist es, seine Speichermedien direkt mit dem Media Player zu verbinden. Nahezu alle im Handel verfügbaren Geräte besitzen wenigstens zwei USB-Ports, an die sich zum Beispiel eine externe Festplatte oder ein USB-Speicherstick anschließen lässt.

In der Regel sind die USB-Anschlüsse ausreichend mit Strom versorgt, sodass sich externe 2,5-Zoll-Festplatten ohne zusätzliche Stromversorgung an den Player anschließen lassen.

Manche Media Player, wie zum Beispiel der Asus O!Play HD2 (siehe Abbildung), sind zudem mit einer eSATA-Schnittstelle ausgestattet. Dieser schnelle Anschluss findet sich inzwischen häufiger an externen 3,5-Zoll-Festplatten. Der Asus-Player besitzt sogar einen kombinierten eSATA-USB-Port, der sich entweder als USB-2.0- oder als eSATA-Anschluss verwenden lässt.

Bild 4.41: Der Asus O!Play HD2 besitzt diverse Schnittstellen für Speicherkarten sowie einen eSATA-USB-Kombiport und lässt sich mit einer internen Festplatte aufrüsten. (Quelle: *www.asus.de*)

Selbst Speicherkarten von Digicams oder anderen Aufnahmegeräten lassen sich inzwischen oft direkt an den Media Player anschließen. Der Asus O!Play HD2 nimmt neben SD-Cards auch Memory-Stick- und Compact-Flash-Karten auf. Im Idealfall kann also der Datenspeicher aus der Kamera direkt am Media Player eingesteckt werden – das lästige Umkopieren auf einen anderen Datenträger oder das Hantieren mit diversen Adaptern entfällt.

Bild 4.42: Netgears NeoTV 550 besitzt einen SD-Card-Slot an der Gerätefront. Die Fernbedienung mit ihren fluoreszierenden Tasten lässt sich auch bei Dunkelheit steuern. (Quelle: *www.netgear.de*)

Integrierter Speicher

Manche Media Player bringen auch gleich den eigenen Speicherplatz mit. So sind einige Geräte mit einer internen 3,5-Zoll-Festplatte ausgestattet oder lassen sich damit nachrüsten. Hier verwenden einige Hersteller auch den Begriff »Multimedia-Festplatte«.

Doch bevor sich der interne Speicher als Datenquelle nutzen lässt, muss er zunächst einmal mit Filmen, Fotos oder Musik befüllt werden. Um es dem Anwender möglichst einfach zu machen, lassen sich Media Player mit internem Speicher häufig wie ein externes Laufwerk via USB mit einem PC oder Notebook verbinden.

Der Movie Cube von Emtec beispielsweise (siehe Abbildung) ist mit einem USB-2.0-Anschluss vom Typ B ausgestattet, der auf Geräteverpackungen oft auch als »USB-2.0-Device-Anschluss« bezeichnet wird. Jedoch sind die eher gemächlichen Übertragungsraten von USB 2.0, die in der Praxis auf maximal 25 bis 30 MByte/s (netto) kommen, nicht mehr zeitgemäß – erst recht nicht, wenn es um die Übertragung von großen Datenmengen geht.

Bild 4.43: Emtecs Movie Cube S850H besitzt bis zu 2 TByte eigenen Speicherplatz, der sich auch direkt am PC per USB-Anschluss befüllen lässt. (Quelle: *www.emtec-international.com*)

Drei- bis viermal so schnell funktioniert der Datentransfer beim Asus O!Play HD2, der mit einer modernen USB-3.0-Schnittstelle (Typ B) ausgestattet ist. Allerdings muss dazu der PC oder das Notebook, von dem die Daten auf den nachrüstbaren, internen Speicher des Media Player übertragen werden, ebenfalls mit einem USB-3.0-Anschluss (Typ A) ausgestattet sein. Falls nicht, läuft der Transfer gemächlich mit USB-2.0-Geschwindigkeit.

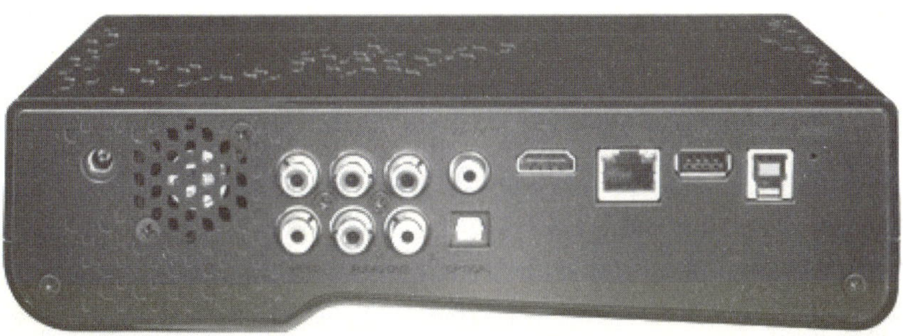

Bild 4.44: Ganz rechts auf der Rückseite des O!Play HD2 erkennt man den modernen USB-3.0-Device-Anschluss, über den sich der (optionale) interne Speicher befüllen lässt. (Quelle: *www.asus.de*)

Doch ist die interne Speichermöglichkeit im Media Player keineswegs eine Notwendigkeit. Vielen Nutzern genügt die Möglichkeit, externe USB-Speicher an den Media Player anzuschließen.

Außerdem muss die interne Festplatte meist zusätzlich gekühlt werden, was fast immer durch eine aktive Belüftung, also einen Ventilator, erfolgt. Dieser kann zu einer wahrnehmbaren Geräuschentwicklung führen, die vor allem bei ruhigen Filmszenen oder beim Betrachten von Fotos als störend empfunden werden kann.

Bild 4.45: Ohne internen Speicher erheblich kompakter, und dennoch extrem leistungsfähig, präsentiert sich der WD TV Live Media. (*www.wdbrand.com*)

Deshalb finden sich auch viele Media Player auf dem Markt, die keinen internen Speicher besitzen. Diese Geräte verursachen in der Regel keine störenden Geräusche, sind kompakter und damit auch einfacher zu transportieren, falls man sie denn mal woanders (bei Freunden, in der Ferienwohnung etc.) anschließen möchte. Außerdem sind sie meist auch etwas günstiger als Geräte mit integriertem Speicher.

Medienquellen aus dem Heimnetz

Neben den direkt angeschlossenen Speichermöglichkeiten können aktuelle HD Media Player in der Regel noch eine weitere Datenquelle für Fotos, Musik und Videos anzapfen: das Heimnetz. Um darauf zugreifen zu können, besitzen (fast) alle aktuellen Media Player einen Netzwerkanschluss – und werden deshalb auch häufig als »Netzwerkplayer« bezeichnet.

Die Bereitstellung der Medien im Heimnetz kann über sogenannte Freigaben oder Freigabeordner (siehe auch Kapitel 3 unter »Private Freigabe anlegen« und »Geschützte und öffentliche Freigaben«) erfolgen. Hierzu zählen die Freigaben unter Windows und ebenso die Freigabeordner von Netzwerkfestplatten, die oft auch als »Shares« bezeichnet werden. Media Player können übrigens auch auf geschützte Freigaben zugreifen, wobei man Benutzerkennung und Passwort dann über die Fernbedienung des Player einträgt.

Neben dem Zugriff auf herkömmliche Freigaben unterstützt eigentlich jeder netzwerkfähige Media Player das DLNA-Protokoll oder zumindest dessen Vorgänger UPnP AV.

Damit kann der Media Player dann alle Mediendateien, die entweder in herkömmlichen Freigaben oder von einem Media Server per UPnP oder DLNA bereitgehalten werden, über das Netzwerk abspielen oder »streamen« und beispielsweise am angeschlossenen Fernseher ausgeben. Aus diesem Grund werden netzwerkfähige Media Player häufig auch als »Streaming-Clients« bezeichnet.

Ausgänge für den Fernseher

Um Filme, Fotos oder Musik schließlich auch betrachten oder anhören zu können, muss man den Media Player an die jeweiligen Wiedergabegeräte im Wohnzimmer anschließen. In der Regel sind das der Fernseher (oder Beamer) und die Musikanlage. Hierzu besitzt der Media Player – ebenso wie ein herkömmlicher DVD-Player – diverse Anschlüsse und Ausgänge. Dabei unterscheidet man Video-, Audio- und kombinierte Video-Audio-Anschlüsse, die abhängig von der Übertragungsart entweder analog oder digital sein können. Die wichtigsten Anschlüsse eines modernen netzwerkfähigen Media Players zeigt folgende Abbildung:

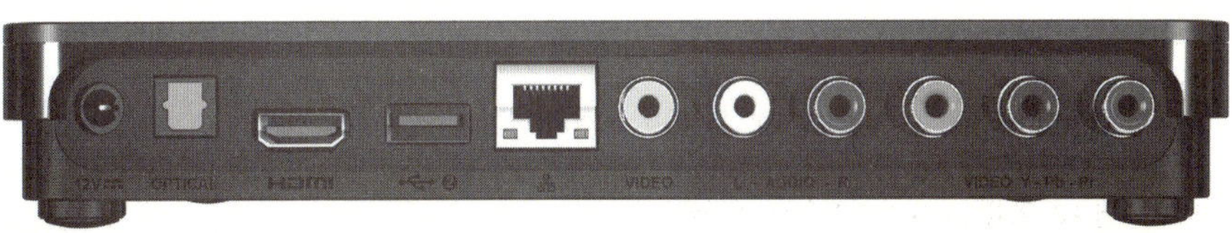

Bild 4.46: Anschlüsse eines netzwerkfähigen Media Players von links nach rechts: Strom, optisch, HDMI, USB, LAN, Composite (FBAS), analog Stereo (links/rechts), Komponente (Y/Pb/Pr). (Quelle: *www.wdbrand.com*)

Alle modernen Media Player verfügen über einen sogenannten HDMI-Ausgang, der sowohl Bild- als auch Tonsignale überträgt. HDMI ist der im Heimnetzbereich qualitativ hochwertigste digitale Anschluss zur Bild- und Tonübertragung.

Weiterhin sind die meisten Media Player mit einem in drei Anschlüsse aufgeteilten Komponentenausgang (Y/Pb/Pr) ausgestattet. Der Komponentenausgang überträgt ausschließlich Bildsignale und ist der hochwertigste analoge Videoausgang.

Außerdem findet sich bei allen Media Playern ein analoger Composite-Video-Ausgang, der häufig auch als »FBAS« bezeichnet wird. Composite liefert die mit Abstand schlechteste Bildqualität und sollte deshalb nur im Notfall zum Einsatz kommen.

Jeder halbwegs moderne HD Media Player sollte die Wiedergabe von hochauflösenden Videos beherrschen und somit Full-HD-fähig sein. Ein Full-HD-Video besitzt eine Auflösung von 1.920 x 1.080 Pixeln, die in 24 Vollbildern (progressiv) pro Sekunde abgespielt werden. In genau dieser Auflösung, die häufig mit 1080p/24 abgekürzt wird, sind Filme übrigens auch auf kommerziellen Blu-rays abgespeichert. Das »p« steht hier für progressiv, also die Wiedergabe des Films in Vollbildern.

Im Gegensatz zu progressiven Videos steht die Filmwiedergabe in versetzten Halbbildern, was man als »interlaced« (mit der Abkürzung »i«) bezeichnet.

Ausgänge für die Hi-Fi-Anlage

Neben den reinen Video- (Komponente, Composite) und den kombinierten Video-Audio-Ausgängen (HDMI) verfügen Media Player auch über reine Audioausgänge. Hierüber lassen sich die Geräte zum Beispiel mit dem Verstärker (AV-Receiver) der Musikanlage im Wohnzimmer verbinden – oder auch nur mit einfachen Aktivboxen.

Standardmäßig besitzt jeder Media Player einen analogen Stereoausgang, der meist aus zwei Cinchbuchsen (rot und weiß) besteht. Zur Wiedergabe von 5.1-Sound wie Dolby Digital (AC-3) oder DTS finden sich zusätzlich digitale Audioausgänge, die als optische oder koaxiale Anschlüsse bereitstehen und auch häufig als S/PDIF-Schnittstellen bezeichnet werden.

Bild 4.47: Der Media Player Popcorn Hour A200 hat neben dem analogen Stereo- (Audio Out) noch zwei digitale Audioausgänge (Coaxial und Optical). (Quelle: *www.popcorn-hour.de*)

Alle HD Media Player sind mit analogem Stereoausgang und mindestens einem digitalen Audioausgang ausgestattet. Die etwas teureren Geräte besitzen häufig sogar zwei digitale oder S/PDIF-Ausgänge – einen optischen und einen koaxialen.

Bitte beachten Sie jedoch: Die Wiedergabe von hochqualitativem 7.1-Sound von einem Media Player funktioniert nur über den HDMI-Ausgang und einen damit verbundenen AV-Receiver, der 7.1-Formate (Dolby True HD, DTS-HD MA) wiedergeben kann. Entsprechende Receiver besitzen hierzu neben HDMI-Eingängen auch mindestens einen HDMI-Ausgang, um das Videosignal an den Fernseher (oder Projektor) weiterreichen zu können.

Zudem muss auch der Media Player diese Tonformate erkennen und an den AV-Receiver weiterreichen können. Der O!Play HD2 von Asus und Netgears NeoTV 550 können mit diesen High-End-Soundformaten umgehen. Zahlreiche Player auf dem Markt geben immerhin die Kernkomponente des Soundformats mit 5.1-Kanälen wieder.

Allerdings finden sich auch diverse Player, die entweder Dolby True HD oder DTS-HD MA oder auch beide Formate gar nicht abspielen können. In einem solchen Fall muss man auf eine andere Audiospur des Films ausweichen.

Eine Frage des Formats

Überhaupt sollte ein Media Player zumindest die gebräuchlichsten Mediendateiformate abspielen können. Bei Filmen oder Videos beispielsweise spielen sogenannte Codecs eine wichtige Rolle. Ein Codec ist ein spezielles Verfahren, mit dem sich Bild- und Tonspuren eines Films komprimieren lassen.

Man unterscheidet dabei diverse Videocodecs wie zum Beispiel MPEG-2, VC-1 oder AVC (H.264) und ebenso verschiedene Audiocodecs wie zum Beispiel AC-3 und DTS sowie die zuvor angesprochenen HD-Tonspuren Dolby True HD und DTS-HD MA.

Bild 4.48: Erfreulicherweise drucken die meisten Hersteller Infos zur Formatunterstützung und den Anschlüssen des Players bereits auf der Packung ab. (Quelle: *www.emtec-international.com*)

Um eine Filmdatei korrekt abzuspielen, muss der Media Player sowohl den Video- als auch den Audiocodec unterstützen. Und noch eine dritte Komponente kommt hinzu: das sogenannte Containerformat. Es sorgt dafür, dass Audio- und Videocodecs korrekt gespeichert und später auch wieder synchron abgespielt werden können. Einige wichtige Containerformate für Videodateien mit den gleichnamigen Dateiendungen sind beispielsweise AVI, MKV, TS und M2TS.

Ein halbwegs aktueller HD-fähiger Media Player sollte mit der Wiedergabe der aufgezählten Codecs und Containerformate keine Probleme haben. Abstriche sind nur bei den 7.x-Audioformaten zu machen. Diese werden, wenn überhaupt, nur von relativ aktuellen Playermodellen unterstützt.

HD-Videos übers Netzwerk anschauen

Wer seine DVD- oder Blu-ray-Videos übers Heimnetz abspielen möchte, muss diese zunächst von der Disc auf die Festplatte kopieren. Dieser Vorgang wird auch als »rippen« bezeichnet. Allerdings sind die meisten Film-DVDs und nahezu jede Blu-ray-Disc mit einem Kopierschutz versehen, der laut aktueller Gesetzgebung nicht umgangen werden darf.

Wer in den einschlägigen Foren stöbert oder im weiteren Bekanntenkreis herumfragt, wird zudem recht schnell auf diverse illegale Quellen im Internet stoßen, die komplette Audio-CD-, Film-DVD- oder Blu-ray-Kopien zum Download anbieten. Bedenken Sie jedoch, dass die Nutzung solcher Angebote illegal ist. Dasselbe gilt für die Verwendung von Tools zur Umgehung von Kopiersperren.

Trotz des streng gefassten Urheberrechts in Deutschland spielt die Wiedergabe von DVDs oder Blu-rays, die auf Festplatte gerippt wurden, eine wichtige Rolle für viele Filmfans.

Aus diesem Grund können fast alle HD-fähigen Media Player sogenannte ISO-Images von Film-DVDs abspielen und dabei auch das DVD-Menü anzeigen. Ein ISO-Image ist die einfachste Möglichkeit, eine DVD (oder Blu-ray-Disc) als Eins-zu-eins-Kopie in einer Datei zu speichern.

Eine solche ISO-Image-Datei spielen die meisten netzwerkfähigen Media Player auch von der Netzwerkfestplatte ab – solange es sich dabei um ein DVD-Image handelt.

Eine als ISO-Image gerippte Blu-ray-Disc bereitet einigen Media Playern hingegen nach wie vor Schwierigkeiten. Auch wenn die meisten Geräte den Hauptfilm wiedergeben, spielen nur sehr wenige Player das Blu-ray-Menü des auf Festplatte gerippten Films ab. Der weiter oben in diesem Kapitel vorgestellte NeoTV von Netgear ist eine dieser wenigen Ausnahmen.

Noch problematischer sieht es bei der Wiedergabe von Blu-ray-ISOs über das Heimnetz aus. Hier sind selbst die Media Player häufig überfordert, die eine Full-HD-ISO-Datei über ein direkt angeschlossenes Laufwerk problemlos wiedergeben.

Das ISO-Image einer Blu-ray-Disc eignet sich für die Wiedergabe aus dem Heimnetz eher weniger – abgesehen davon, dass das Rippen einer Film-Blu-ray sowieso verboten ist. Außerdem ist das Hantieren mit den rund 43 GByte großen Image-Dateien im Heimnetz recht umständlich. Hier wählt man besser den Direktanschluss an den Media Player über USB oder eSATA – oder nutzt gleich die legale Originalversion des Films am Blu-ray-Player.

Was hingegen problemlos funktioniert, ist das Streaming von unkomprimierten HD-Videodateien im TS- und M2TS-Format aus dem Heimnetz. Allerdings sollten dann Datenquelle (Netzwerkfestplatte, PC) und Abspielgerät (HD Media Player) möglichst per Netzwerkkabel mit dem Heimnetzrouter verbunden sein. WLAN-Verbindungen und Überbrückungen mittels Powerline führen bei unkomprimiertem Full-HD-Material immer wieder zu Rucklern und kurzen Aussetzern. Und genau das ist gerade bei hochauflösendem Filmmaterial extrem störend.

4.7 So greifen netzwerkfähige Player auf Freigaben zu

Ein Gerät, das Mediendateien über eine Heimnetzverbindung abspielen kann, wird als Streaming-Client bezeichnet. Das kann ein Media Player, ein Webradio, ein moderner Fernseher, aber auch ein Blu-ray-Player oder eine Spielekonsole sein. Viele Geräte aus der Unterhaltungselektronik sind inzwischen netzwerkfähig, und einige haben bereits einen solchen Streaming-Client mit an Bord.

Das Streaming funktioniert jedoch nur, wenn die Multimedia-Dateien im Heimnetz entsprechend angeboten werden: als einfache (Ordner-)Freigabe oder als spezielle Medienfreigabe über UPnP AV oder DLNA.

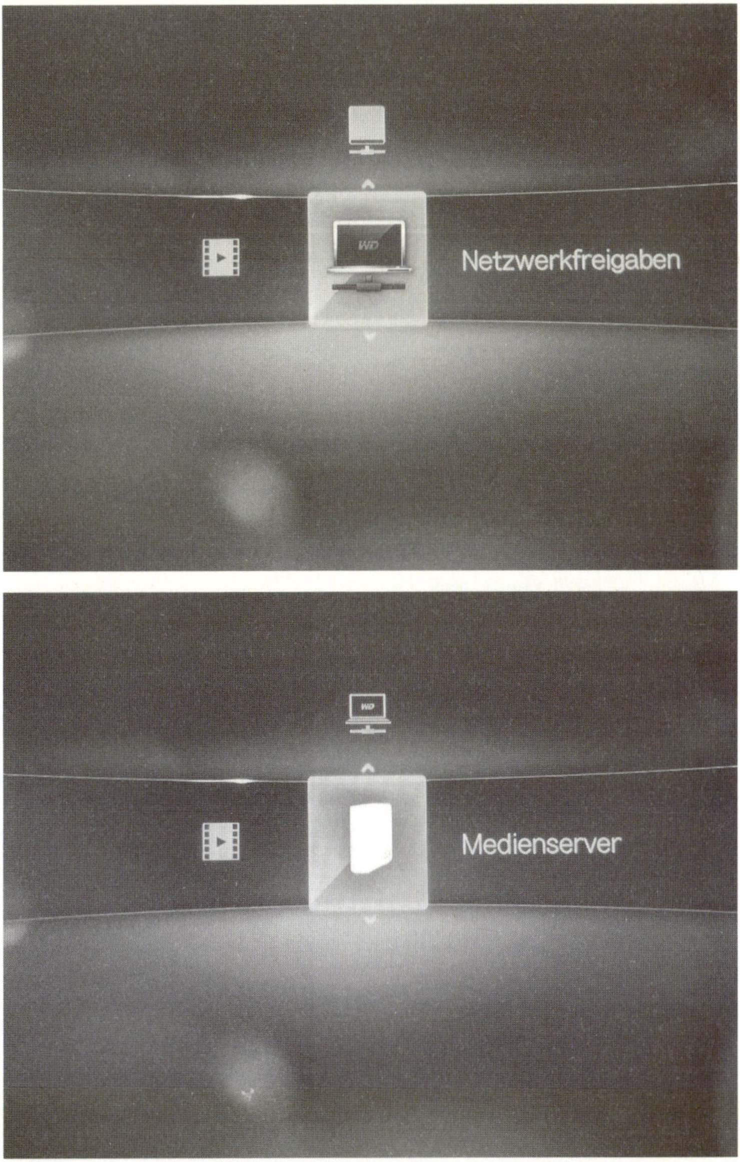

Bild 4.49: Im Media Player (hier: WD TV Live) können Sie im Heimnetz auf Netzwerkfreigaben und (UPnP-AV-)Medienserver zugreifen.

Damit beispielsweise ein Media Player auf Freigaben im Heimnetz zugreifen und die darin enthaltenen Multimedia-Dateien übers Netzwerk abspielen kann, muss der Player mit dem Heimnetzrouter verbunden und an einen Fernseher angeschlossen sein.

Je nach Hersteller wechseln Sie im Menü des Players zunächst zur gewünschten Datenquelle. Das kann eine direkt an das Gerät angeschlossene externe Festplatte sein oder eben eine übers Heimnetz verfügbare Datenquelle. Datenquellen im Heimnetz sind Netzwerkfreigaben oder Medienfreigaben über den UPnP-AV- bzw. DLNA-Standard.

Am einfachsten gelingt der Zugriff auf den öffentlichen Freigabeordner einer Netzwerkfestplatte ohne Zugriffsbeschränkung. Eine Freigabe unter Windows Vista oder Windows 7 muss immer mindestens einem bestimmten Benutzer zugeordnet sein – inklusive Passwort.

Der Vorteil bei aktuellen Media Playern liegt darin, dass sie die Eingabe von Benutzername und Passwort unterstützen. Falls Sie unter Windows 7 oder Vista eine möglichst einfach zu öffnende Freigabe einrichten möchten, verwenden Sie als Benutzer den bereits voreingestellten Gastzugang.

Ansonsten loggen Sie sich beim Zugriff auf eine Windows-Freigabe mit einem auf diesem Windows-Rechner hinterlegten Benutzernamen samt Kennwort ein. Hierzu blenden netzwerkfähige Player eine Bildschirmtastatur ein, wobei die Eingabe von Benutzerkennung und Passwort über die Fernbedienung erfolgt.

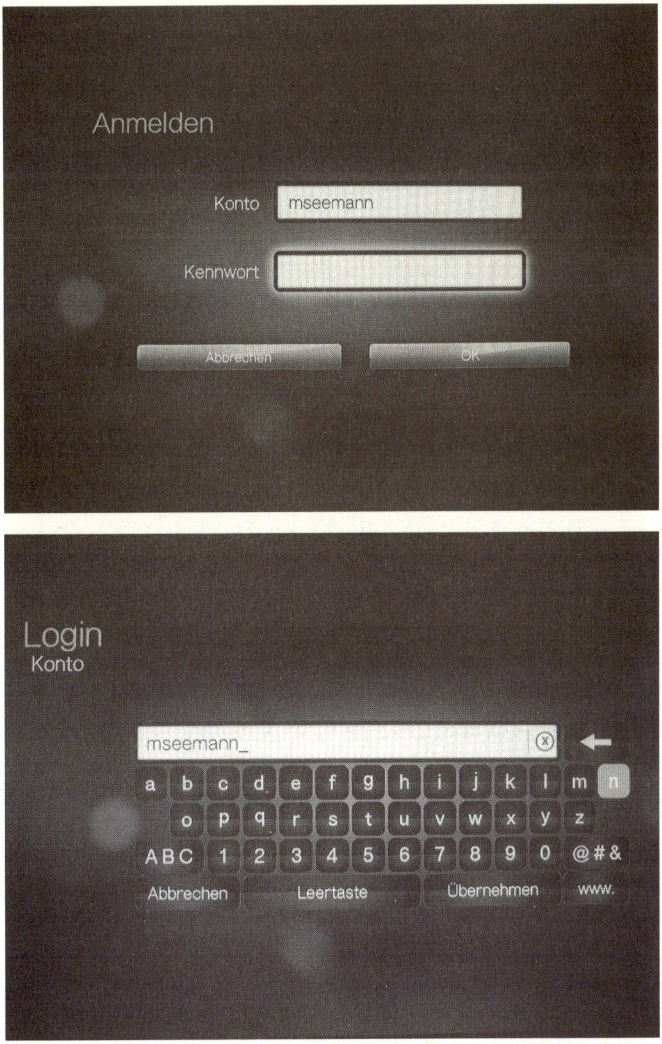

Bild 4.50: Zur Eingabe von Benutzername (hier: *Konto*) und Kennwort blenden Media Player eine Bildschirmtastatur ein. Die Eingabe erfolgt dann über die Fernbedienung des Players.

Achtung!
Manche Media Player kommen mit dem Zugriff auf Windows-7- oder Windows-Vista-Systeme nicht klar. Hier sind zusätzliche Anpassungen erforderlich. In den FAQs der Media-Player-Hersteller finden sich entsprechende Workarounds (z. B. bei Emtec).

Der Zugriff auf UPnP-AV-Freigaben hat den Vorteil, dass der entsprechende Medienserver meist alle erforderlichen Zusatzinformationen für die darauf zugreifenden Geräte aufbereitet und sich außerdem um die (Lese-)Freigabe der entsprechenden Film-, Foto- oder Musikdateien kümmert.

Es ist also durchaus möglich, seine Musik- oder Fotosammlung via UPnP AV zum Hören oder Betrachten für andere Nutzer freizugeben – und dennoch hat keiner dieser Nutzer die Möglichkeit, diese Daten absichtlich oder versehentlich zu löschen.

Der zweite bereits angesprochene Vorteil: UPnP AV ist für viele Webradios und Streaming-Clients die einzige Möglichkeit, auf die im Heimnetz gespeicherte Musiksammlung zugreifen zu können.

Bild 4.51: Viele Media Player unterstützen die Voransicht einzelner Musikalben als Minicover.

Wer hingegen Musik vom Media Player aus dem Heimnetz abspielen möchte, muss dazu in der Regel den Fernseher eingeschaltet lassen, denn die meisten Media Player unter 200 Euro besitzen kein Display. Hier sind reine Audio-Streaming-Clients oder Webradios im Vorteil, da diese Geräte grundsätzlich ein Display besitzen.

Videoformate und Media Server

Wer Filme aus dem Heimnetz mit dem Media Player streamen möchte, sollte anstelle von UPnP AV oder DLNA besser die einfache Netzwerkfreigabe wählen. Der Grund: Nicht jeder UPnP-AV-Media-Server unterstützt jedes Containerformat. So werden viele Videodateien, die der Media Player eigentlich abspielen könnte, über den UPnP-AV-Zugriff gar nicht erst angezeigt, weil der Media Server diese eben nicht als Multimedia-Dateien erkennt – und somit auch gar nicht erst in seinen Index aufnimmt.

Die einfache Netzwerkfreigabe hingegen zeigt zunächst einmal alle Dateien im freigegebenen Verzeichnis an. Hier hängt es allein vom zugreifenden Player oder Streaming-Client ab, ob er diese Datei nun abspielen kann oder nicht.

4.8 Ihr Smartphone als Medienstar

Ob Apples iPhone oder Googles Android: Wohl kaum jemand hätte vor zwei Jahren gedacht, dass Handys mit Internetzugang, auch Smartphones genannt, den Mobiltelefonmarkt im Sturm erobern werden. Und das ist auch nicht weiter verwunderlich, da diese Geräte extrem praktisch sind und zugleich einen erheblichen Spaßfaktor bieten.

Mit einem Smartphone hat man seinen mobilen Internetzugang immer in der Tasche mit dabei und ist somit nicht nur per Telefon, sondern beispielsweise auch per E-Mail jederzeit erreichbar. Dieser Luxus war bis vor Kurzem nur den Blackberry-Nutzern vorbehalten, die ein solches Gerät von ihrer Firma gestellt bekommen. Denn für eine Privatperson waren die mobilen Datentarife praktisch unerschwinglich.

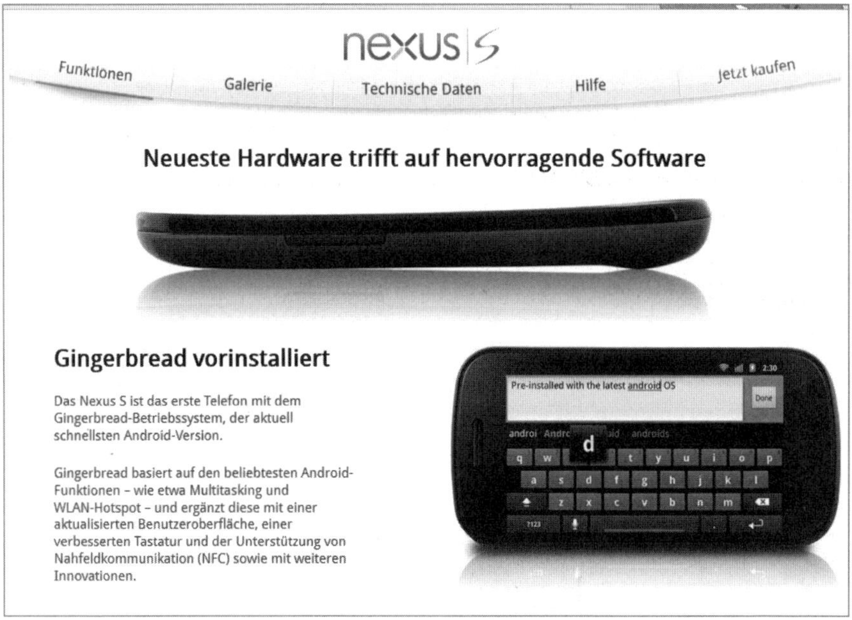

Bild 4.52: Googles Nexus S ist ein Flaggschiff der Android-Smartphones.

Das hat sich ganz entscheidend geändert. Inzwischen kostet eine mobile Datenflatrate für Smartphones um die 10 Euro im Monat, und auch die Übertragungsrate hat sich mit der nahezu flächendeckenden Verfügbarkeit von UMTS/HSPA ganz erheblich gesteigert.

Außerdem steht Smartphone-Kunden eine unzählige Auswahl verschiedenster kleiner Softwaretools zur Verfügung, die als Apps bezeichnet werden (Abkürzung für »Applications« oder Anwendungen). Die Funktionalität dieser Apps reicht von vollkommen sinnlos bis extrem nützlich oder wenigstens sehr unterhaltsam. Schlussendlich entscheidet dabei der individuelle Geschmack des einzelnen Nutzers. Allerdings lässt sich so gut wie jede App ausprobieren, das Herunterladen und Installieren ist in wenigen Sekunden erledigt, was die Sache zusätzlich interessant macht. Und es funktioniert überall: In der S-Bahn, im Büro, im Hörsaal, auf der Wohnzimmercouch.

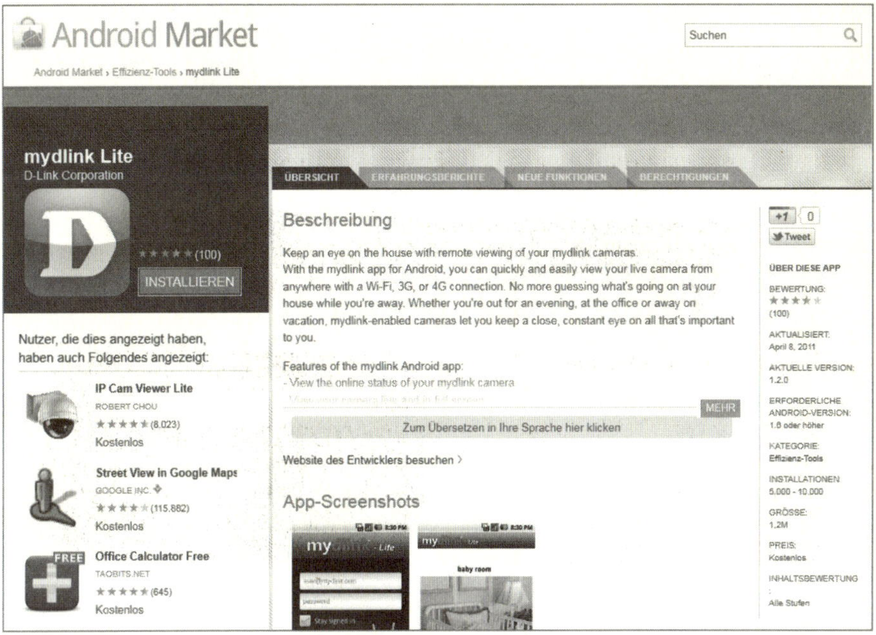

Bild 4.53: D-Link bietet zum Beispiel eine App zur Steuerung seiner Netzwerkkameras.

Ein weiterer wichtiger Punkt, der für diese Geräte spricht: Alle (ernst zu nehmenden) Smartphones können sich auch über WLAN mit einem Access Point verbinden, zum Beispiel mit dem WLAN-Router im Heimnetz. Hier ist die Übertragungsgeschwindigkeit vom und zum Internet deutlich höher als über den Mobilfunkzugang.

Doch das ist noch nicht alles. Über WLAN wird Ihr Smartphone nämlich auch Teil Ihres Heimnetzes, und das wiederum kann in Verbindung mit manchen kostenlosen Apps recht spannend sein.

Smartphone als Fernsteuerung oder Control Point

Hersteller aller möglichen Heimnetzgeräte bieten in Apples App Store oder Googles Android Market bereits Apps an, die die Steuerung oder den Zugriff auf den Media Player, die Netzwerkkamera, die Netzwerkfestplatte und sogar auf den WLAN-Router ermöglichen.

In diesem Zusammenhang lässt sich ein Smartphone auch als UPnP-AV-Fernbedienung oder Control Point verwenden. Befinden sich also in Ihrem Heimnetz ein Media Server (eine Netzwerkfestplatte) und ein Media Renderer (zum Beispiel ein Webradio oder ein Media Player), können Sie über Ihr Smartphone die Wiedergabe vom Server auf den Rendererer steuern.

Steuerung mit AllShare

Auf Samsung-Smartphones ist hierzu bereits ein Tool (eine App) namens AllShare vorinstalliert. Allerdings lassen sich hier auch diverse andere Apps nutzen. Suchen Sie im Android Market oder App Store einfach nach den Begriffen »UPnP« oder »DLNA«.

1. **AllShare starten**
   Starten Sie zunächst das Tool AllShare, das Sie im Menü eines Samsung-Smartphones finden. In der folgenden Auswahl gehen Sie auf die Option *Datei vom Server über mein Telefon auf einem anderen Player wiedergeben.* Kurz darauf erscheint eine Liste aller Media Server in Ihrem Heimnetz. Wählen Sie einen davon aus. Dieser Server sollte natürlich Musikfreigaben enthalten.

2. **Musikdateien zur Wiedergabeliste hinzufügen**
   Im Folgenden klicken Sie sich durch das Menü des Media Servers hindurch und markieren alle gewünschten Songs eines Verzeichnisses jeweils mit einem grünen Häkchen. Anschließend gehen Sie auf *Zu Wiedergabeliste hinzufügen.*

3. **Ferngesteuert abspielen**
   Im Anschluss erscheint eine Liste aller Media Renderer (Webradios, Media Player, netzwerkfähige Fernseher/Blu-ray Player etc.) in Ihrem Heimnetz. Wählen Sie aus dieser Liste das Gerät aus, das die Musikdateien aus der Wiedergabeliste vom Media Server abspielen soll.

   Kurz darauf startet bereits die Wiedergabe von diesem Gerät. Ihr Smartphone zeigt dabei an, welches Musikstück gerade gespielt wird. Wie mit einer Fernbedienung können Sie mit Ihrem Smartphone zum nächsten Song in der Wiedergabeliste springen, auf Pause gehen, die Zufallswiedergabe aktivieren und so weiter.

Beachten Sie, dass die UPnP-AV-App auf Ihrem Smartphone, in unserem Beispiel AllShare von Samsung, nur solche Geräte anzeigt, die UPnP AV (DLNA) unterstützen und aktuell mit dem Heimnetz verbunden sind. Dazu müssen die Geräte selbstverständlich auch eingeschaltet sein.

5 Netzwerkkameras

In diesem Kapitel geht es um eine besondere Art von (Video-)Kamera, die sich als eigenständiges Gerät ins Netzwerk integrieren lässt und Aufzeichnungen live übertragen kann – zum Beispiel an einen beliebigen PC, der sich ebenfalls im Heimnetz befindet. Diese sogenannten Netzwerk- oder IP-Kameras können aber noch mehr: Die meisten halbwegs aktuellen Geräte besitzen eine integrierte Bewegungserkennung und benachrichtigen Sie per E-Mail, sobald eine Änderung im Raum registriert wird.

Je nach Einstellung zeichnet die Kamera auch ein entsprechendes »Beweisvideo« auf und legt diese Videodatei automatisch auf Ihrer Netzwerkfestplatte ab. Ein PC oder Notebook muss dazu nicht eingeschaltet sein.

5.1 Der Unterschied zur Webcam

Webcams schließt man per USB-Kabel an den Rechner an und kann dann seine Gesprächspartner beim Videochat sehen. Selbst richtige Videotelefonie lässt sich inzwischen mit verschiedensten Diensten – Windows Live Messenger inklusive – damit durchführen. Viele moderne Notebooks und natürlich Apple iMacs und Apple MacBooks haben eine integrierte Webcam und bieten teilweise sogar einen alternativen Benutzerzugang via Webcam und Gesichtserkennung – auch wenn dieser nur unter idealen, immer gleichbleibenden Lichtverhältnissen funktioniert.

Allerdings sind Webcams stets von dem Computer abhängig, in den sie entweder integriert oder an den sie per USB-Kabel angeschlossen sind, zumal sie von diesem PC oder Notebook ja auch mit Strom versorgt werden.

Ist dieser Computer jedoch ausgeschaltet, besteht auch keine Möglichkeit, die Webcam zu nutzen – geschweige denn auf irgendwelche Liveaufnahmen dieser Kamera zuzugreifen.

Bild 5.1: Diese moderne HD-fähige Webcam von Microsoft lässt sich wie alle Webcams nur nutzen, wenn sie an einen eingeschalteten Rechner angeschlossen ist. Der Anschluss an den Rechner erfolgt in der Regel per USB-(2.0-)-Kabel. (Quelle: *www.microsoft.de*)

Und das ist auch schon der wichtigste Unterschied zwischen Webcam und Netzwerkkamera. Letztere ist nämlich ein völlig unabhängiges Gerät im Heimnetz, mit eigener Stromversorgung und einer eigenen Benutzeroberfläche (auch Webserver genannt) – ähnlich wie die Benutzeroberfläche einer Netzwerkfestplatte.

Man kann also über das Heimnetz von jedem browserfähigen Gerät (PC, Notebook, Smartphone, Tablet etc.) direkt auf diese Kamera und das von ihr gelieferte Videobild zugreifen.

5.2 Die IP-Kamera im Heimnetz

Steht diese Kamera zum Beispiel als komfortabler Babyfon-Ersatz im Zimmer Ihres Kleinkinds, starten Sie mit Ihrem Notebook im Wohnzimmer oder in der Küche eine direkte Liveübertragung aus dem Kinderzimmer.

Die meisten aktuellen Netzwerkkameras sind außerdem mit einem Mikrofon ausgestattet und übertragen neben den Bildern auch die zugehörige Geräuschkulisse vor Ort. Das kann unter Umständen recht nützlich oder gar zwingend notwendig sein, zum Beispiel beim Einsatz der Netzwerkkamera als (Video-)Babyfon oder wenn die Videoübertragung allein nicht genug Information liefert. Häufig wird man auch erst durch Geräusche darauf aufmerksam gemacht, dass sich vor der Kamera gerade etwas Interessantes abspielen könnte.

Eine Kamera im Heimnetz sollte zunächst einmal flexibel einsetzbar sein. So kann sie zur Überwachung sensibler Bereiche im Haus oder auf dem Grundstück verwendet werden (Tresor, Garage/Einfahrt, Eingangsbereich innerhalb des Grundstücks), doch ist sie ebenso gut als (Video-)Babyfon oder auch zur Beobachtung von Vögeln auf Terrasse oder Balkon geeignet.

Der Anschluss per Netzwerkkabel

Vor einigen Jahren waren Netzwerkkameras noch relativ teuer und eher kompliziert einzurichten. Die ersten Modelle mussten per Netzwerkkabel mit dem Heimnetz(-Router) verbunden werden, was wiederum die Einsatzmöglichkeiten im Heimnetz stark einschränkte.

Bild 5.2: Die Axis 205 war eine der ersten hochwertigen IP-Kameras für das Heimnetz. Der Anschluss erfolgte per Netzwerkkabel, eine Bewegungserkennung hatte das Modell damals noch nicht integriert. (Quelle: *www.axis.com*)

Auch ist eine IP-Kamera fürs Heimnetz keine professionelle, fest installierte Überwachungskamera, wie sie in Banken, Tiefgaragen, Tankstellen oder in Kaufhäusern eingesetzt werden.

Ein Gerät für Videoübertragungen im Heimnetz sollte, wenn möglich, flexibel sein. Bei den älteren, rein kabelgebundenen Modellen war das noch nicht der Fall, denn hier war die Kamera gleich von zwei Verbindungen abhängig: Das erste Kabel führte zum Stromanschluss (zur Steckdose), und Kabel Nummer zwei stellte die Verbindung ins Heimnetz her.

Der einzig mögliche Einsatzort befand sich somit zwangsläufig irgendwo in der Nähe des Heimnetzrouters. Doch in der Nähe des Routers war meist kein Bedarf für die Installation einer solchen Kamera.

WLAN für größere Unabhängigkeit

Die größte Flexibilität für den Heimeinsatz einer Netzwerkkamera bietet WLAN. Solange sich die Kamera in Reichweite Ihres Access Points am Router befindet, können Sie sie nahezu überall in Ihrem Zuhause einsetzen. Die einzige Voraussetzung für den Einsatz einer solchen drahtlosen Netzwerkkamera ist eine verfügbare Steckdose in der Nähe des Einsatzorts. Doch im Gegensatz zu einem LAN-Port ist eine Steckdose in eigentlich jedem Zimmer eines Haushalts problemlos aufzutreiben.

Legen Sie sich also in jedem Fall eine IP-Kamera mit integriertem WLAN-Adapter zu – je leistungsfähiger, desto besser.

Bild 5.3: Wie viele aktuelle Modelle hat auch D-Links Netzwerkkamera DCS-930 einen integrierten n-WLAN-Adapter. (Quelle: *www.dlink.de*)

g- oder n-WLAN?

Aktuell werden noch sehr viele IP-Kameras mit g-WLAN-Adapter (54 MBit/s) auf dem Markt angeboten. Wie bereits in Kapitel 2 im Abschnitt »Verbindung über Wireless LAN« angesprochen, ist der g-WLAN-Standard nicht mehr aktuell. Die meisten modernen WLAN-Adapter und WLAN-Access-Points unterstützen den aktuellen n-WLAN-Standard mit Übertragungsraten zwischen 150 und 300 MBit/s, wobei n-WLAN zu g-WLAN voll abwärtskompatibel ist.

Solange WLAN-Kamera und WLAN-Router nicht zu weit voneinander entfernt sind und nicht zu viel Stahlbeton (Wände, Geschossdecken) oder andere Übertragungshemmnisse dazwischenliegen, werden Sie in den meisten Fällen auch mit einer g-WLAN-Kamera ausreichend Empfang haben.

Wer jedoch die Möglichkeit hat, sollte sich ein aktuelleres Gerät mit n-WLAN-Adapter leisten. Bitte beachten Sie, dass die meisten n-WLAN-fähigen Netzwerkkameras fürs Heimnetz mit einem günstigen n-150-Adapter mit 150 MBit/s ausgestattet sind. Dennoch sind hier die Chancen doch erheblich höher, auch für ungünstige Strecken noch eine passable Verbindung zum Heimnetzrouter zu erhalten.

Eine Garantie dafür gibt es jedoch nicht. Im Zweifelsfall müssen Sie es selbst ausprobieren. Und manche Strecken lassen sich selbst mit modernster Technik und neuesten Übertragungsstandards nicht überwinden.

Verbindung über Powerline

Sie möchten den Standort Ihrer Netzwerkkamera hin und wieder wechseln, haben aber an manchen Stellen keinen ausreichenden Empfang zum WLAN-Router? In einem solchen Fall bietet sich die Verbindung über einen Powerline-Adapter an (siehe auch in Kapitel 2 den Abschnitt »Powerline als Kabel- und WLAN-Alternative«).

Der Vorteil: Falls Sie einen modernen Powerline-Adapter mit integrierter Steckdose verwenden, benötigen Sie vor Ort nicht mehr als eine einzige Steckdose. Dort stecken Sie den Powerline-Adapter ein, das Netzteil der IP-Kamera wiederum kommt in die Steckdose des Powerline-Adapters.

Nun verbinden Sie Powerline-Adapter und IP-Kamera mit einem ausreichend langen Netzwerkkabel, und schon ist die Kamera einsatzbereit. Voraussetzung ist natürlich, dass auch der Heimnetzrouter über einen Powerline-Adapter mit dem Stromnetz verbunden ist.

5.3 Schneller Zugriff im Heimnetz

Eine Netzwerkkamera, die Sie per Ethernet- oder LAN-Kabel mit Ihrem Heimnetzrouter verbinden, ist im Prinzip sofort einsatzbereit – nämlich sobald Sie die Kamera per Kabel mit dem Heimnetz verbunden und eingeschaltet bzw. eingesteckt haben.

Auch die Einbindung per WLAN erfolgt mit modernen Kameras sehr flott und unkompliziert, wenn diese die praktische Verschlüsselung per Knopfdruck (WPS) unterstützen. Allerdings muss auch Ihr WLAN-Router diese moderne Verschlüsselungsmethode beherrschen. Ist das der Fall, aktivieren Sie einfach den WPS-

Modus an Ihrem Router über dessen WPS-Knopf und drücken dann innerhalb der nächsten zwei Minuten den WPS-Knopf an der IP-Kamera. Wenige Sekunden später ist Ihre Kamera drahtlos und sicher verschlüsselt mit Ihrem WLAN-Router verbunden.

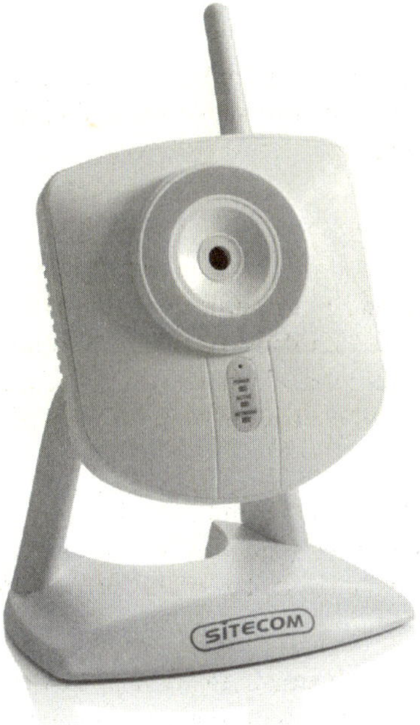

Bild 5.4: Die WL-404 war eine der ersten g-WLAN-fähigen Netzwerkkameras für den Heimbereich, die Verschlüsselung per WPS unterstützten. Zur Aktivierung von WPS benötigte man allerdings einen spitzen Gegenstand, da die Taste etwas versenkt angebracht war. Derselbe versenkte Knopf diente nämlich auch als Reset-Taste, sofern er lang genug gedrückt wurde. (Quelle: *www.sitecom.com*)

Zugriff per Setup-Tool

Nicht jede IP-Kamera, die mit dem WLAN-Router verbunden ist, ist bereits automatisch im Heimnetz integriert. Viele dieser Geräte sind nämlich ab Werk mit einer festen IP-Adresse versehen – und diese muss nicht zwangsläufig mit dem Adressraum Ihres Routers und damit aller anderen an den Router angeschlossenen Geräte harmonieren.

Das ist aber kein großes Problem. Denn ähnlich wie bei den Netzwerkfestplatten (siehe Kapitel 3 »Speicher im Heimnetz«) legen die Hersteller auch ihren IP-Kameras ein kleines Setup-Tool auf CD bei, das den erstmaligen Zugriff auf die Kamera trotzdem ermöglicht und ebenso bei der Ersteinrichtung hilft.

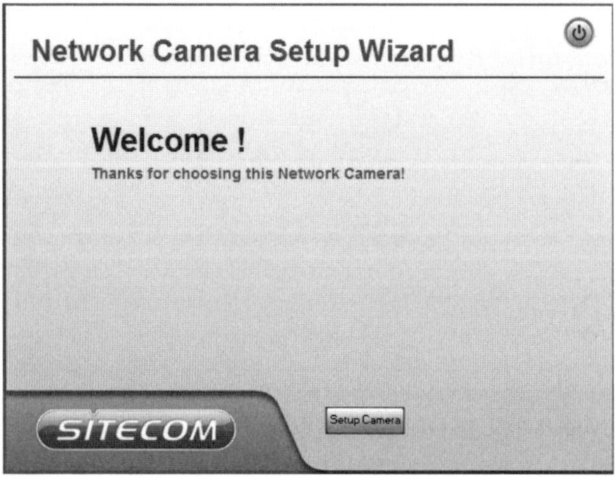

Bild 5.5: Sitecom beispielsweise legt seinen Kameras einen Assistenten (Wizard) bei, der zur Einrichtung der IP-Kamera auffordert. Ein Klick auf *Setup Camera* startet hier den Vorgang.

In der Regel erhält der Benutzer so einen schnellen Zugang zur Kamera und nimmt dabei die wichtigsten Einstellungen an der Kamera vor. Außerdem erhält er über ein Tool, das auf den Rechner installiert wird, immer sofort Zugriff auf die Kamera.

Doch dieser Zugriff ist auch ohne Tool direkt über den Browser möglich. Hierzu benötigt man allerdings die interne IP-Adresse der Netzwerkkamera. Wie Sie diese herausfinden, erfahren Sie drei Seiten weiter unter der Überschrift »Zugriff über die Browseroberfläche« und anhand eines anderen Beispiels in Kapitel 5.7 »Die Weiterleitung vom Router auf die Kamera«.

Zugangsdaten festlegen

Im Rahmen der Ersteinrichtung Ihrer Netzwerkkamera vergeben Sie unter anderem ein Zugriffspasswort und, falls nicht bereits vorgegeben, auch einen Benutzernamen. Das ist wichtig, denn schließlich soll nicht jeder in Ihrem Heimnetz den vollen Zugriff auf die IP-Kamera erhalten.

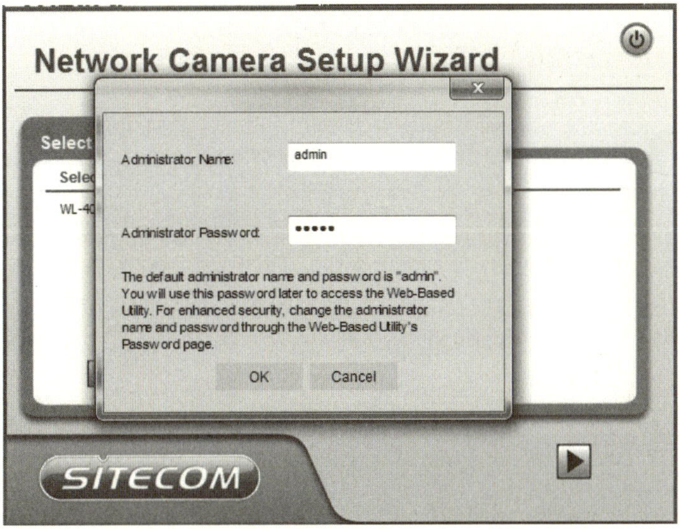

Bild 5.6: Beim erstmaligen Zugriff auf die IP-Kamera verlangt Sitecom den voreingestellten Benutzernamen samt Passwort. In diesem Fall wäre das zweimal das Wort *admin*.

Beim Zugriff auf Ihre Netzwerkkamera sollten Sie ähnliche Vorsichtsmaßnahmen walten lassen wie beim Zugriff auf Ihren Heimnetzrouter oder Ihre Netzwerkfestplatte. Belassen Sie die Zugangsdaten deshalb nicht aus Bequemlichkeit bei den Voreinstellungen, sondern ändern Sie sie so bald wie möglich.

Feste oder dynamische IP-Adresse

Was Sie im Setup Wizard auch unbedingt angeben sollten, ist eine dynamisch vergebene IP-Adresse. So erhält die IP-Kamera, sobald sie mit dem Router verbunden ist, automatisch eine korrekte IP-Adresse – und ist damit ein vollwertiges Mitglied im Heimnetz. Erst mit einer korrekten IP-Adresse kann die Netzwerkkamera ohne größeren Aufwand von jedem anderen Gerät im Heimnetz angesteuert werden.

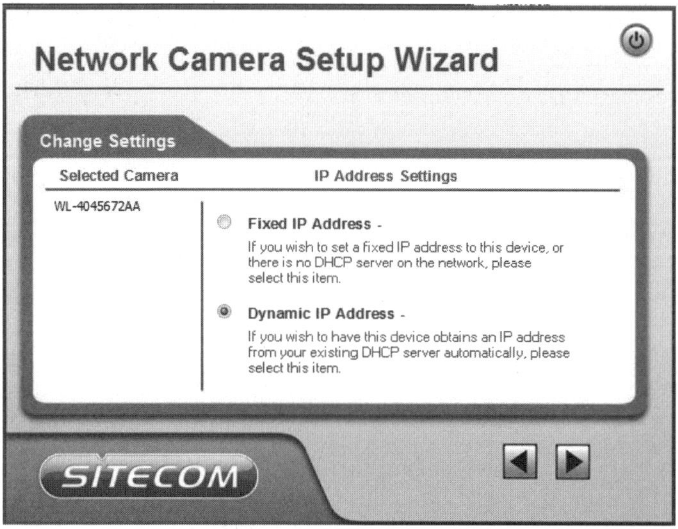

Bild 5.7: Stellen Sie im Setup der Kamera ein, dass diese ihre IP-Adresse dynamisch und automatisch bezieht – die Einstellung *Fixed IP Address* verlangt fortgeschrittene Netzwerkkenntnisse.

DHCP-Server

Jeder Heimnetzrouter ist mit einem sogenannten DHCP-Server ausgestattet. Hierbei handelt es sich um einen Dienst, der dafür sorgt, dass alle an den Router angeschlossenen Geräte automatisch eine korrekte IP-Adresse erhalten. Diese IP-Adresse sorgt dafür, dass sich die Geräte untereinander verstehen, und erleichtert auch den Zugriff auf die Benutzeroberflächen der Geräte.

Haben Sie den Setup Wizard Ihrer Kamera abgeschlossen, können Sie die Kamera über das (in der Regel mitgelieferte) Kameratool öffnen und entsprechend konfigurieren. Bei Sitecom heißt dieses Tool beispielsweise »Network Camera Surveillance Utility« und setzt sich aus diversen Komponenten (Monitor, Playback, Rekorder und eben Setup Wizard) zusammen.

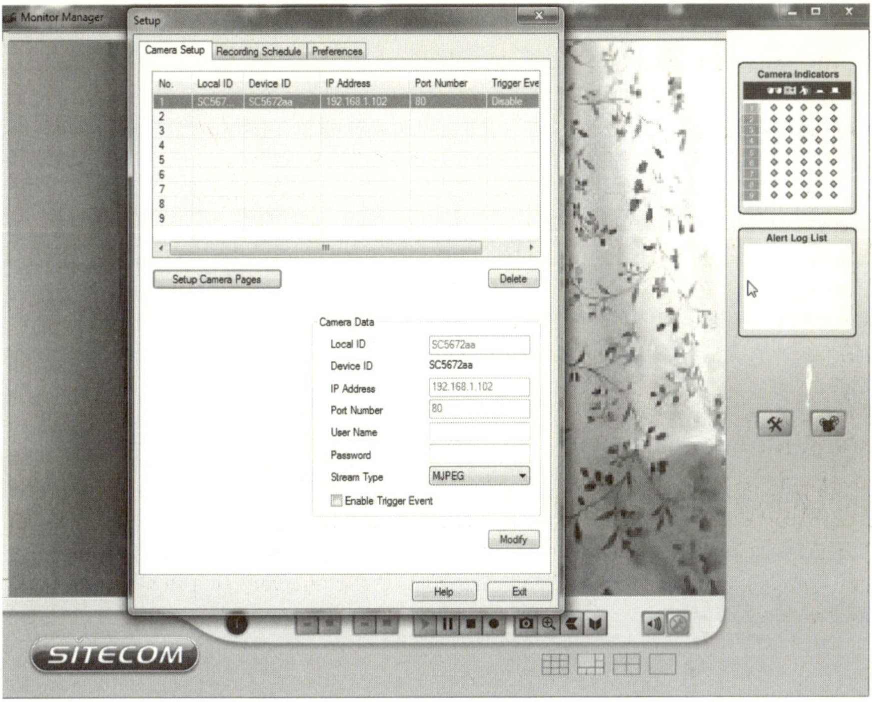

Bild 5.8: Im *Setup*-Tool sehen Sie bereits die IP-Adresse, die Ihr Router an die Kamera vergeben hat. Allerdings lässt sich die Browseroberfläche auch direkt über *Setup Camera Pages* öffnen.

Diese Tools sind häufig ganz nett zu bedienen, doch müssen Sie sie notfalls auf allen Rechnern in Ihrem Heimnetz installieren, von denen Sie auf die Kamera zugreifen möchten. Außerdem lassen sich die meisten Einstellungen der Kamera eben nicht mithilfe dieser Tools ändern, sondern nur in der Browseroberfläche der Kamera.

Für Beobachtungen und generelle Änderungen in den Kameraeinstellungen sollten Sie deshalb direkt in die Browseroberfläche der IP-Kamera wechseln.

Zugriff über die Browseroberfläche

In der Regel lässt sich die Browseroberfläche der Kamera mit einer bestimmten Schaltfläche im Kameratool öffnen. Allerdings müssen Sie dazu immer zunächst das Tool starten, das zudem nicht auf jedem Rechner im Heimnetz installiert ist.

Wählen Sie stattdessen den Zugriff über die Internet- oder IP-Adresse der Kamera. Diese liefert Ihnen entweder das Setup-Tool der Kamera oder Ihren Router.

Um die IP-Adresse der Kamera über Ihren Router zu ermitteln, rufen Sie zunächst die Weboberfläche Ihres Routers auf und suchen dann nach einer Liste aller am Router angeschlossenen DHCP-Clients. Ein DHCP-Client ist ein Netzwerkgerät, das an den Router angeschlossen ist (per WLAN oder Netzwerkkabel) und von diesem eine IP-Adresse erhalten hat.

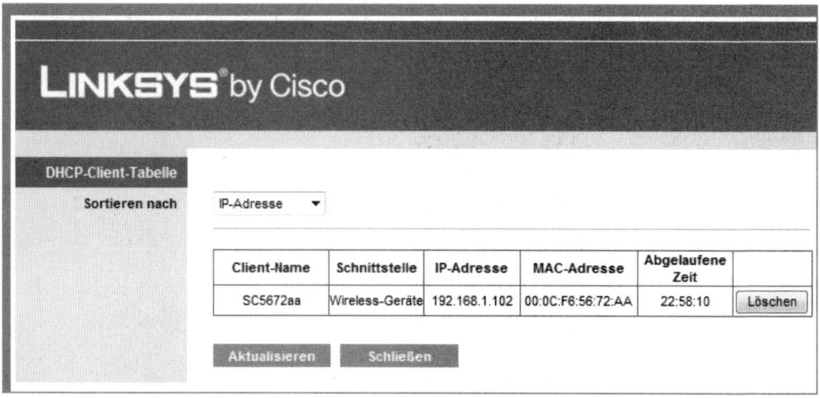

Bild 5.9: Dieser Linksys-by-Cisco-Router listet die mit ihm verbundenen Geräte in einer DHCP-Client-Tabelle auf. Die IP-Adresse der Kamera lautet hier *192.168.1.102*.

Haben Sie die IP-Adresse der Kamera ermittelt, notieren Sie sich die durch drei Punkte getrennte Nummer auf einem Zettel. Öffnen Sie nun Ihren Browser und tragen Sie die IP-Nummer der Kamera in dessen Adresszeile ein.

Bild 5.10: Per IP-Adresse lässt sich die Weboberfläche der Kamera im Browser öffnen.

Nach Drücken der [Enter]-Taste öffnet sich die Weboberfläche der Kamera im Browserfenster. Hier stehen Ihnen nun alle wichtigen Einstellungen des Geräts zur Verfügung.

Das Praktische daran: Über den Browser und die korrekte IP-Adresse lässt sich die Netzwerkkamera von jedem Rechner im Heimnetz aufrufen.

Interner Zugriff über UPnP

Im Heimnetz kann der Zugriff auf die Kamera auch sehr komfortabel direkt aus der Netzwerkumgebung des Windows Explorer heraus erfolgen. Diese Zugriffsmöglichkeit über das Protokoll UPnP besteht bei sehr vielen Heimnetzkameras, muss aber bei den meisten Modellen erst in den Einstellungen aktiviert werden.

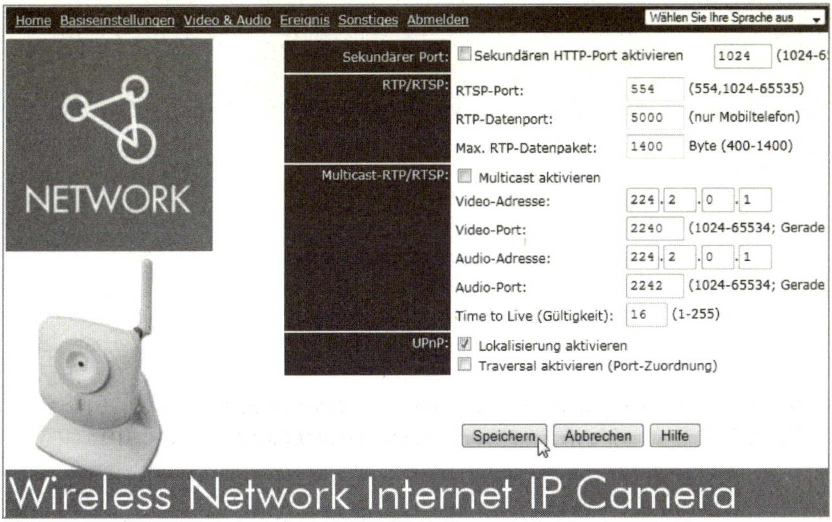

Bild 5.11: Die Erkennung der Kamera im Heimnetz über UPnP erfolgt bei Sitecom mit der aktivierten Einstellung *Lokalisierung aktivieren.*

Bei einem Sitecom-Modell beispielsweise findet sich diese Einstellung in den *Basiseinstellungen* im Bereich *Netzwerk.* Hier müssen Sie unter *UPnP* am unteren Ende der Seite nur ein Häkchen vor die Einstellung *Lokalisierung aktivieren* setzen und mit *Speichern* bestätigen.

Öffnen Sie nun im Windows Explorer in der Ordnerspalte links den Eintrag *Netzwerk* und gehen Sie im Bereich rechts auf *Andere Geräte.* Das Kameramodell wird unter seinem Gerätenamen, hier *WL-404-5672AA*, angezeigt. Ein Doppelklick darauf – und schon öffnet sich in einem Browserfenster die Benutzeroberfläche des Geräts.

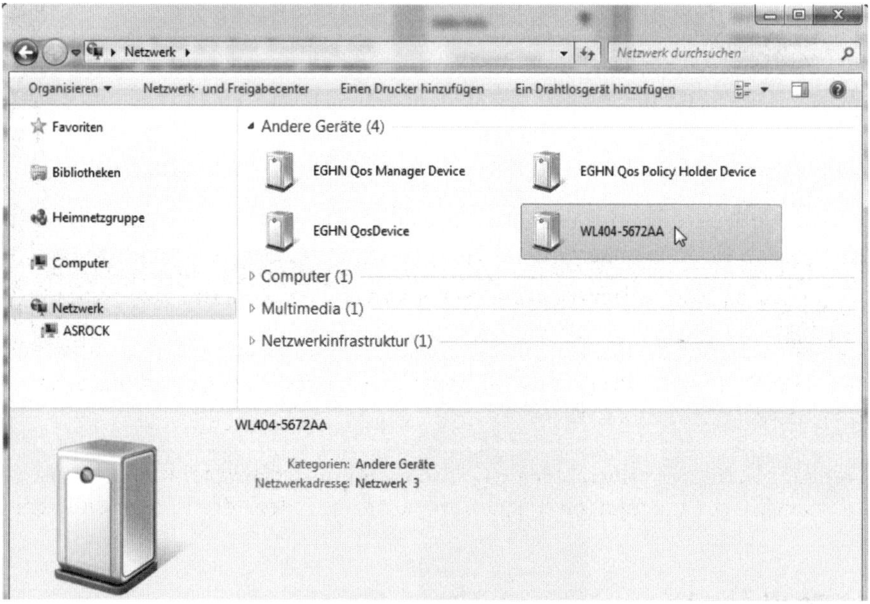

Bild 5.12: Im Windows Explorer unter *Netzwerk/Andere Geräte* lassen sich IP-Kameras mit aktiviertem UPnP direkt aufrufen, ohne dass man deren IP-Adresse kennen müsste.

Browser-Plug-ins

Viele IP-Kameras für den Heimnetzbereich benötigen ein sogenanntes Browser-Plug-in oder Browser-Add-on, damit bestimmte Funktionen über die Browser-Oberfläche vernünftig nutzbar oder überhaupt verfügbar sind. Diese Browsererweiterungen sollte man in jedem Fall installieren.

Leider bieten die Hersteller diese Funktionen oft nur für den Internet Explorer von Microsoft an. Der Nutzer eines alternativen Browsers oder eines Nicht-Windows-Betriebssystems hat dann leider das Nachsehen.

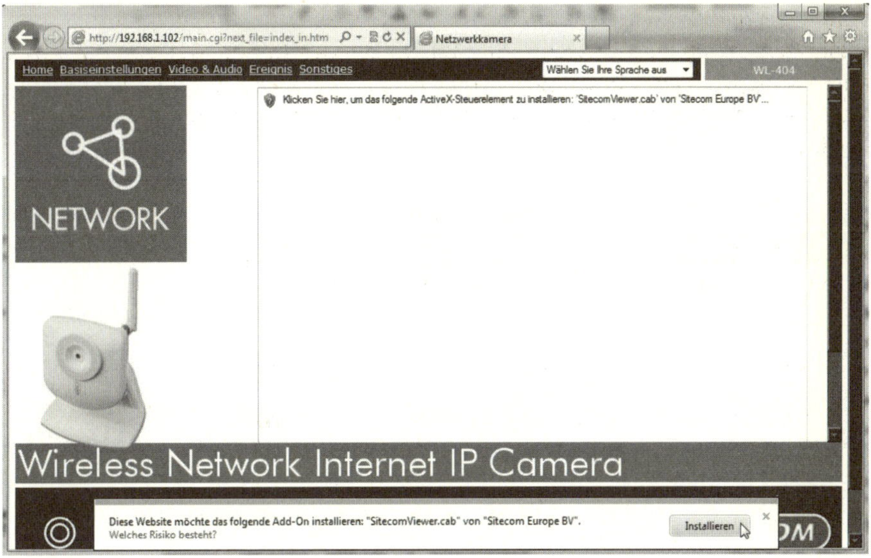

Bild 5.13: Solange das Plug-in für den Internet Explorer nicht installiert ist, bleibt der Browserbildschirm dieser IP-Kamera weiß.

Im neuen Internet Explorer 9 genügt ein Klick auf *Installieren* am unteren Fensterrand sowie eine Bestätigung mit *Ja*, um ein entsprechendes Add-on zu installieren.

Firmware-Update

Bevor Sie nun mit weiteren Einstellungen fortfahren, empfehle ich Ihnen, zunächst auf der Hersteller-Homepage nach einer aktuellen Firmware für die Kamera zu suchen. Firmware-Updates bringen in der Regel Verbesserungen bei der Bedienung eines Geräts, manchmal baut der Hersteller auch zusätzliche Funktionen ein, und eigentlich immer werden mithilfe von Firmware-Updates offensichtliche Fehlfunktionen ausgemerzt oder Sicherheitslücken gestopft.

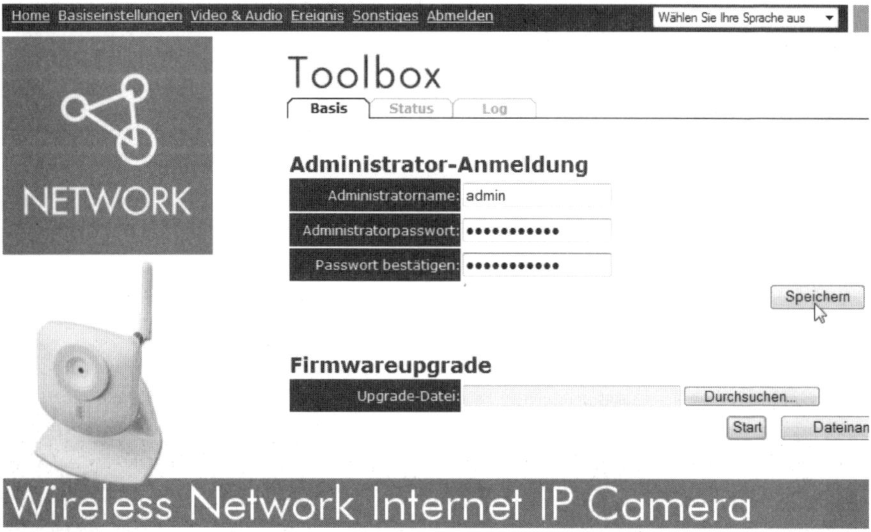

Bild 5.14: Bei den meisten Netzwerkkameras wird die Firmware-Update-Datei zunächst auf den PC heruntergeladen und dann von der Browseroberfläche der Kamera ausgewählt.

Wie Sie das Firmware-Update an Ihrem Kameramodell genau durchzuführen haben, steht im Handbuch. Meistens laden Sie sich hierzu eine Datei mit dem Firmware-Image (häufig mit der Endung *.bin* oder *.img*) auf Ihren Rechner herunter, zum Beispiel auf den Desktop.

Anschließend öffnen Sie in Ihrem Browser die Netzwerkkameraoberfläche und wechseln dort in den entsprechenden Firmware-Update-Bereich (siehe Handbuch). Hier tragen Sie in der Regel über eine *Durchsuchen*-Schaltfläche den Pfad zur heruntergeladenen Firmware-Update-Datei ein und starten den Vorgang des Firmware-Updates. Während dieses meist mehrminütigen Vorgangs sollten Sie weder PC noch Kamera vom Strom trennen, und auch die Netzwerkverbindung zwischen den beiden Geräten sollte nicht unterbrochen werden.

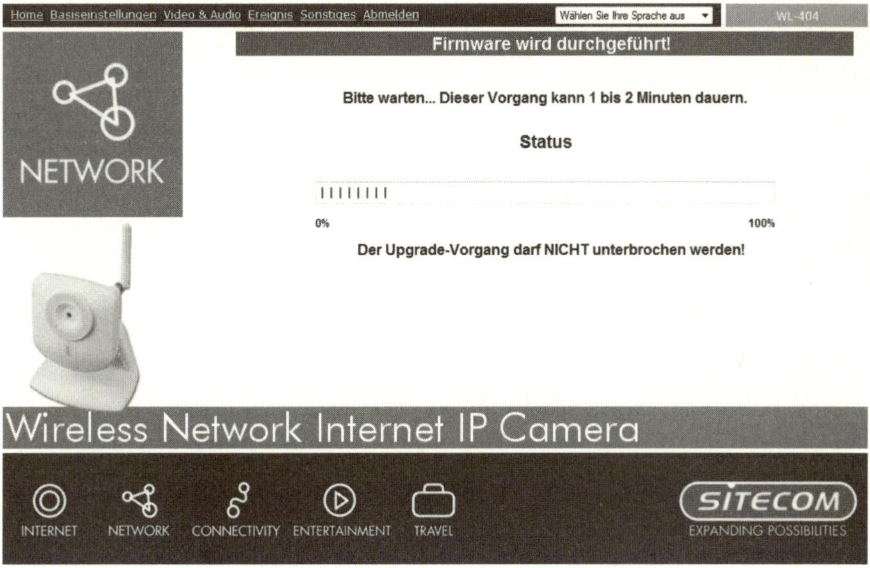

Bild 5.15: Den Firmware-Update-Vorgang sollten Sie nicht unterbrechen, da das Gerät sonst im schlimmsten Fall so beschädigt wird, dass Sie es zur Reparatur einschicken müssen.

Damit ist Ihre IP-Kamera nun von jedem PC oder Notebook innerhalb Ihres Heimnetzes aus verfügbar, und Sie können Geräte mit integriertem Mikrofon sogar als Babyfon einsetzen – solange sich der Rechner, mit dem Sie auf die Kamera zugreifen, sowie die Kamera selbst in Reichweite des Heimnetzes befinden.

Was ist aber, wenn Sie nicht nur innerhalb Ihres Heimnetzes, sondern auch von außerhalb auf Ihre Kamera zugreifen möchten? Zum Beispiel von dem Rechner an Ihrem Arbeitsplatz, von einem Rechner im Ausland oder generell von jedem beliebigen PC oder Notebook mit einem Internetzugang aus?

Hierzu sind einige Vorarbeiten erforderlich, die Sie im Rahmen der folgenden Seiten problemlos meistern werden.

5.4 Der Zugriff von außen

Jeder Anwender kann seinen Heimnetzrouter so konfigurieren, dass er auch vom Internet aus auf diesen Router und von dort aus auf ein beliebiges Gerät im

Heimnetz zugreifen kann. Auf den folgenden Seiten werde ich Ihnen zeigen, wie Sie vom Browser eines beliebigen Rechners im Internet aus auf eine Netzwerk- oder IP-Kamera in Ihrem Heimnetz zugreifen können.

Vorüberlegungen

Alles, was Sie hierzu benötigen, ist eine halbwegs moderne IP-Kamera, für die Sie nicht einmal 100 Euro investieren müssen. Den Rest hat jeder Nutzer eines breitbandigen Onlinezugangs bereits zu Hause. Dazu gehören:

- ein Heimnetzrouter,
- eine fertig installierte IP-Kamera, die über eine vom Heimnetzrouter zugewiesene IP-Adresse verfügbar ist (siehe die Abschnitte »Die IP-Kamera im Heimnetz« und »Schneller Zugriff im Heimnetz« weiter oben) sowie
- ein breitbandiger Onlinezugang (z. B. DSL oder Kabel) mit Flatrate.

Das sind eigentlich alle erforderlichen Hardwarevoraussetzungen. Was Sie jetzt noch in Eigenarbeit bewerkstelligen müssen, damit der Zugriff schließlich funktioniert, hat zunächst einmal relativ wenig mit der IP-Kamera selbst zu tun, sondern vielmehr mit Ihrem Router.

Um von außen auf Ihre Netzwerkkamera zugreifen zu können, müssen Sie zunächst eine Verbindung zum Router Ihres Heimnetzes herstellen. Denn der Router ist als einziges Gerät in Ihrem Heimnetz direkt mit dem Internet verbunden und regelt die Verteilung des Internetzugangs auf alle daran angeschlossenen Geräte.

Die öffentliche IP-Adresse des Heimnetzrouters

Sie benötigen folglich zunächst die sogenannte öffentliche IP-Adresse Ihres Routers. Der Router erhält diese öffentliche IP-Adresse von Ihrem Provider, nachdem er sich über die Zugangsdaten angemeldet hat.

Erst mit dieser öffentlichen IP-Adresse wird der Router Teil des Internets und kann allen an ihn angeschlossenen Heimnetzgeräten den Zugang ins Internet ermöglichen.

Die öffentliche IP-Adresse, unter der ein Router aktuell im Internet angemeldet ist, findet sich im Statusfenster des Routermenüs. Bei den FRITZ!Box-Routermodellen von AVM finden Sie diese Statusinformation gleich im Startfenster unter *Übersicht*.

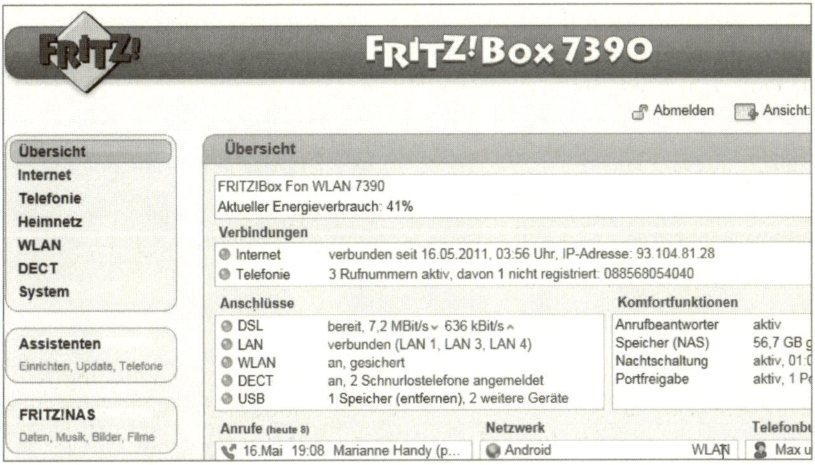

Bild 5.16: Im Bereich unter *Verbindungen* in der ersten Zeile ganz rechts erscheint die IP-Adresse, unter der der FRITZ!Box-Router im Internet erreichbar ist.

Doch bei nahezu jedem privaten Onlinezugang, auch oder gerade wenn es sich dabei um einen Flatrate-Tarif handelt, ändert sich die öffentliche IP-Adresse des Routers alle 24 Stunden.

Dynamische öffentliche IP-Adresse

Denn nahezu alle privaten Breitbandzugänge besitzen eine sogenannte dynamische IP-Adresse. Achtung: Bitte verwechseln Sie diesen Ausdruck nicht mit der dynamischen Vergabe von IP-Adressen durch den DHCP-Server im Heimnetzrouter (siehe den Abschnitt »Feste oder dynamische IP-Adresse« unter »Schneller Zugriff im Heimnetz« weiter oben).

Dynamisch bedeutet in diesem Fall, dass der Onlineprovider automatisch einmal täglich die Verbindung zum Heimnetzrouter kurz unterbricht.

Diese Unterbrechung erfolgt in der Regel nachts, und der Anwender bekommt meist nichts davon mit. Doch sobald sich der Router nach dieser Trennung neu ins Internet einwählt, erhält er automatisch auch eine neue IP-Adresse.

Diese neue IP-Adresse unterscheidet sich dabei immer von der alten IP-Adresse, unter der der Router vor der Trennung erreichbar war.

Vermutlich erkennen Sie bereits das Problem: Wer von außerhalb auf sein Heimnetz zugreifen möchte, müsste sich folglich jeden Morgen seine aktuelle IP-Adresse aus dem Statusmenü der Routeroberfläche notieren. Das ist äußerst umständlich.

Und sind Sie einmal länger als 24 Stunden nicht zu Hause, haben Sie auch keine Chance mehr, Ihren Router zu erreichen, da Sie ja unmöglich wissen können, welche neue IP-Adresse dieser von Ihrem Provider erhalten hat.

DynDNS als »Rettungsdienst«

Glücklicherweise gibt es Anbieter im Internet, die einen nützlichen Dienst namens »Dynamic DNS« oder zu Deutsch »dynamisches DNS« anbieten. Die Abkürzung DNS steht dabei für »Domain Name Service«, wobei es sich hier um den Dienst handelt, der kryptische IP-Adressen in die für Menschen meist besser verständlichen Webadressen umwandelt.

Der Dienst Dynamic DNS wiederum sorgt dafür, dass Sie Ihren Router immer über eine gleichbleibende Webadresse erreichen können – egal wie seine aktuelle IP-Adresse lautet.

Die erforderlichen Zugangsdaten für den Dienst Dynamic DNS werden direkt in den Router eingetragen. Erfreulicherweise unterstützen inzwischen alle namhaften Router für das Heimnetz diese wichtige Funktion.

5.5 Kostenloses DynDNS-Konto anlegen

Die Einrichtung von dynamischem DNS zeigen wir im Folgenden am Beispiel eines in Deutschland weit verbreiteten FRITZ!Box-Modemrouters. Allerdings lässt sich unsere Anleitung auch auf jeden alternativen Heimnetzrouter übertragen, der die entsprechende Funktion unterstützt.

Im Zweifelsfall ziehen Sie das Handbuch Ihres Routers zurate und schlagen im Index unter dem Stichwort »Dynamic DNS« nach. Bevor Sie aber Eintragungen im Router vornehmen, besorgen Sie sich zunächst ein kostenloses Konto bei einem Dynamic-DNS-Service.

Kostenloses Konto bei DynDNS einrichten

Denn bevor sich der Dynamic-DNS-Dienst im Router aktivieren lässt, benötigen Sie zunächst einmal ein kostenloses Konto, zum Beispiel beim englischsprachigen Anbieter DynDNS.

Hier können Sie sich eine sogenannte Subdomain registrieren, unter der Sie dann später Ihren Router bzw. Ihre Netzwerkkamera immer erreichen können – ohne die aktuelle, täglich wechselnde IP-Adresse Ihres Routers kennen zu müssen.

1 **DynDNS im Browser aufrufen**
Wechseln Sie hierzu im Browser zunächst auf die Webseite *www.dyndns.com* und klicken Sie oben rechts im schwarzen Register auf den linken Eintrag *DNS & Domains.*

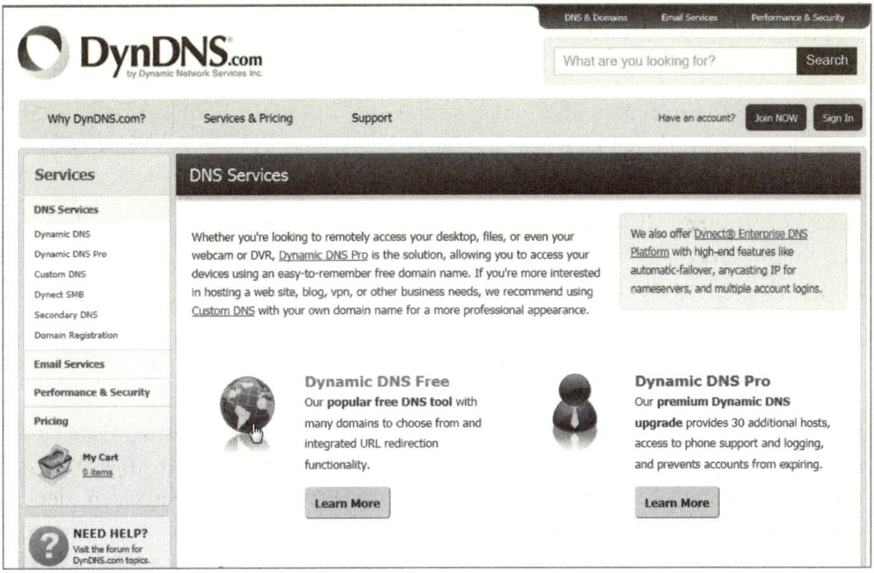

Bild 5.17: Die Website DynDNS.com bietet einen kostenlosen dynamischen DNS-Service, der Ihnen im weiteren Verlauf den Zugriff auf Ihr Heimnetz von außen erheblich erleichtert.

Im folgenden Fenster erscheint der Bereich *DNS Services*. Klicken Sie hier nun auf den Link *Dynamic DNS Free*, der sich direkt rechts neben dem Symbol mit dem Globus befindet.

Im folgenden Fenster *Dynamic DNS Free* erscheint jetzt unter *Capabilities and Features* eine Auflistung aller Funktionen und Eigenschaften, die in dem kostenlosen Dienst enthalten sind.

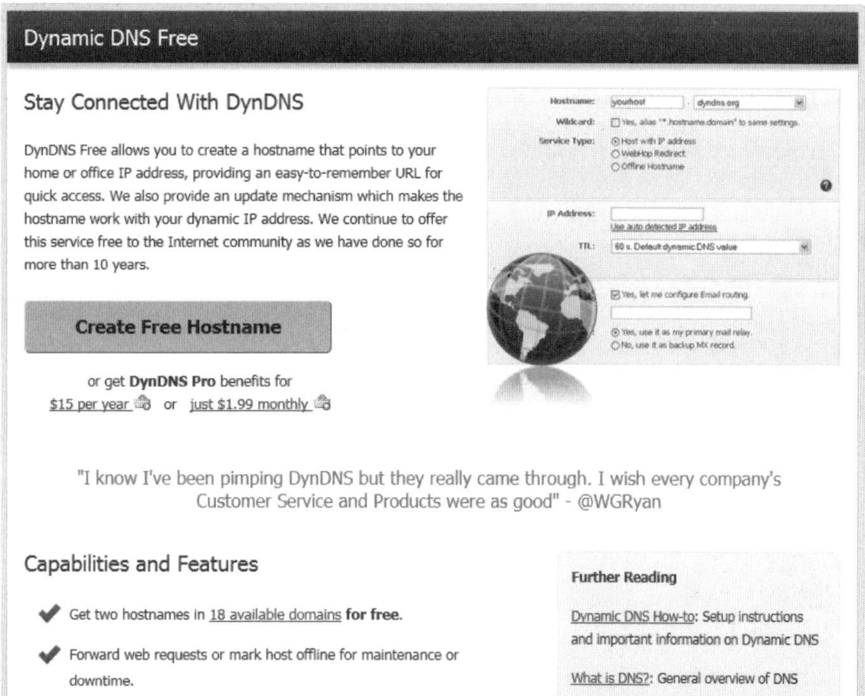

Bild 5.18: Hier finden Sie noch einmal alle Vorzüge und Funktionen Ihres kostenlosen Kontos übersichtlich zusammengefasst.

Haben Sie alles durchgelesen, beginnen Sie nun mit dem Anlegen Ihres DynDNS-Kontos (Accounts), indem Sie auf die blaue Schaltfläche *Create Free Hostname* klicken.

2 Hostnamen für DynDNS eintragen

Sie befinden sich nun im Fenster *Add New Hostname.* Im ersten Eingabefeld direkt rechts neben *Hostname* suchen Sie sich zunächst den ersten Teil Ihres Hostnamens (Webadresse) aus, mit dem Sie dann später über die Adressleiste des Browsers direkten Zugriff auf Ihren Router – oder die Netzwerkkamera dahinter – erhalten werden.

Ich empfehle Ihnen, hier einen möglichst ausgefallenen Namen ohne Großbuchstaben, Sonderzeichen oder Leerzeichen zu verwenden.

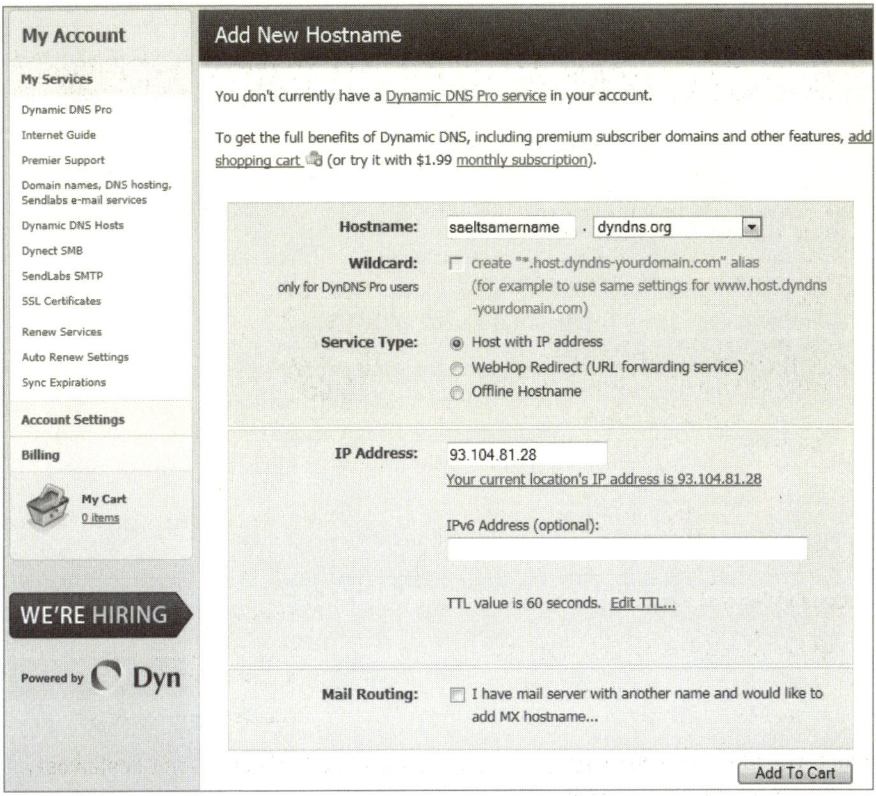

Bild 5.19: Wählen Sie als *Hostname* eine ausgefallene Subdomain (erstes Eingabefeld) und als Domain im Drop-down-Menü rechts daneben den Eintrag *dyndns.org*.

Den hinteren oder zweiten Teil Ihres Hostnamens, der auch als »Domain« bezeichnet wird, können Sie über ein Drop-down-Menü Ihren Wünschen anpassen. Ich empfehle Ihnen allerdings, hier die Domain *dyndns.org* zu wählen. Bei manchen Routern sind nämlich die Domains für DynDNS-Dienste fest vorgegeben – und *dyndns.org* als bekannteste Domain für dynamisches DNS steht in jedem Router zur Auswahl.

Die beiden folgenden Optionen *Wild Card* und *Service Type* belassen Sie in den Voreinstellungen.

Auch in das Eingabefeld rechts neben *IP-Address* tragen Sie zunächst nichts ein. Klicken Sie stattdessen auf den blauen Link *Your current location's IP address is …* direkt darunter. Und schon wird die öffentliche IP-Adresse Ihres Routers (in diesem Beispiel *93.104.81.28*) in das Feld übernommen.

Den optionalen Eintrag zu IPv6 direkt darunter sparen Sie sich ebenfalls. Damit haben Sie den ersten Teil der DynDNS-Registrierung bereits abgeschlossen und sind stolzer Besitzer eines Hostnamens. In diesem Beispiel lautet er *saeltsamername.dyndns.org*

Bei Ihnen sollte die Subdomain – das ist der Teil links vom ersten Punkt (hier *saeltsamername*) – jedoch unbedingt anders lauten.

Der Grund: Ist der von Ihnen gewählte Hostname bereits an einen anderen DynDNS-Nutzer vergeben, müssen Sie nach einem neuen Namen suchen, der noch nicht belegt ist. Wählen Sie deshalb eine möglichst ausgefallene Buchstabenkombination, die nicht im Wörterbuch steht. Im Anschluss klicken Sie unten rechts auf die Schaltfläche *Add To Cart.*

3 Username eintragen

Sie befinden sich nun im Fenster *Shopping Cart.* Doch keine Bange, Sie müssen hier nichts kaufen. Scrollen Sie auf der Seite etwas herunter bis zum Bereich unter der Überschrift *Create Account or log in to continue checkout.*

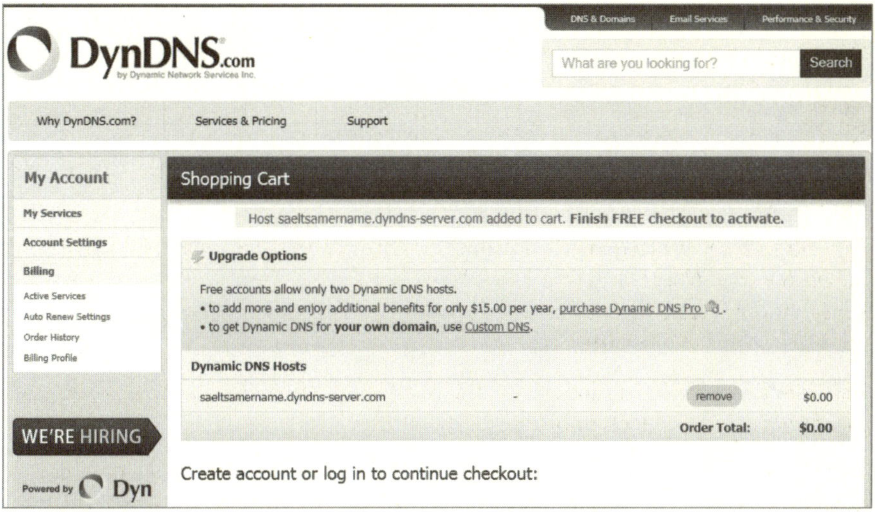

Bild 5.20: Im Fenster *Shopping Cart* müssen Sie nichts kaufen, der für Sie interessante Bereich befindet sich im unteren Bereich des Fensters.

Unter *Username* geben Sie zunächst erneut einen möglichst ausgefallenen Namen ein. Hierbei handelt es sich um den zukünftigen Benutzernamen, mit dem Sie sich (oder Ihren Router) später beim DynDNS-Dienst anmelden. Aus Sicherheitsgründen sollten Sie dabei nicht denselben Begriff verwenden, den kurz zuvor als Subdomain für Ihren Hostnamen angegeben haben.

Um bei meinem Beispiel zu bleiben: Ich werde meinen Hostnamen *saeltsamername* also nicht auch als Username angeben, sondern einen anderen Namen verwenden (z. B. *irgendeinausgefallenername*).

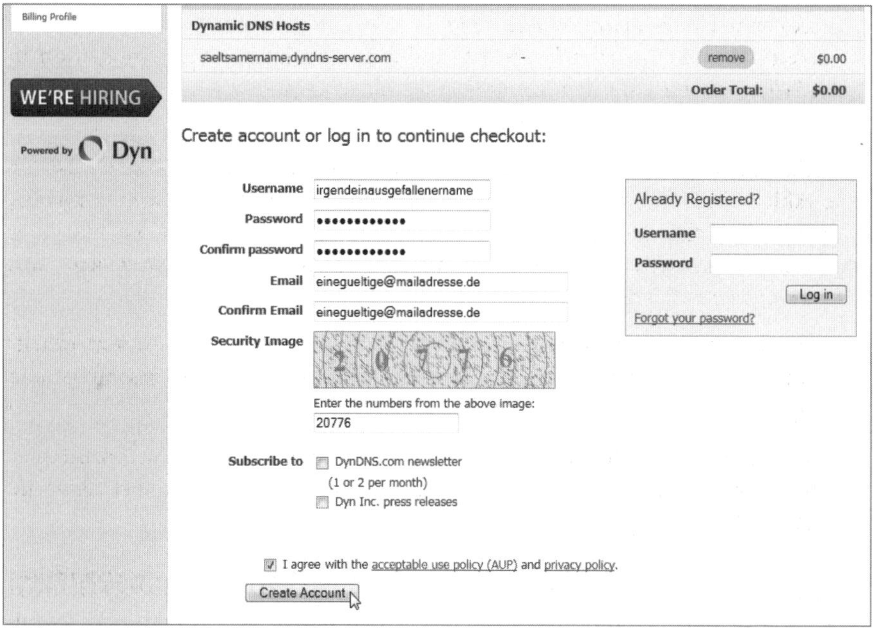

Bild 5.21: Wählen Sie unter *Username* einen möglichst ausgefallenen Benutzernamen für Ihr DynDNS-Konto.

Auch hier sollten Sie, wenn möglich, einen Fantasienamen wählen, der nicht im Wörterbuch steht. Bedenken Sie, dass in diesem kostenlosen Dienst, der von sehr vielen Anwendern genutzt wird, bereits zahlreiche gängige Namen vergeben sind. Achtung: Verwenden Sie auch für den Usernamen keine Sonder- und Leerzeichen und auch keine Umlaute wie ä, ö oder ü.

4 Sicheres Passwort und gültige E-Mail-Adresse

Wählen Sie nun ein mindestens zehnstelliges Passwort für den Zugang zu Ihrem DynDNS-Account. Dieses Passwort tragen Sie einmal in das Eingabefeld *Password* und ein zweites Mal in das Eingabefeld bei *Confirm password* ein. Notieren Sie sich sowohl das Passwort als auch Ihren Usernamen auf einem Zettel.

Tragen Sie dann zweimal hintereinander Ihre gültige E-Mail-Adresse ein. An diese E-Mail-Adresse wird Ihnen DynDNS später eine Mail mit einem Freischaltungslink für Ihr DynDNS-Konto schicken. Deshalb muss es sich dabei unbedingt um eine gültige E-Mail-Adresse handeln.

⑤ Konto erstellen in mehreren Anläufen

Tragen Sie unter *Security Image* die im Bild angezeigte Zahlenkombination in das Feld darunter ein und setzen Sie einen Haken vor *I agree with the acceptable use policy (AUP) and privacy policy.*

Klicken Sie dann unten links auf die graue Schaltfläche *Create Account.* Ist Ihr gewählter Benutzername bereits an einen anderen DynDNS-Nutzer vergeben, springt die Seite zum Eingabefeld *Username* zurück und weist Sie mit roter Schrift darauf hin, dass dieser Username bereits existiert (*User with this Username already exists*).

Sie müssen sich einen neuen Benutzernamen ausdenken, das Passwort erneut zweimal eingeben und auch die Zahlenkombination der Sicherheitsabfrage neu eintippen.

Ist der gewählte Username noch nicht vergeben und haben Sie auch sonst alles richtig gemacht, erscheint schließlich nach einem Klick auf *Create Account* die folgende Bestätigung:

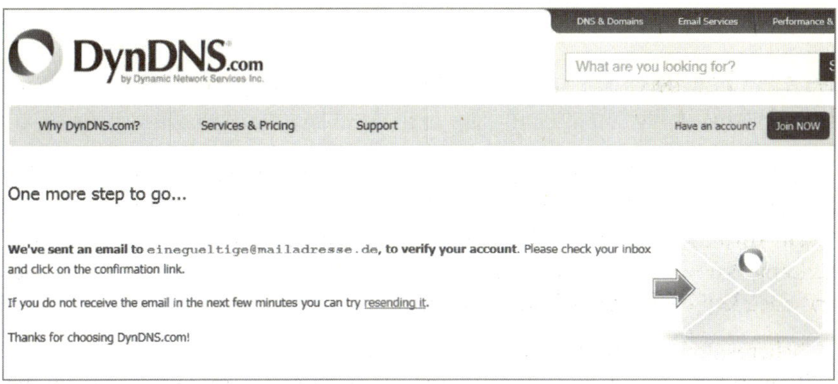

Bild 5.22: Geschafft: Ihr Account (Konto) bei DynDNS ist angelegt.

⑥ DynDNS-E-Mail innerhalb von 24 Stunden bestätigen

In den folgenden Stunden schickt Ihnen DynDNS an Ihre zuvor angegebene E-Mail-Adresse eine Bestätigungsmail, die einen *https://*-Link enthält. Diesen Link müssen Sie innerhalb von 48 Stunden anklicken, sonst wird das soeben angelegte Konto bei DynDNS automatisch wieder gelöscht.

(7) **Auf den Spamordner achten**
Da Sie vermutlich noch nie eine E-Mail von DynDNS erhalten haben und diese Mail zudem noch einen Link auf eine Website enthält (Verdacht auf eine Phishing-Mail), kann es gut sein, dass Ihr E-Mail-Programm (MS-Outlook, Windows Mail, Mozilla Thunderbird etc.) die DynDNS-Nachricht direkt in den Spam- oder Junk-E-Mail-Ordner packt. Werfen Sie deshalb auch einen Blick in diese Ordner, sollte die Mail nicht im Posteingang erscheinen.

5.6 DynDNS-Daten in den Router eintragen

Im Anschluss tragen Sie Ihre neue DynDNS-Domain inklusive Benutzername und Passwort in die Benutzeroberfläche Ihres Routers ein. Auf diese Weise können Sie später Ihren Router direkt von einem beliebigen Rechner aus dem Internet erreichen.

DynDNS in die FRITZ!Box eintragen

Da die FRITZ!Box-Modelle von AVM in Deutschland sehr weit verbreitet sind, beschreiben wir den Eintrag von DynDNS zunächst anhand eines FRITZ!Box-Modemrouters. Hierbei spielt es keine große Rolle, welches Modell Sie genau nutzen. Achten Sie nur darauf, dass Ihre Firmware einigermaßen aktuell ist. Das lässt sich bei Bedarf mit einem Klick sicherstellen.

(1) **DynDNS ist etwas für (die) Experten(-Ansicht)**
Die Einstellungen im Router für dynamisches DNS sind meist etwas versteckt. Bei den FRITZ!Box-Modellen von AVM beispielsweise müssen Sie hierzu zunächst die sogenannte Expertenansicht in der Benutzeroberfläche aktivieren – falls noch nicht geschehen.

Öffnen Sie also zunächst die Benutzeroberfläche Ihres FRITZ!Box-Routers, indem Sie einfach *fritz.box* in die Adresszeile Ihres Browsers eingeben und mit der [Enter]-Taste bestätigen. Eventuell müssen Sie jetzt noch das Passwort für den Zugang zur Routeroberfläche eingeben.

Bild 5.23: Wie im Menü oben rechts zu sehen, ist hier noch die *Ansicht Standard* aktiviert. Das müssen Sie für den Eintrag der DynDNS-Daten ändern.

Den Link zur Standard- oder Expertenansicht finden Sie gleich oben rechts im Startfenster des Routermenüs. Lautet der Eintrag hier *Ansicht Experte*, müssen Sie nichts ändern. Lautet er jedoch *Ansicht Standard* (siehe Abbildung), klicken Sie zunächst auf eben dieses Wort *Ansicht*, denn dabei handelt es sich um einen Link.

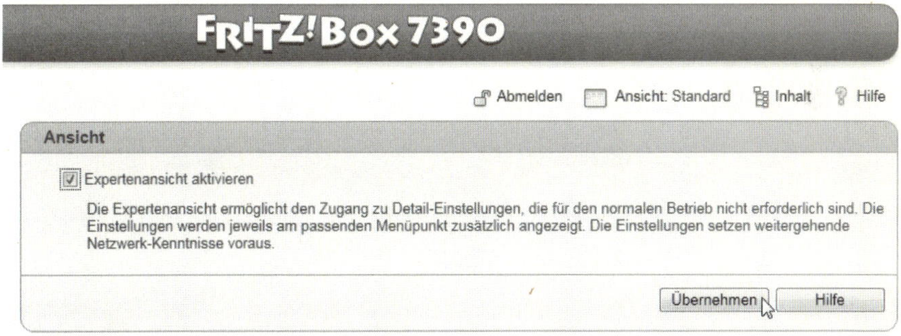

Bild 5.24: In der Expertenansicht können Sie alle nötigen Einstellungen für den Fernzugriff auf die FRITZ!Box vornehmen.

Gleich anschließend setzen Sie im folgenden Fenster ein Häkchen vor *Expertenansicht aktivieren*. Bestätigen Sie die geänderte Einstellung mit einem Klick auf *Übernehmen*.

2 DynDNS-Daten korrekt in die FRITZ!Box eintragen

Gehen Sie nun im Menü am linken Rand auf den Eintrag *Internet* und anschließend in das Untermenü *Freigaben.* Im Bereich rechts erscheinen nun verschiedene Registerkarten. Klicken Sie auf die Registerkarte *Dynamic DNS.* Um überhaupt Eintragungen in diesem Bereich vornehmen zu können, setzen Sie zunächst einen Haken vor *Dynamic DNS benutzen.*

Nun benötigen Sie den Zettel, auf dem Sie sich Ihren Hostnamen, Ihren Benutzernamen (*Username*) und Ihr Passwort für Ihr eigenes DynDNS-Konto notiert haben. Die folgende Abbildung zeigt, wie der Eintrag anhand meiner beispielhaften DynDNS-Meldung aus dem Abschnitt »Kostenloses DynDNS-Konto anlegen« weiter oben lauten müsste:

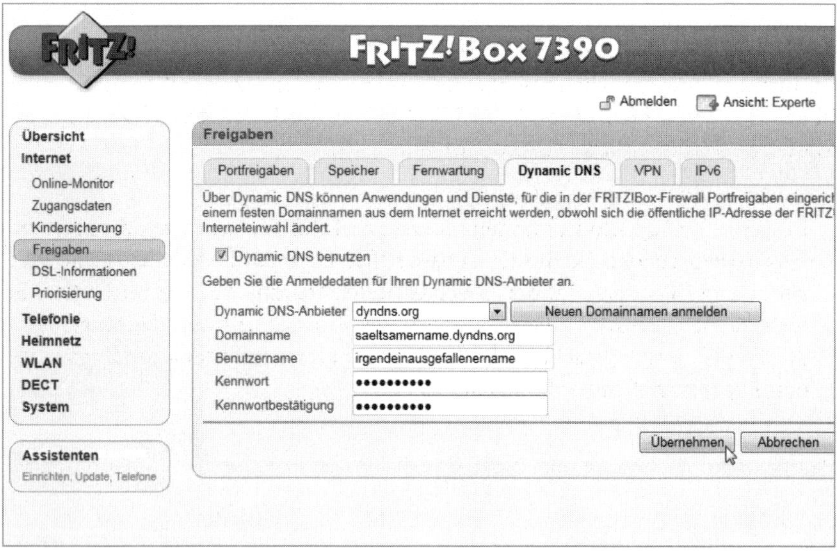

Bild 5.25: Hier tragen Sie die vollständigen Zugangsdaten für Ihren DynDNS-Zugang ein. Die hier abgebildeten Angaben sind nur beispielhaft. Sie verwenden selbstverständlich Ihre eigenen Daten.

- Im Drop-down-Menü unter *Dynamic DNS-Anbieter* wählen Sie die Option *dyndns.org.*

- In das Eingabefeld *Domainname* tragen Sie Ihren unter DynDNS gewählten kompletten Hostnamen ein. In meinem Beispiel würde der korrekte Eintrag lauten: *saeltsamername.dyndns.org.*

  Sie selbst tragen hier natürlich Ihren eigenen Hostnamen ein.

- In das Eingabefeld bei *Benutzername* tragen Sie den *Username* ein, den Sie für Ihr DynDNS-Konto vergeben haben. In diesem Beispiel lautet der Benutzer-/Username: *irgendeinausgefallenername.*

- Unter *Kennwort* und *Kennwortbestätigung* tragen Sie schließlich je einmal Ihr Passwort ein, das Sie für Ihr DynDNS-Konto vergeben haben. Mit einem Klick auf *Übernehmen* schließen Sie den Vorgang ab.

DynDNS in einen alternativen Router eintragen

Da in Deutschland nicht ausschließlich AVM-Router eingesetzt werden, zeige ich Ihnen das Einrichten eines DynDNS-Zugangs noch anhand eines alternativen Routermodells der Marke Linksys by Cisco.

1. **Benutzeroberfläche aufrufen**
   In einem Linksys-Router finden Sie die DynDNS-Einstellungen ebenfalls in der Benutzeroberfläche des Routers. Diese rufen Sie in der Regel über die interne IP-Adresse des Routers auf, die in der Grundeinstellung *192.168.1.1* lautet. Geben Sie diese IP-Adresse in die Adresszeile des Browsers ein und bestätigen Sie mit der [Enter]-Taste. Anschließend benötigen Sie Benutzername und Passwort für den Zugang zur Routeroberfläche.

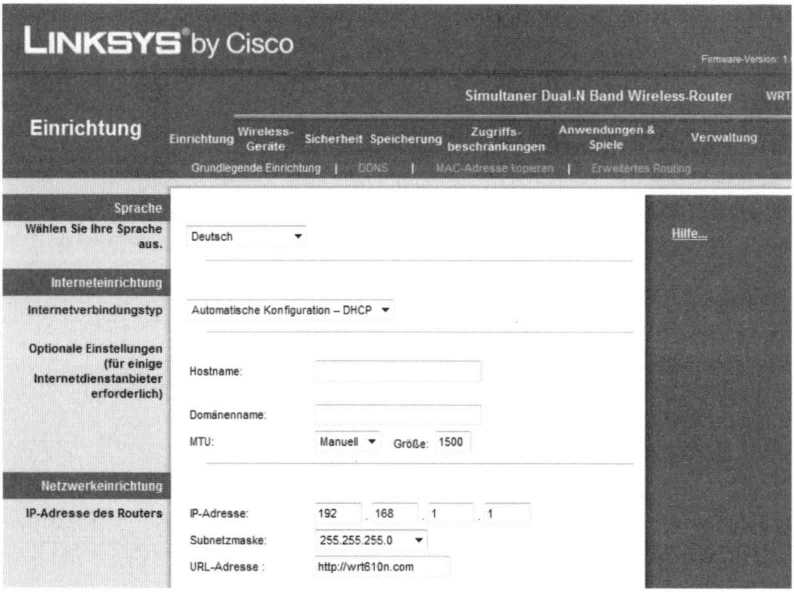

Bild 5.26: Die Benutzeroberfläche eines Linksys-by-Cisco-Routers unterscheidet sich ganz erheblich von der einer AVM FRITZ!Box.

2 DynDNS-Daten korrekt in den Linksys-Router eintragen

Klicken Sie nun in der Kopfleiste im voreingestellten Bereich *Einrichtung* auf das Untermenü *DDNS* und setzen Sie das aktuell noch deaktivierte Drop-down-Menü auf die Option *DynDNS.org*.

Halten Sie jetzt den Zettel mit Ihren DynDNS-Zugangsdaten bereit. Hier tragen Sie nun der Reihe nach folgende Daten ein:

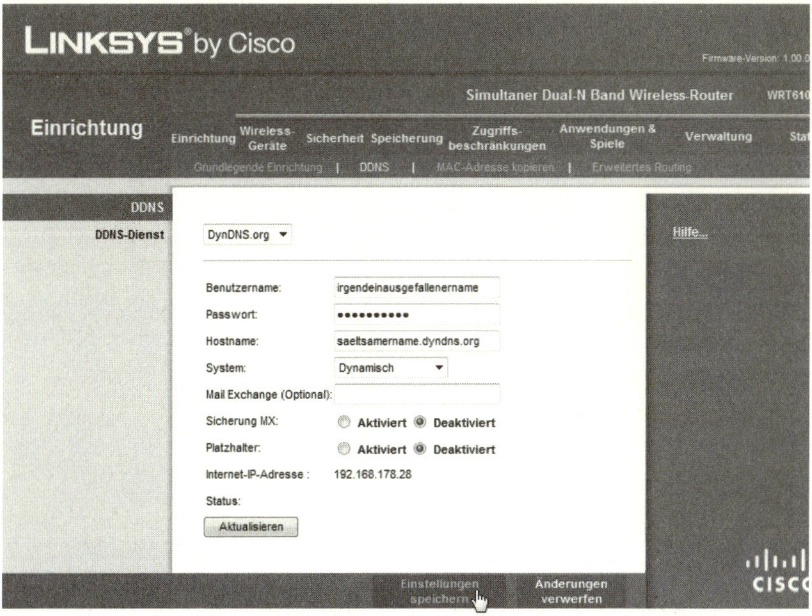

Bild 5.27: So fügen Sie Ihre DynDNS-Daten in einen Linksys-by-Cisco-Router ein.

- In das Eingabefeld bei *Benutzername* tragen Sie den *Usernamen* ein, den Sie für Ihr DynDNS-Konto vergeben haben. In diesem Beispiel lautet der Benutzer-/ Username *irgendeinausgefallenername.*
- Unter *Passwort* tragen Sie Ihr Passwort ein, das Sie für Ihr DynDNS-Konto vergeben haben.
- In das Feld neben *Hostname* tragen Sie Ihren vollständigen Hostnamen ein, den Sie sich bei DynDNS.org herausgesucht haben. In meinem Beispiel würde der korrekte Eintrag lauten: *saeltsamername.dyndns.org.*
- Alle folgenden Einstellungsmöglichkeiten lassen Sie unberührt. Gehen Sie schließlich auf *Einstellungen speichern*, um Ihre Änderungen zu übernehmen.

Nun ist der Router erreichbar – aber er lässt keinen rein

Wenn Sie jetzt im Browser eines beliebigen Onlinerechners Ihren Hostnamen als Webadresse eingeben, wird ein erster Verbindungsversuch zu Ihrem Router gestartet. In meinem Beispiel lautet diese Adresse *http://saeltsamername.dyndns.org.*

Bild 5.28: Momentan sind Ihr Router und ebenso alle Geräte, die sich »hinter« ihm im Heimnetz befinden, noch nicht von außen über Ihren DynDNS-Hostnamen erreichbar.

Allerdings wird Ihr Router momentan noch alle Verbindungsversuche von außerhalb kategorisch ablehnen. Denn schließlich gehört das zu seinen wichtigsten Aufgaben: Der Router und seine (Hardware-)Firewall sorgen nämlich dafür, dass Ihr Heimnetz von der Internetseite aus nicht zugänglich, ja sogar komplett abgeschottet ist.

Der folgende Schritt beschreibt nun, wie Sie Ihren Router mithilfe einer sogenannten Portweiterleitung doch dazu bringen, Sie mit einem beliebigen Netzwerkgerät im Heimnetz hinter dem Router zu verbinden.

5.7 Die Weiterleitung vom Router auf die Kamera

Grundsätzlich schirmt ein Router alle an ihn angeschlossenen Geräte im Heimnetz vor Zugriffen aus dem Internet ab. Mithilfe einer sogenannten Portweiterleitung lässt sich diese Einstellung jedoch für einzelne Geräte umgehen. Im Folgenden soll der Router so eingerichtet werden, dass er eine Browseranfrage an Ihre DynDNS-Domain direkt an die IP-Kamera im Heimnetz weiterleitet. So erhalten Sie einen komfortablen Zugriff auf Ihre Kamera, indem Sie einfach nur Ihre DynDNS-Webadresse über den Browser eines beliebigen Onlinerechners aufrufen.

Interne IP-Adresse der Netzwerkkamera ermitteln

Um die Portweiterleitung einzurichten, benötigen Sie zunächst die interne IP-Adresse der Kamera im Heimnetz.

1 Setup-Tool der Kamera

Ist Ihre Kamera im Heimnetz installiert und Sie wissen ihre interne IP-Adresse nicht, greifen Sie vermutlich über ein mitgeliefertes Tool auf die Kamera zu. In den Setup-Einstellungen dieses Tools finden Sie in der Regel auch die aktuelle IP-Adresse Ihrer Kamera. In der Abbildung lautet sie beispielsweise *192.168.1.102.*

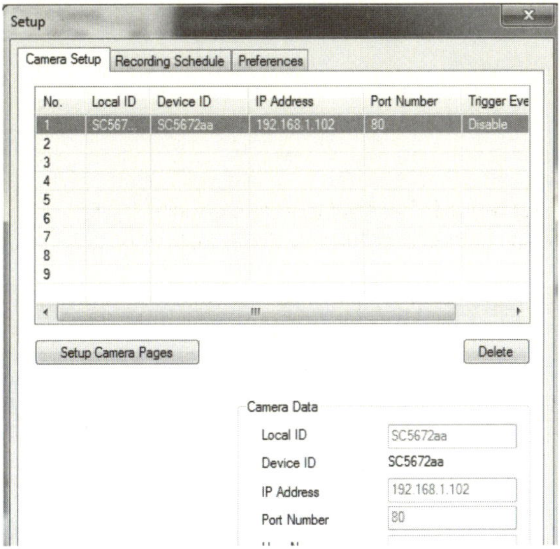

Bild 5.29: Jedes mitgelieferte Tool einer Netzwerkkamera bietet auch Zugriff auf die interne IP-Adresse der Kamera.

2 Netzwerkinfo im Router

Sämtliche IP-Adressen aller Netzwerkgeräte, die aktuell mit Ihrem Router verbunden sind, finden Sie auch in der Benutzeroberfläche Ihres Routers.

Bei AVM-FRITZ!Box-Routern wechseln Sie hierzu in das Verzeichnis *Heimnetz/Netzwerk.* Auf der Registerkarte *Geräte und Benutzer* sind alle Teilnehmer im Heimnetz samt der zugehörigen internen IP-Adresse aufgelistet. Hier sollten Sie auch Ihre Netzwerkkamera samt IP-Adresse ausfindig machen.

Bild 5.30: FRITZ!Box-Router listen auch die Geräte auf, die momentan nicht mit dem Heimnetz verbunden oder ausgeschaltet sind.

③ Stimmt die IP-Adresse?

Sind Sie wirklich sicher, dass die IP-Adresse, die Sie soeben ermittelt haben, auch wirklich zu Ihrer IP-Kamera gehört? Prüfen Sie es nach, bevor Sie mit einer falschen Adresse weiterarbeiten. Geben Sie die IP-Adresse einfach in die Adresszeile Ihres Browsers ein und bestätigen Sie mit der Eingabe-Taste.

Jetzt sollte sich die Benutzeroberfläche Ihrer Kamera (oder zumindest die Passwortabfrage zur Benutzeroberfläche) im Browserfenster öffnen. Falls ja, notieren Sie sich die IP-Adresse Ihrer Kamera im Heimnetz – oder kopieren Sie sie direkt aus der Adresszeile im Browser in die Zwischenablage.

Portweiterleitung im Router eintragen

In diesem Schritt tragen Sie nun eine Portweiterleitung oder Portfreigabe in Ihren Router ein. Bevor Sie diese Einstellung vornehmen, prüfen Sie noch einmal, ob die Benutzeroberfläche zu Ihrer Internetkamera auch tatsächlich durch ein sicheres Zugangspasswort geschützt ist.

1 Die Portfreigabe in der FRITZ!Box

Öffnen Sie nun in Ihrem Routermenü die Einstellung für die Portfreigaben. Bei der FRITZ!Box finden Sie diese in der Rubrik *Internet.* Klicken Sie dort auf das Untermenü *Freigaben.*

Im Bereich rechts sollte nun die erste Registerkarte *Portfreigaben* gewählt sein. Wie Sie sehen, ist in der *Liste der Portfreigaben* aktuell noch kein Eintrag angelegt.

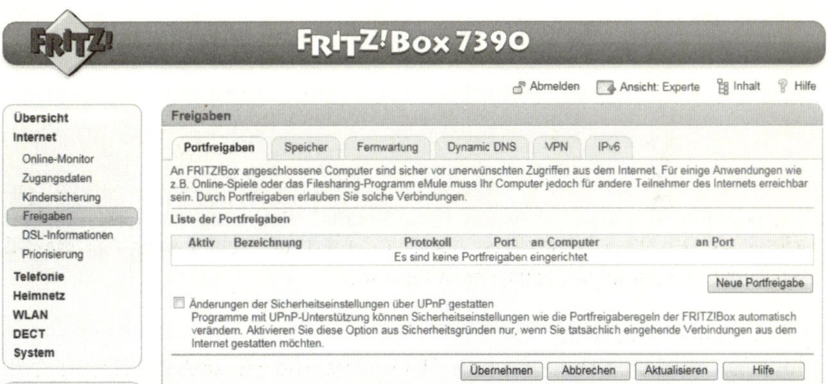

Bild 5.31: Sofern Sie selbst noch keine angelegt haben, ist die *Liste der Portfreigaben* leer.

2 Neue Portfreigabe anlegen

Klicken Sie am rechten Rand auf die Schaltfläche *Neue Portfreigabe.* Im folgenden Fenster wählen Sie im Drop-down-Menü neben *Portfreigabe aktiv für* die Einstellung *HTTP-Server.* Direkt darunter neben *an Computer* sollten Sie die interne IP-Adresse Ihrer Netzwerkkamera direkt aus dem Drop-down-Menü auswählen können. Der unterste Eintrag *an IP-Adresse* erfolgt dann automatisch. Vergleichen Sie diese ausgegraute IP-Adresse mit der IP-Adresse, die Sie sich zuvor notiert haben.

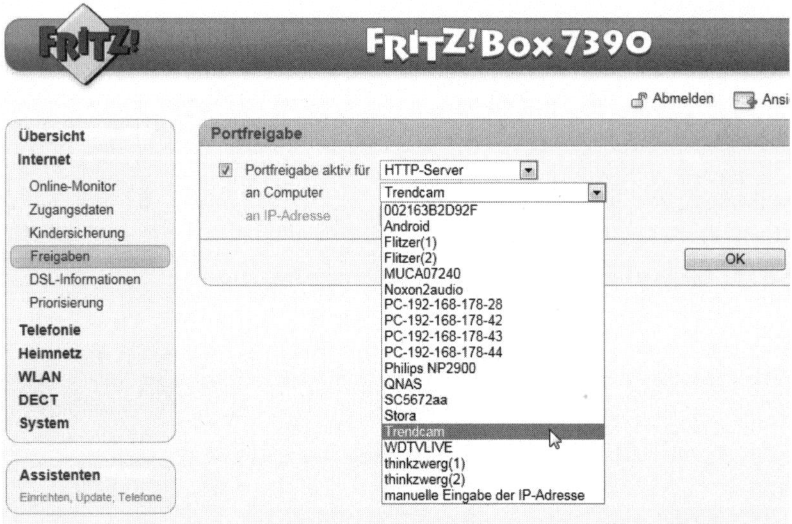

Bild 5.32: Die FRITZ!Box listet im Drop-down-Menü alle verfügbaren Netzwerkgeräte auf.

Sind Sie sich anhand der vorgegebenen Einträge nicht sicher, wählen Sie im Drop-down-Menü *an Computer* die unterste Einstellung *manuelle Eingabe der IP-Adresse* und tragen die IP-Adresse in das Eingabefeld neben *an IP-Adresse* direkt ein. Das Feld ist nun nicht mehr ausgegraut und lässt sich beschreiben.

Sind Ihre Einträge soweit korrekt, klicken Sie auf die Schaltfläche *OK*. Ihr neuer Eintrag erscheint nun in der *Liste der Portfreigaben*. Achten Sie darauf, dass das Häkchen unter *Aktiv* gesetzt ist, und bestätigen Sie gegebenenfalls noch einmal mit *Übernehmen*.

Möchten Sie Ihre Portfreigabe – aus welchen Gründen auch immer – vorübergehend ausschalten, sodass kein Zugriff von außen mehr erfolgen kann, müssen Sie nicht gleich die komplette Freigabe löschen. Entfernen Sie einfach den Haken unter *Aktiv* und bestätigen Sie mit *Übernehmen*.

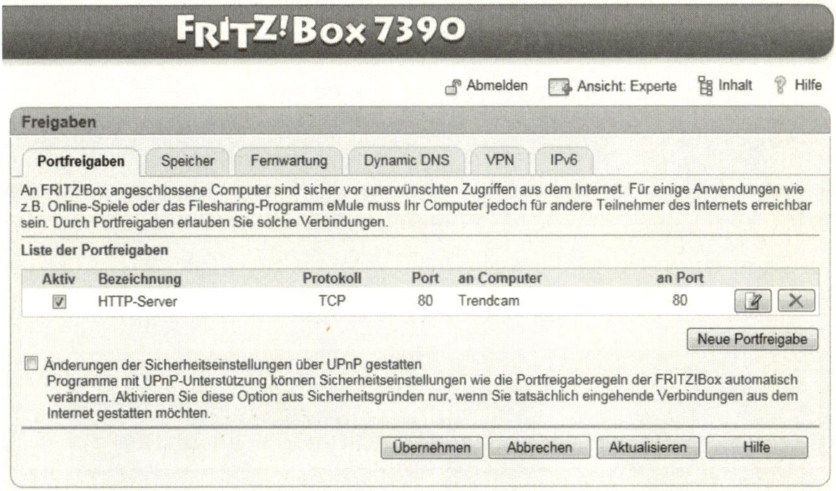

Bild 5.33: Gratulation: Jetzt ist Ihre IP-Kamera aus dem Internet unter Ihrer DynDNS-Adresse erreichbar.

③ Von jetzt an von überall erreichbar

Nun ist Ihre Kamera im Browser unter Ihrer DynDNS-Adresse von jedem Browser im Internet aus erreichbar. So sind Sie auch in Abwesenheit immer im Bilde, was bei Ihnen zu Hause passiert. Bitte beachten Sie jedoch, dass Sie Ihre Kamera keinesfalls zur heimlichen Überwachung von Mitbewohnern, Nachbarn etc. missbrauchen dürfen.

Privatsphäre beachten

Netzwerkkameras dürfen nicht eingesetzt werden, um andere Personen (Nachbarn, Passanten etc.) zu überwachen – auch nicht »versehentlich«. Richten Sie den Blickwinkel der Kamera ausschließlich auf Ihr eigenes, umfriedetes Grundstück aus und überwachen Sie weder die Haustür des Nachbarn noch das Treppenhaus oder den Hausflur eines Wohnblocks mit mehreren Mietparteien und ebenso wenig öffentlich zugängliche Grundstücke, Gehwege etc.

Vorsicht vor Beobachtern aus dem Internet

Haben Sie Ihre Kamera im Heimnetz über eine Portweiterleitung online verfügbar gemacht, kann theoretisch auch jeder Rechner im Internet darauf zugreifen und die Benutzeroberfläche des Heimnetzgeräts aufrufen.

Hinzu kommt, dass die meisten IP-Kameras fürs Heimnetz so voreingestellt sind, dass sie erst einmal jedem Anwender eine kostenlose und aktuelle Liveübertragung liefern, sobald dieser ihre DynDNS-Adresse im Browser aufruft.

Das Zugangspasswort wird erst abgefragt, wenn die zugreifende Person Änderungen in den Einstellungen der Kamera vornehmen möchte.

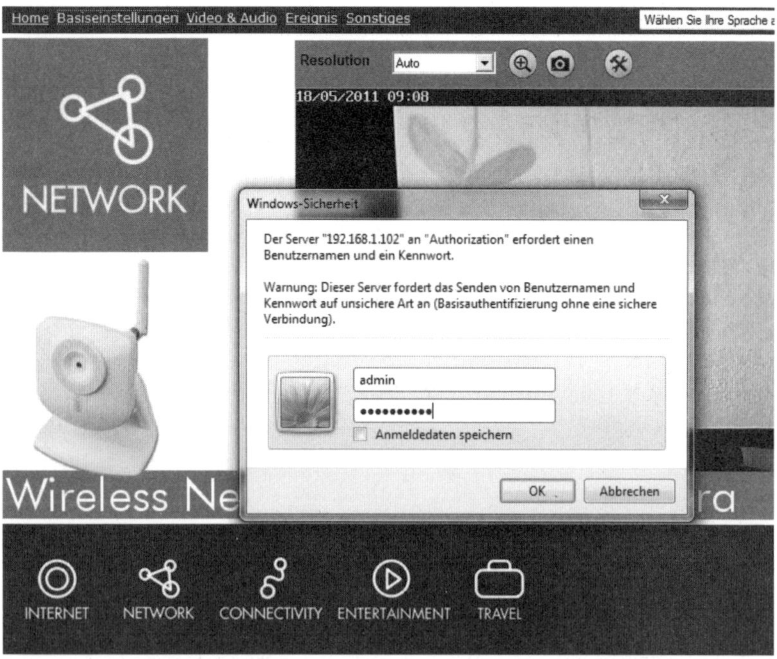

Bild 5.34: Wie hier deutlich zu sehen ist, sendet die Kamera ihr Livevideo bereits vor der Zugangspasswortabfrage.

Natürlich könnten Sie die Portweiterleitung auf Ihre Netzwerkkamera einfach wieder abschalten, indem Sie im Routermenü der FRITZ!Box unter *Internet/Freigabe/Portfreigaben* einfach den Haken in der Portfreigabenliste entfernen und mit *Übernehmen* bestätigen. Doch das ist sicher keine befriedigende Lösung, denn dann können ja auch Sie selbst nicht mehr von außen auf Ihre Kamera zugreifen.

Allgemeinen Livezugriff deaktivieren

Wenn Sie also verhindern möchten, dass jeder Onlinenutzer ohne Passwortzugang eine Liveübertragung Ihres Gartens, Eingangsbereichs, Ihres Kinderzimmers oder Ihres Tresors geliefert bekommt, sollten Sie diesen allgemeinen Liveübertragungsmodus, der oft auch als »Live View« bezeichnet wird, einschränken.

Die entsprechenden Einstellungen hierzu sind von Kamera zu Kamera unterschiedlich, und natürlich heißt diese Einstellung auch in jedem Gerät ein wenig anders. In der Regel findet sie sich jedoch in der (Nähe der) Benutzerkontenverwaltung.

Bild 5.35: So verhindern Sie bei diesem Kameramodell, dass jeder Internetnutzer ohne Passworteingabe live auf Ihre Videoübertragung zugreifen kann.

Bei Sitecom beispielsweise müssen Sie hierzu in den Bereich *Video/Audio* wechseln und anschließend auf die Registerkarte *Zugang*. Dort setzen Sie rechts neben *Benut-*

zerzugriff ein Häkchen vor *Sicherheitsüberprüfung aktivieren* und bestätigen mit *Speichern.*

Achtung!
Sobald Sie den allgemeinen Zugriff deaktiviert haben, können nur noch Sie selbst mit Ihrem Administratorkonto auf die Liveübertragung der Kamera samt Einstellungen zugreifen.

Sollen also noch weitere Personen Zugang zur Kamera erhalten, legen Sie zusätzliche Benutzer an.

Bild 5.36: In der englischsprachigen Benutzeroberfläche einer TrendNet-Kamera muss das Kästchen *Enable* neben *Direct Video Streaming Authentication* deaktiviert sein.

Kamerabenutzer anlegen

Die Anlage eines neuen Benutzers erfolgt in der Regel durch den Eintrag eines selbst gewählten Benutzernamens samt Passwort in der Benutzerverwaltung der Kamera. Sobald diese Neueinträge in der Kamera gespeichert sind, kann damit auf die Kamera zugegriffen werden.

Achten Sie jedoch darauf, dass Sie nicht allen Mitbenutzern volle Zugriffsrechte einräumen. Nicht jeder Benutzer sollte beispielsweise Einstellungen an der Netzwerkkamera verändern können. Für die meisten Benutzer sollte eigentlich der Zugriff auf den Livestream der Kamera genügen.

Die TrendNet-Kamera unterscheidet in *Administrator*, *General User* und *Guest*. Wenn Sie also möchten, dass ein Benutzer nur Zugriff auf den Livestream der Kamera hat, legen Sie ihn unter *Guest* an. Tragen Sie dort den Benutzernamen (*User Name*) sowie ein beliebiges Passwort ein und klicken Sie anschließend auf *Add/Modify*.

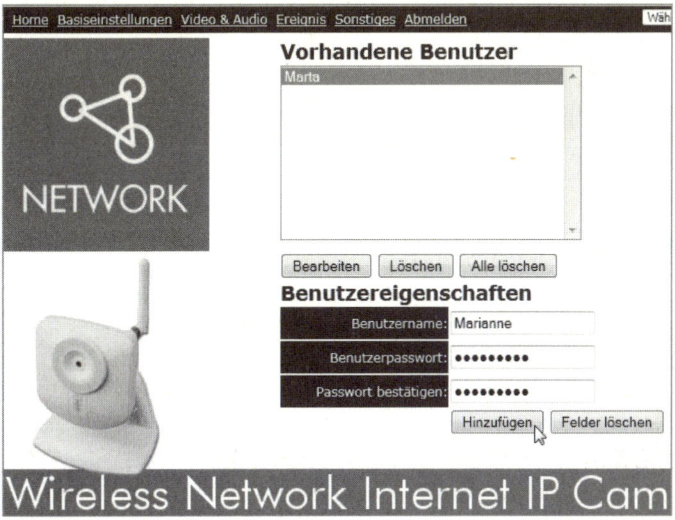

Bild 5.37: Bei dieser Netzwerkkamera von Sitecom haben alle angelegten Benutzer Zugriff auf den Livestream, jedoch nicht auf die Kameraeinstellungen. Letzteres darf nur der Administrator.

Im Fall der Sitecom-Netzwerkkamera lassen sich die Benutzerrechte nicht modifizieren. Hier erhält jeder neu angelegte Benutzer automatisch Gastrechte, kann also auf den Livestream zugreifen, jedoch nicht auf die Einstellungen der Kamera. Dieses Recht bleibt bei Sitecom ausschließlich dem Administrator vorbehalten.

Deshalb auch hier noch einmal die Warnung: Sichern Sie grundsätzlich alle Benutzerkonten, vor allem aber den Administratorzugang, zu Ihrer Netzwerkkamera unbedingt mit einem ausreichend starken Passwort ab. Das meist voreingestellte, manchmal aber auch gar nicht vergebene Administratorpasswort ersetzen Sie als Erstes.

Ansonsten kann jeder beliebige Internetnutzer, der Ihre DynDNS-Adresse kennt, auf die Benutzeroberfläche Ihrer Kamera zugreifen und erhält dadurch womöglich Einblick in Ihre Privatsphäre.

Das Administratorpasswort einer TrendNet-Kamera ändern Sie ganz normal in der Benutzereinstellung *Basic/User*, indem Sie ganz oben zweimal hintereinander das neue Passwort eingeben und auf *Modify* klicken.

Bei einer Sitecom-Kamera befinden sich die Administratoreinstellungen jedoch nicht in der Benutzerverwaltung, sondern unter *Sonstiges* (bzw. *Toolbox*) im Register *Basis*.

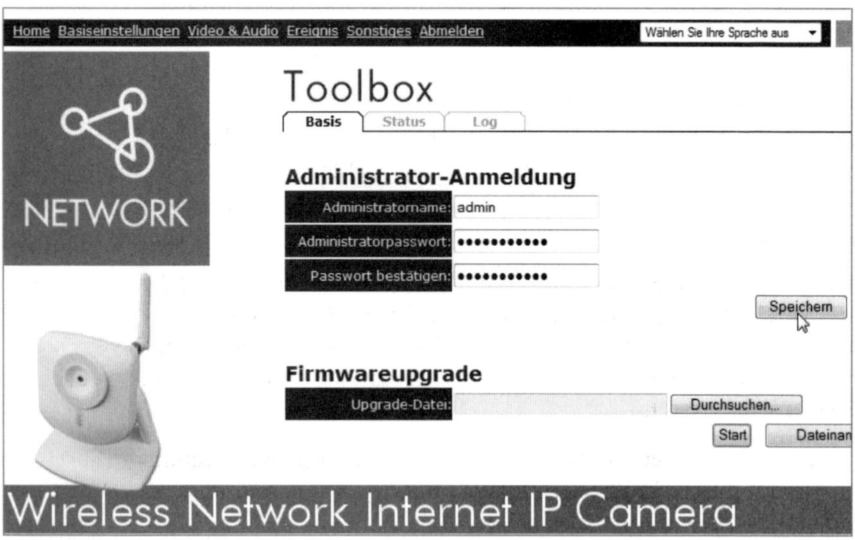

Bild 5.38: Hersteller Sitecom versteckt seine Administratoreinstellungen unter *Sonstiges* bzw. *Toolbox*.

Auch hieran ist wiederum klar ersichtlich, dass in Bezug auf Aufbau und Verteilung der verschiedenen Einstellungen und Funktionen jeder Hersteller sein eigenes Süppchen kocht. Sie werden also nicht darum herumkommen, sich mindestens einmal durch das komplette Einstellungsmenü hindurchzuklicken.

Worauf es mir ankommt, sind die besonders wichtigen Funktionen einer solchen Netzwerkkamera, deren Sinn und Zweck Sie als Anwender verstehen müssen. Sobald Sie das Grundprinzip einer Netzwerkkamerafunktion verstanden haben, lässt sich auch die Methode rasch durchschauen, mit der der Kamerahersteller diese Funktion umzusetzen versucht.

Dies gilt ganz besonders für die auf den ersten Blick komplizierte, jedoch eigentlich interessanteste Funktion einer Netzwerkkamera: die Bewegungserkennung.

5.8 Bewegungserkennung

Die ersten IP-Kameramodelle für den Privatanwender boten eine kontinuierliche Videoübertragung übers Netzwerk (Livestream), eine Benutzerverwaltung sowie diverse Einstellungen hinsichtlich der Videoqualität und einige Netzwerkeinstellungen. Besondere Zusatzfunktionen hatten diese Kameras in der Regel nicht.

Zuerst als Software auf dem PC

Den meisten Modellen lag eine Kamerasoftware bei, mit der sich bereits erste Überwachungsfunktionen durchführen ließen. Hierzu wertete die Software den Videostream der Kamera aus und konnte bei registrierten Änderungen im Videobild bestimmte Aktionen ausführen.

Wenn also eine Person durchs Bild läuft oder sich eine überwachte Tür öffnet, reagiert diese Software, indem sie zum Beispiel die folgenden zehn Sekunden des Kamera-Livestreams aufnimmt und als Videodatei auf der Festplatte des Rechners speichert oder eine E-Mail mit einem Foto der »Bewegung« an eine bestimmte Mailadresse versendet.

Der Nachteil an einer solchen softwareseitigen Bewegungserkennung liegt darin, dass hierzu immer ein PC oder Notebook eingeschaltet sein muss, auf dem diese Software installiert ist.

Bewegungserkennung in der Kamera

Inzwischen haben sich Netzwerkkameras für das Heimnetz weiterentwickelt. Nahezu alle Hersteller haben die Funktionen zur Bewegungserkennung bereits in die Kamera integriert. Somit können Sie alle notwendigen Einstellungen direkt in der Browseroberfläche der Kamera vornehmen, und die Kamera erledigt selbst all die Aufgaben, die zuvor ein PC mit Überwachungssoftware erledigen musste.

Damit ist jede Netzwerkkamera ein vollwertiges Überwachungsgerät. Einmal richtig eingestellt, erledigt sie ihren Dienst: vollautomatisch, rund um Uhr und ohne einen eingeschalteten PC.

Im Folgenden möchte ich Ihnen zunächst erklären, wie Sie grundsätzlich – also unabhängig vom eingesetzten Kameramodell – eine Bewegungserkennung in einer Netzwerkkamera einrichten. Im Anschluss daran werde ich Ihnen diese Einrichtung anhand verschiedener Kameramodelle demonstrieren.

Eine Bewegung wird registriert

Zunächst einmal muss die Kamera bzw. die Software in der Kamera überhaupt eine Bewegung als solche registrieren. Ganz einfach ausgedrückt, funktioniert dieser Vorgang, indem verschiedene Bildabfolgen miteinander verglichen werden. Ist die Abweichung zwischen diesen Bildern zu groß, registriert die Kamera diese Abweichung als Bewegung.

Sie selbst können nun einstellen, in welchem Bereich des Kamerabilds (also in welcher Überwachungszone) auf eine Bewegung reagiert werden soll und wie empfindlich die Kamera auf Bewegungen anschlagen soll.

Zur Regelung der Empfindlichkeit lässt sich ein Schwellenwert herauf- oder herabsetzen. Die meisten Kameras lösen diese Einstellungsmöglichkeit inzwischen sehr anschaulich und für den Anwender gut nachvollziehbar.

Da bewegt sich was – und nun?

Sobald Sie nun die Empfindlichkeit der Kamera oder den Schwellenwert eingestellt haben, müssen Sie ihr in einem zweiten Schritt mitteilen, was sie denn im Fall einer registrierten Bewegung (auch »Ereignis« genannt) nun eigentlich machen soll.

Hier stehen Ihnen je nach Kameramodell meist mehrere Möglichkeiten offen, im Folgenden sind nur einige der häufiger genutzten genannt:

- Die Kamera kann ein Foto des Ereignisses schießen.
- Die Kamera kann eine Videosequenz bestimmter Länge (z. B. zehn Sekunden) nach Auftreten des Ereignisses aufnehmen.
- Die Kamera kann Sie benachrichtigen (z. B. per E-Mail).
- Schließlich lässt sich bei vielen Modellen noch einstellen, zu welchen Zeiten die Bewegungserkennung aktiviert sein soll, zum Beispiel immer zwischen 8 und 18 Uhr. Außerdem finden sich diverse Feineinstellungen, die aber wichtig sind: Wie viel Zeit beispielsweise soll die Kamera nach einem Ereignis verstreichen lassen, bis sie erneut auf ein Ereignis reagiert?

Wohin mit dem Datenmaterial?

Die letzte wichtige Frage bei der Einstellung der Bewegungsmeldung ist der Speicherort, an dem die Kamera die Fotos oder Videos schließlich ablegen soll, bis der Anwender die Zeit dazu hat, diese Daten in Ruhe auszuwerten.

Manche Kameras besitzen einen USB-Port, an den sich ein USB-Speicherstick anschließen lässt. Einzelne Fotos oder kurze Videosequenzen lassen sich direkt an eine Benachrichtigungsmail hängen. Doch gerade zur schnellen Speicherung mehrerer auch etwas längerer Videosequenzen ist eine Netzwerkfestplatte das Speichermedium der Wahl.

In der Regel stehen hier zwei Möglichkeiten zur Auswahl:

- die Speicherung auf Netzwerkfreigaben/Freigabeordner
- die Speicherung auf einen FTP-Server

Für Variante 1 benötigt die Kamera den Pfad zur Freigabe und, falls diese zugriffsgeschützt ist, den Benutzernamen sowie das Kennwort.

Für Variante 2 benötigt die Kamera die Adresse des FTP-Servers inklusive Pfad sowie die Zugangsdaten zum FTP-Laufwerk.

Eine Bewegungserkennung einrichten

Stellen Sie die Kamera nun so ein, dass sie bei Registrierung einer Bewegung eine fünfsekündige Videosequenz auf eine Netzwerkfestplatte ablegt. Wir verwenden hierzu das Kameramodell WL-404 von Sitecom. Alle für die Bewegungserkennung erforderlichen Einstellungen finden sich im Menü *Ereignis*. Für Ihre ersten Erfahrungen mit der Bewegungserkennung sollten Sie Ihre Kamera möglichst nah an Ihrem PC oder Notebook aufstellen, von dem Sie auf die Kamera zugreifen.

Überwachungszone und Empfindlichkeit festlegen

Die Überwachungszone ist der Bereich des Kamerabilds, in dem die Kamera auf Bewegungen achtet. In der Sitecom-Kamera wechseln Sie dazu in das Register *Bewegung*.

1 Fenster aktivieren und anpassen

Hier können Sie bis zu vier verschiedene Überwachungszonen anlegen. Wir beschränken uns zunächst auf eine (*Window 1*).

Bild 5.39: In der Sitecom-Kamera stehen vier Überwachungszonen bereit.

Aktivieren Sie nun das Kästchen vor *Window 1*, und schon erscheint ein Rahmen im Kamerabild. Dieser Rahmen lässt sich ähnlich wie ein Fenster unter Windows über seine graue Kopfleiste an eine beliebige Stelle im Kamerabild verschieben.

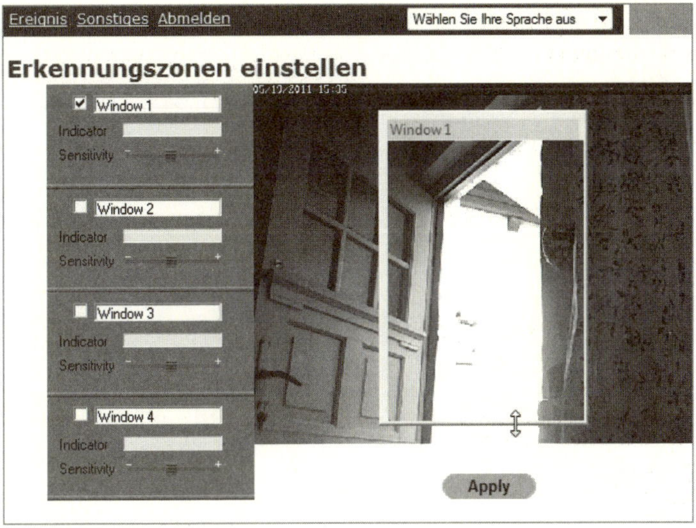

Bild 5.40: Das Fenster (*Window 1*) der Überwachungszone wird direkt über dem Eingangsbereich positioniert.

An den Rändern lässt sich das Fenster, sobald sich die Form des Mauspfeils ändert, mit gedrückter linker Maustaste vergrößern oder verkleinern.

2 Empfindlichkeit der Bewegungserkennung einstellen

Ist Ihr Fenster entsprechend platziert, prüfen Sie nun die Empfindlichkeit der Bewegungserkennung. Direkt unter dem gesetzten Häkchen für *Window 1* sehen Sie als weißen Balken den *Indicator* und darunter einen Schieberegler, mit dem Sie die Empfindlichkeit (engl. *Sensitivity*) einstellen können.

Erzeugen Sie nun eine heftige Bewegung in der Überwachungszone: Das geht am einfachsten, indem Sie Ihre Hand möglichst nahe vor die Kameralinse halten und schnell wieder wegziehen. Achten Sie dabei auf den Ausschlag des Balkens am *Indicator*.

Bild 5.41: Links oben sehen Sie, wie der *Indicator*-Balken unter *Window 1* ausschlägt, sobald sich in der Erkennungszone eine Bewegung ereignet.

Im Fall der Sitecom-Kamera wird eine Bewegung erst dann registriert, wenn der *Indicator*-Balken ausschlägt. Ziehen Sie den *Sensitivity*-Regler nach rechts (Richtung +), erhöhen Sie die Empfindlichkeit des *Indicator*, ziehen Sie ihn nach links (Richtung –), setzen Sie die Empfindlichkeit herab.

3 **Empfindlichkeitseinstellung vor Ort mit dem Notebook vornehmen**
Führen Sie die Justierung der Empfindlichkeit einer Netzwerkkamera am besten mit einem Notebook durch, in dem Sie die Benutzeroberfläche der Kamera geöffnet haben. Bewegen Sie sich dann selbst mit diesem Notebook durch den von der Kamera überwachten Bereich und prüfen Sie somit »live« vor Ort, ob der Bewegungssensor wie gewünscht ausschlägt.

Speicherort für Videos/Schnappschüsse festlegen

Die Netzwerkkamera von Sitecom kann Aufnahmen (Videos, Einzelbilder) als Anhang per E-Mail verschicken und in einem Speicher im Netzwerk, genauer gesagt einem sogenannten FTP-Server, ablegen. Erfahren Sie zunächst, wie Sie einen FTP-Speicherort in die Netzwerkkamera eintragen. Diese Speichermethode wird übrigens von allen Kameramodellen mit Bewegungsmelder unterstützt.

1 FTP-Server im Heimnetz testen

Sobald Sie eine Netzwerkfestplatte (NAS, siehe Kapitel 3 »Speicher im Heimnetz«) im Heimnetz eingebunden haben, verfügen Sie auch automatisch über einen FTP-Server. Eventuell müssen Sie ihn noch nachträglich aktivieren.

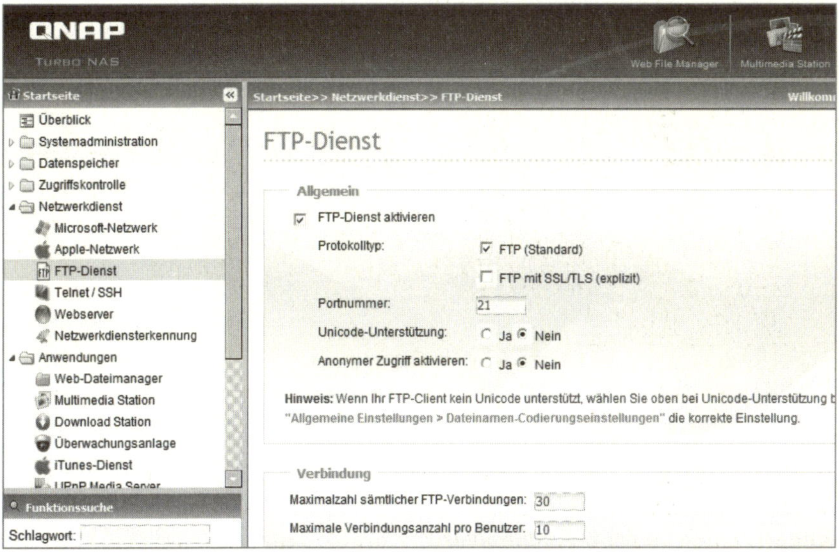

Bild 5.42: In dieser QNAP-Netzwerkfestplatte lässt sich der *FTP-Dienst* (engl. Server) unter der Rubrik *Netzwerkdienst* ein- oder ausschalten.

Um Ihren FTP-Zugang zu prüfen, verwenden Sie entweder ein beliebiges FTP-Tool oder, noch einfacher, den Windows Explorer: Klicken Sie einfach in dessen Adressleiste und tragen Sie Folgendes ein:

```
ftp://<IP-Adresse-NAS>
```

Mein NAS hat beispielsweise die IP-Adresse 192.168.178.23, also lautet der Aufruf des FTP-Servers im Windows Explorer wie folgt:

```
ftp://192.168.178.23
```

Da der Zugang zu Ihrem NAS hoffentlich zugangsgeschützt ist, erscheint zunächst eine Abfrage, in der Sie einen gültigen Benutzernamen samt Kennwort eingeben. Bei Unklarheiten sehen Sie zunächst in der Benutzerverwaltung Ihres NAS nach.

Bild 5.43: Unter der FTP-Adresse und nach Eingabe der korrekten Zugangsdaten erscheinen alle Ordner der Netzwerkfestplatte in der FTP-Ansicht des Windows Explorer.

Nachdem Sie einen existierenden Benutzer samt Passwort eingegeben und bestätigt haben, erscheint die FTP-Ansicht Ihres NAS mit allen Ordnerfreigaben (siehe Abbildung). Gehen Sie mit Doppelklick auf den Ordner, in dem die Kamera später die Fotos oder Videos ablegen soll (in diesem Beispiel heißt er *Qrecordings*).

Achten Sie darauf, dass Ihr Benutzer Schreibrechte auf dem Ordner besitzt. Das lässt sich rasch prüfen, indem Sie irgendeine Datei von Ihrem Desktop in diesen geöffneten Ordner kopieren.

2 FTP-Servereinstellungen in die Kamera eintragen

Funktioniert Ihr FTP-Zugriff, gehen Sie nun zurück in die Ereigniseinstellungen der Netzwerkkamera und nehmen die entsprechenden Eintragungen vor. Im Beispiel der Sitecom-Kamera befinden Sie sich unter *Ereignis* auf der Registerkarte *FTP*. Tragen Sie Folgendes ein:

- Bei *FTP-Server* tragen Sie die IP-Adresse Ihrer Netzwerkfestplatte im Heimnetz ein, in diesem Beispiel lautet sie *192.168.178.23*

- Bei *Anmeldename* und *Passwort* tragen Sie die gültigen Zugangsdaten eines Benutzers ein, der in der Benutzerverwaltung der Netzwerkfestplatte eingetragen ist.
- Bei *Dateipfad/-name* tragen Sie den Netzwerkordner Ihrer Netzwerkfestplatte ein, in den die Kamera die Dateien (Filme oder Fotos) speichern soll. In meinem Beispiel ist es der zuvor im Windows Explorer getestete Ordner *Qrecordings*.

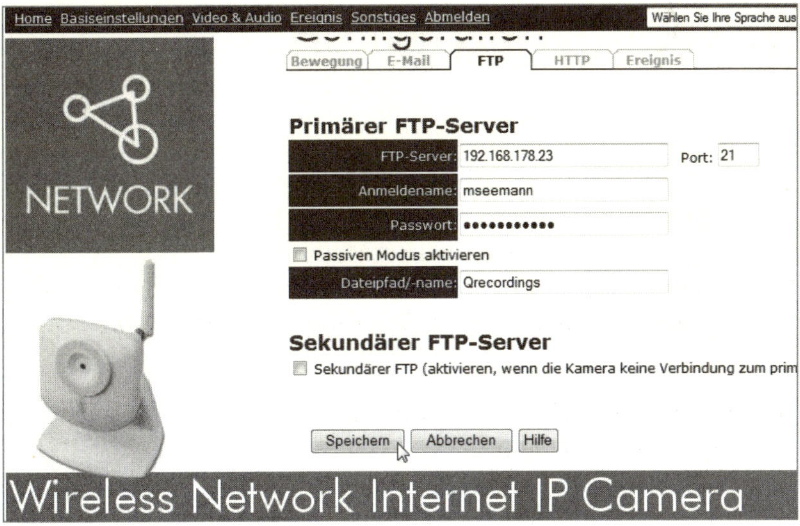

Bild 5.44: Der Benutzer, unter dem sich die Kamera anmeldet, muss Schreibrechte auf dem FTP-Server besitzen.

Wichtig: Der unter *Anmeldename* eingetragene Benutzer muss auf den unter *Dateipfad/-name* eingetragenen FTP-Netzwerkordnern Schreibrechte besitzen. Ist dem nicht so, gehen Sie in die Benutzereinstellungen Ihrer Netzwerkfestplatte und ändern die Zugriffsrechte für diesen Benutzer entsprechend. Auch hierzu ist eventuell ein Blick ins Handbuch Ihres NAS erforderlich, da die Zugriffsverwaltung von jedem Hersteller ein wenig anders geregelt wird.

Haben Sie alle Eintragungen für den FTP-Zugriff so weit abgeschlossen, klicken Sie auf *Speichern*.

Speicherung auf FTP als auslösendes Ereignis aktivieren

In einem letzten Schritt schalten Sie nun Ihre Bewegungserkennung »scharf«. Hierzu benötigt die Kamera noch einige zusätzliche Informationen von Ihnen.

1 **Auslösendes Ereignis aktivieren**
Im Beispiel der Sitecom-Kamera wechseln Sie hierzu unter dem Menü *Ereignis* in die Registerkarte *Ereignis*. Den Zeitplan benötigen Sie zunächst nicht. Scrollen Sie auf der Seite ganz nach unten und setzen Sie unter *Auslösendes Ereignis* ein Häkchen vor *Bewegungsmelder*. Es öffnen sich weitere Einstellungsmöglichkeiten. Setzen Sie neben *Aktionen(en)* ein Häkchen vor *FTP*.

Bild 5.45: Sind *Bewegungsmelder* und *Aktionen(en)* (Speicherung über *FTP*) aktiviert, erscheinen zusätzliche Einstellungsmöglichkeiten.

2 **Speicherformat und -länge festlegen**
Da die Kamera anstelle von Fotos ein Video aufzeichnen soll, wählen Sie bei *Typ des Anhangs* die Einstellung *Video*. Das Videoformat lassen Sie zunächst in der Voreinstellung *AVI*. Hier können Sie später noch herumexperimentieren.

Mit den beiden folgenden Angaben (*Voralarm-* bzw. *Nachalarm-Aufzeichnungslänge*) bestimmen Sie die Länge des aufgezeichneten Videos in Sekunden. Der erste Wert bestimmt die Zeitdauer bis vor dem Auftreten des Ereignisses, der zweite Wert die Zeit ab bzw. nach Auftreten des Ereignisses. Doch wie, werden Sie sich nun fragen, kann denn die Kamera vor dem Auftreten eines Ereignisses bereits wissen, dass dieses vier Sekunden später auch eintritt? Sie kann es natürlich nicht wissen, doch behält sie immer automatisch die letzten vier Sekunden ihres Livestreams im Kameraspeicher, und sollte nun ein entsprechendes Ereignis auftreten, besitzt sie auch automatisch die Aufzeichnung vor dem Ereignis.

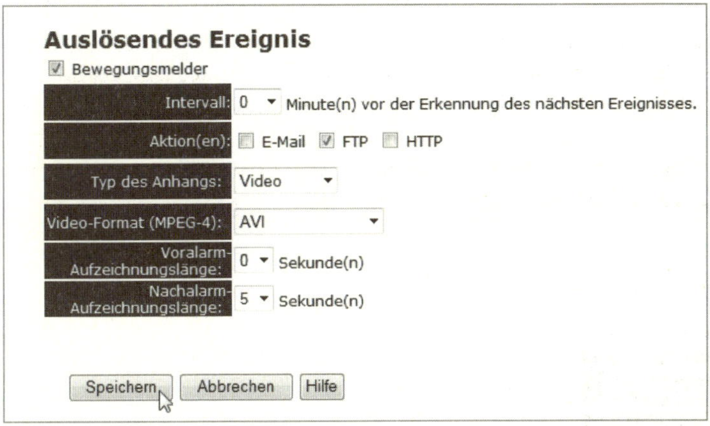

Bild 5.46: Die Kamera bringt ein fünfsekündiges AVI-Video auf den FTP-Server, sobald sie eine Bewegung in der eingangs definierten Bewegungszone registriert.

Die maximale Aufzeichnungslänge für ein durch Bewegung ausgelöstes Video beträgt fünf Sekunden. In meinem Beispiel setze ich die Voralarmeinstellung auf *0* und die Nachalarmaufzeichnung auf *5 Sekunden.*

In diesem Fall würde die Kamera bei Auftreten einer Bewegung eine fünfsekündige Videoaufnahme starten und diese auf dem FTP-Server ablegen.

3 Das Intervall: Aufzeichnungspause nach einem Ereignis
Wichtig ist in diesem Zusammenhang die Einstellung *Intervall.* Hier können Sie die Mindestzeitspanne angeben, in der die Kamera nach einem auslösenden Ereignis nicht auf Bewegungen reagieren soll.

Ein Beispiel: Das Intervall ist auf 2 Minuten geschaltet. Die Kamera registriert um 16:00 Uhr eine Bewegung und startet mit der 5-sekündigen Aufzeichnung. Alle Bewegungen, die sich in den nächsten 2 Minuten ereignen, werden von der Kamera ignoriert. Die nächste Aufzeichnung beginnt also frühestens um 16:02 Uhr. Wer hingegen möchte, dass seine Kamera auf alle Bewegungen reagiert und diese ohne Unterbrechungen aufzeichnet, setzt das Intervall auf den Wert 0.

Sobald Sie nun Ihre Einstellungen im Bereich *Auslösendes Ereignis* per Klick auf die entsprechende Schaltfläche *Speichern* getroffen haben, ist die Bewegungserkennung aktiviert.

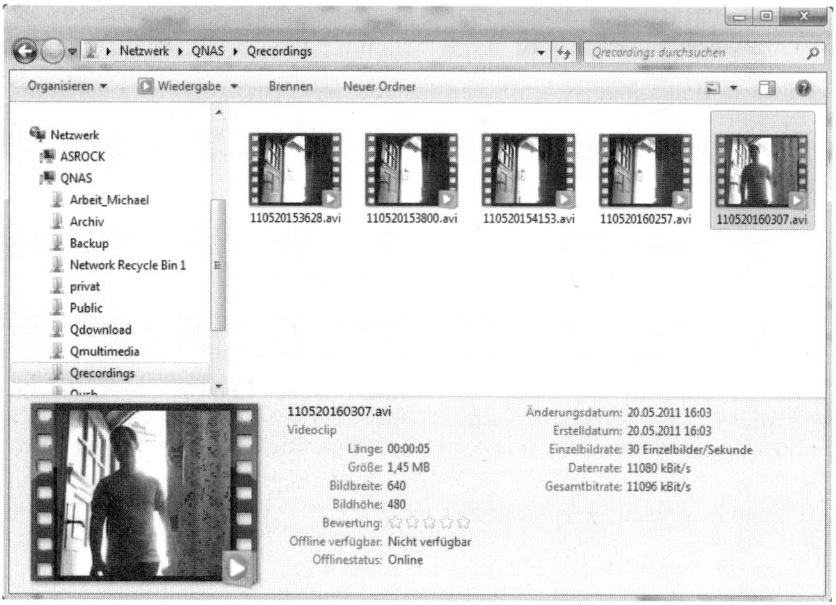

Bild 5.47: Der Zugriff auf Ihre Aufzeichnungen erfolgt bequem über die Windows-Freigabe.

④ Der Zugriff auf die gespeicherten Videodateien

Um die aufgezeichneten Überwachungsvideos später von einem Rechner aus auf Ihrer Netzwerkfestplatte zu betrachten, müssen Sie nicht die unkomfortable FTP-Verbindung verwenden. FTP ist nützlich, um möglichst flott Daten ins Netzwerk zu übertragen, allerdings bietet es keine komfortable Dateivorschau und ist auch nicht Streaming-fähig. Um eine Datei via FTP zu öffnen, müssen Sie sie zuerst komplett auf den eigenen Rechner übertragen.

Öffnen Sie stattdessen den Speicherordner für die Videoaufzeichnungen der Kamera ganz normal in der Netzwerkansicht des Windows Explorer als Windows-Freigabeordner. So können Sie die AVI-Dateien direkt im Windows Media Player öffnen und über Ihr Heimnetz abspielen.

5.9 Zugriff übers Smartphone

Der Zugriff per Smartphone (zum Beispiel Android-Handy, Apple iPhone) auf eine im Heimnetz installierte Kamera ist extrem einfach. Wichtig ist dabei nur, dass Sie für diese Kamera bereits einen Zugriff aus dem Internet eingerichtet haben. Wie Sie dabei vorgehen, ist weiter oben in diesem Kapitel ausführlich beschrieben.

Sobald Sie also von einem beliebigen PC oder Notebook aus dem Internet auf die Kamera zugreifen können, ist auch die Einrichtung des Zugriffs vom Smartphone aus ein Klacks, denn schließlich handelt es sich dabei ja auch um einen Computer mit Online-Verbindung.

Zugriff am Beispiel eines Android-Smartphones

Im Folgenden soll der Zugriff auf Ihre IP-Kamera im Heimnetz anhand eines herkömmlichen Android-Smartphones demonstriert werden. Wir setzen voraus, dass Sie über eine entsprechende »Datenflatrate« für Smartphones verfügen, die ein bestimmtes Übertragungsvolumen zu UMTS-/HSPA-Geschwindigkeit beinhaltet und nach Verbrauch die Übertragungsgeschwindigkeit automatisch herunterregelt. Ohne eine solche Datenflatrate empfiehlt sich der Zugriff auf eine Netzwerkkamera nicht – und eigentlich auch kein Smartphone.

1. **Installation der App IP Cam Viewer Lite**
   Wir bedienen uns dabei einer Applikation namens IP Cam Viewer Lite. Die in der Lite-Version kostenlose App enthält erst einmal alle notwendigen Funktionen, um das Livebild Ihrer IP-Kamera auf Ihr Smartphone zu bringen. Die zeitweise eingeblendete Werbung hält sich im Rahmen. Wen sie stört, der muss sich die Vollversion zulegen. Laden Sie sich die App aus dem Android Market von Google herunter und installieren Sie sie auf Ihrem Smartphone.

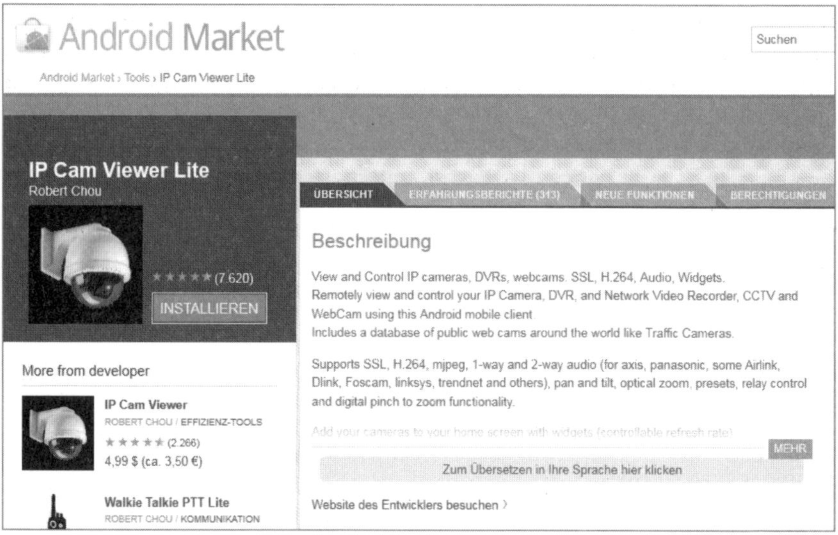

Bild 5.48: Die kostenlose App IP Cam Viewer Lite bringt Ihre Netzwerkkamera aufs Smartphone.

② Zugangsdaten eintragen

Rufen Sie die App auf und gehen Sie zunächst auf *Hinzufügen*. Unter *Add Camera Type* gehen Sie auf die Option *IP Camera, DVR. NVR*. Im folgenden Fenster wählen Sie zunächst *Hersteller* (z. B. Sitecom) und *Typ* (z. B. WL-404) Ihrer Kamera aus den Drop-down-Menüs aus.

Geben Sie dann unter *Host/IP* Ihren DynDNS-Hostnamen ein. Um noch einmal meinem Beispiel aus dem Abschnitt »Kostenloses DynDNS-Konto anlegen« zu folgen, müsste man hier folglich *saeltsamername.dyndns.org* eintragen. Sie tragen natürlich Ihren eigenen Hostnamen ein.

Unter *HTTP-Port* geben Sie *80* ein. Hierbei handelt es sich um den Standardport für einen HTTP-Server. Und exakt als solchen haben wir im Abschnitt »Die Weiterleitung vom Router auf die Kamera« die Portweiterleitung auf die Kamera im FRITZ!Box-Router eingerichtet.

Zu guter Letzt tragen Sie noch den Benutzernamen und das Zugangspasswort für die Benutzeroberfläche der Kamera ein. Diese Benutzerdaten müssen demnach auch in der Benutzerverwaltung der Netzwerkkamera hinterlegt sein. Mit einem Klick auf *Test* prüft IP Cam Viewer Lite, ob der Zugriff auf die Kamera möglich ist. Wenn ja, erscheint die Meldung *Kamerabild erfolgreich empfangen.* Bestätigen Sie mit *OK* und sichern Sie Ihre Einstellungen mit *Save.*

Nun haben Sie Ihre Netzwerkkamera immer und überall griffbereit in der Hosentasche.

6 Kommunizieren im Heimnetz

Im folgenden Abschnitt soll es nicht um das Versenden von E-Mails und auch nicht um das Chatten mit dem Windows Messenger gehen. Stattdessen möchte ich Ihnen einige interessante neuartige Kommunikationswege aufzeigen, die erst durch das Zusammenspiel von Heimnetz, Breitbandzugängen, gewissen Endgeräten und Onlinediensten möglich wurden.

Alle im Folgenden vorgestellten Anwendungen sind in der (voll funktionsfähigen) Basisvariante und für Privatnutzer kostenlos. Voraussetzung ist ein entsprechendes Hardwaregerät wie zum Beispiel ein Smartphone (iPhone, Android) oder ein spezieller Heimnetzrouter mit integrierter Telefonanlage für Internettelefonie.

6.1 Festnetztelefonie ohne Festnetz

Es ist noch gar nicht so lange her, dass ein DSL-Anschluss nur in Verbindung mit einem Festnetztelefonanschluss (ISDN oder POTS) zu haben war. POTS ist die Abkürzung für »Plain Old Telephone Service« und die gängige Bezeichnung für den gewöhnlichen, analogen Festnetzanschluss.

Auch wenn die Telekom als größter Netzbetreiber Deutschlands ihre DSL-Anschlüsse nach wie vor standardmäßig mit einem Festnetztelefonanschluss bündelt, finden sich inzwischen immer häufiger reine Internetzugangstarife ohne Telefonanschluss. Diese Datenanschlüsse werden von manchen Providern sogar günstiger angeboten als die Variante mit Telefonanschluss.

Dabei ergibt so ein Internetzugang ohne Festnetztelefonanschluss durchaus Sinn, denn in unserer heutigen Zeit kommt der klassische Telefonanschluss einem Dinosaurier gleich – zumal viele Personen aus dem Freundes- oder Bekanntenkreis sowieso nur noch über das Mobiltelefon erreichbar sind. Ansonsten erfolgt die Kommunikation mittlerweile sehr häufig per E-Mail, via Messenger oder über ein soziales Netzwerk wie Facebook, in dem Messenger- und E-Mail-Funktionalität gleich integriert sind. Ein Festnetzanschluss macht da eigentlich kaum noch Sinn.

Daher bieten manche Provider inzwischen reine Internettarife ohne Telefonanschluss an, bei denen man gegenüber der Kombination mit Telefon monatlich richtig Geld sparen kann. Wer sich beispielsweise beim bayerischen Netzbetreiber Mnet für einen reinen DSL-Tarif (Maxi Pur) entscheidet, spart gegenüber dem Kombinationstarif (Maxi Komplett) volle 5 Euro monatlich – oder 60 Euro im Jahr.

Kostspielige Anrufe ins Mobilfunknetz

Allerdings zögern viele Menschen, eine Mobilfunknummer anzurufen, da sie die Kosten für ein solches Telefonat scheuen. Und das nicht zu Unrecht: Nach wie vor sind Verbindungen vom Festnetz ins Mobilfunknetz deutlich teurer als beispielsweise vom Festnetz ins Festnetz.

Hinzu kommt, dass viele Breitbandkunden bei ihrem Provider einen »Rundum-sorglos-Tarif« mit DSL- und Telefon-Flatrate (Doppelflat) abgeschlossen haben. Doch gilt die telefonische Flatrate nur für Anrufe ins Festnetz, daher fällt hier auch häufig der Ausdruck »Festnetz-Flat«.

Wählt man mit der Festnetz-Flatrate hingegen eine Mobilfunknummer an, werden gleich zweistellige Cent-Beträge pro Minute fällig, die die Abbuchung am Monatsende in die Höhe treiben. Und exakt solche schwer kalkulierbaren Zusatzkosten sind dem Flatrate-Kunden ein Dorn im Auge.

Bild 6.1: Ruft man vom Festnetz ein Handy an, werden – unabhängig von der Festnetz-Flatrate – 19 Cent/Minute fällig (hier der Tarif Call & Surf Comfort von T-Home, Stand Mai 2011).

Voraussetzungen für die Internettelefonie

Allein für die angesprochenen Fälle lohnt sich die Anschaffung einer Alternative zur Festnetztelefonnummer. Das Interessante daran: Sie benötigen überhaupt keinen Festnetzanschluss mehr. Dank Internettelefonie lassen sich Telefonate an jedem beliebigen Onlinezugang führen.

Im Zusammenhang mit Internettelefonie fällt auch immer wieder der Begriff VoIP, die Abkürzung für »Voice over Internet Protocol«. Unter Voice over IP oder kurz VoIP versteht man folglich alles, was mit der (Echtzeit-)Übertragung von Stimmen, oder genauer gesagt Gesprächen, über die Onlineverbindung zu tun hat. VoIP und Internettelefonie werden in der Regel als synonyme Begriffe verwendet.

- Damit Sie selbst mit Voice over IP telefonieren können – und zwar in einer zur Festnetztelefonie vergleichbaren Qualitätsstufe –, empfiehlt sich ein Breitbandanschluss mit Flatrate und möglichst kurzen Reaktionszeiten, was bei DSL- und Kabel-Internetverbindungen grundsätzlich gegeben ist.
- Die Bandbreite sollte im grundsätzlich schwächeren Upstream-Bereich, also der Übertragungsrichtung vom Heimnetzrouter zum Internet, mindestens 128 kBit/s betragen. Ein DSL-light-Anschluss mit nur 384 kBit/s im Down- und 64 kBit/s im Upstream ist für VoIP also nur noch bedingt geeignet.
- Außerdem benötigen Sie einen Anbieter oder Dienst im Internet, der die Verbindung ins allgemeine Telefonnetz herstellt. Dieser Anbieter wird auch als VoIP- oder SIP-Provider bezeichnet. Je nach Anbieter und Tarif zahlen Sie hierfür eine monatliche Grundgebühr und bezahlen die Gebühren für Ihre getätigten Anrufe.
- Die letzte wichtige Voraussetzung ist ein VoIP- oder SIP-Client, der über Ihren Onlinezugang die Verbindung zum SIP-Provider herstellt und über den Sie schließlich Telefonate entgegennehmen und Anrufe tätigen.

Verschiedene VoIP-Endgeräte

Dieser VoIP- oder SIP-Client kann in sehr unterschiedlicher Gestalt in Erscheinung treten.

- So kann er als reine Softwarelösung auf Ihrem Rechner installiert sein, wobei man in diesem Fall auch von einem sogenannten Softphone spricht. Um ein solches Softphone überhaupt sinnvoll nutzen zu können, sollte Ihr Rechner (PC,

Notebook) ein Mikrofon und einen Lautsprecher besitzen. Falls nicht, sollten Sie sich ein Headset besorgen.

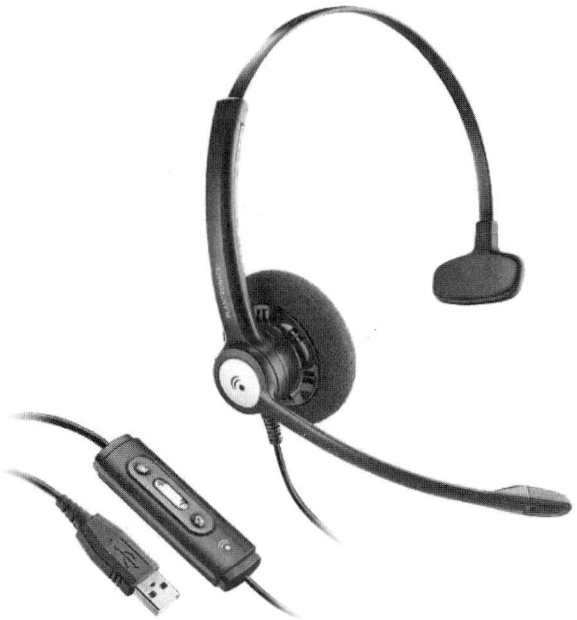

Bild 6.2: Die meisten modernen Headsets werden per USB an den Rechner angeschlossen. (Quelle: *www.plantronics.com/de*)

- Ein VoIP-Client kann aber auch Teil eines VoIP-fähigen Modemrouters sein. In diesem Fall können Sie sogar Ihr herkömmliches Festnetztelefon für VoIP nutzen, indem Sie es einfach an den Router anschließen.
- Außerdem gibt es auch spezielle IP-Telefone, die sich per LAN-Kabel oder über WLAN ins Netzwerk integrieren lassen. Solche Lösungen werden sehr häufig im Businessbereich in größeren Unternehmen eingesetzt. So spart man sich unter anderem eine doppelte Verkabelung, da Sprach- und Datenverkehr über dieselben Netzwerkkabel laufen können. Im Privatbereich spielen IP-Telefone so gut wie keine Rolle. Hier haben sich die VoIP-fähigen Modemrouter durchgesetzt, allen voran die FRITZ!Box-Fon-Modelle des Herstellers AVM aus Berlin.
- Auch bieten inzwischen viele Internettelefonie-Anbieter ihre VoIP-Clients bereits als Smartphone-Applikationen (Apps) an, die dem Privatanwender wiederum ganz neue und spannende Kommunikationsmöglichkeiten eröffnen.

Bild 6.3: Der VoIP-Provider Skype bietet seine Telefon-App für Android-Smartphones (oben) und ebenso für iPhone & Co. (unten) an.

VoIP-Clients für das Heimnetz

Natürlich können Sie einen VoIP-Anschluss mit installiertem Softphone und einem Headset am Notebook oder PC nutzen. Das funktioniert aber immer nur dann, wenn Ihr Rechner auch eingeschaltet und mit dem Internet verbunden ist. Sobald der Rechner ausgeschaltet ist oder keine Onlineverbindung hat, sind Sie für niemanden über Ihren VoIP-Anschluss erreichbar und können – andersherum – natürlich auch niemanden anrufen.

Die nach wie vor beste Lösung zur Nutzung von Internettelefonie im Heimnetz ist ein Modemrouter mit integriertem VoIP-Client. Sobald Sie die Zugangsdaten Ihres VoIP-Providers korrekt in den Router eingetragen haben, meldet dieser sich beim VoIP-Provider an, und Sie sind immer erreichbar, da der Router sowieso rund um die Uhr eingeschaltet ist.

Bild 6.4: Alle FRITZ!Box-Router mit dem Zusatz »Fon« unterstützen VoIP über ein angeschlossenes herkömmliches Telefon (Quelle: *www.avm.de*).

Die in Deutschland bekanntesten und auch am häufigsten eingesetzten VoIP-fähigen Heimnetzrouter sind die FRITZ!Box-Fon-Modelle von AVM. Alle FRITZ!Box-Modemrouter, die den Zusatz »Fon« in der Modellbezeichnung tragen, unterstützen dabei Telefonate über ein VoIP-Konto. Ansonsten lassen sich die VoIP-fähigen Modelle auch meist an den Anschlussbuchsen für herkömmliche Telefonstecker erkennen. Übrigens sind die meisten neueren Speedport-Modemrouter der Telekom VoIP-fähig, wobei auch hier zahlreiche Modelle unter der Regie des Hauses AVM gefertigt wurden.

Eine weitere sehr moderne Möglichkeit, seinen VoIP-Anschluss privat zu nutzen, richtet sich an Besitzer eines Apple- oder Android-Smartphones. Diese installieren sich einfach eine entsprechende App des VoIP-Providers – und schon »spricht« das Smartphone VoIP. Damit sind Sie immer auf Ihrer (VoIP-)Festnetznummer erreichbar, sobald Ihr Smartphone mit dem Internet verbunden ist, zum Beispiel im Heimnetz per WLAN.

Ich werde im Folgenden auf beide Alternativen eingehen, zunächst jedoch beschaffen Sie sich Ihren kostenlosen VoIP-Anschluss samt gültigen Zugangsdaten. Denn für die Internettelefonie benötigen Sie ähnlich wie für die Nutzung eines E-Mail-Postfachs ein Konto mit persönlichen Zugangsdaten.

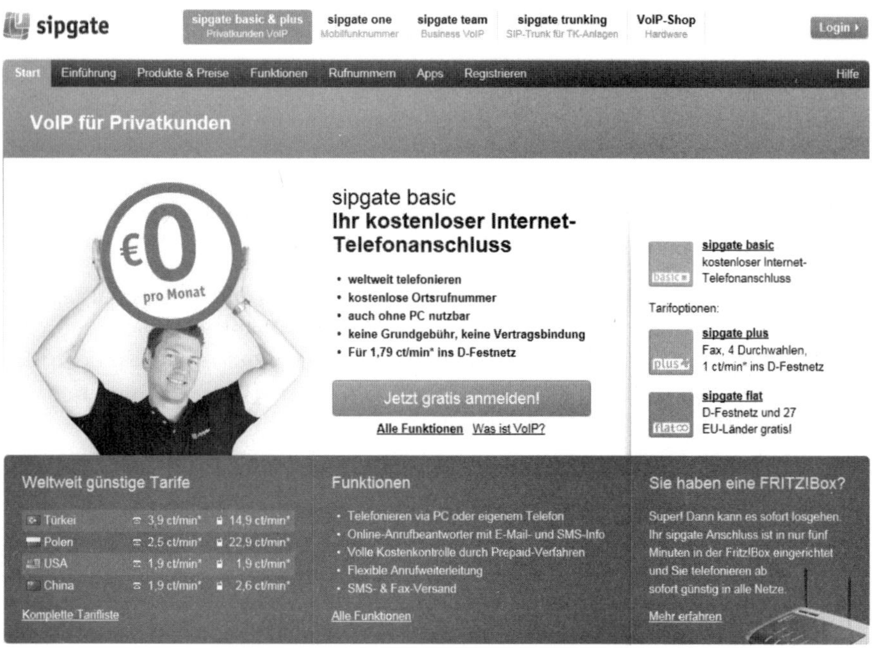

Bild 6.5: Sipgate bietet einen kostenlosen Telefonanschluss an, über den man unter einer »echten« Telefonnummer mit Ortsvorwahl aus dem herkömmlichen Telefonnetz erreichbar ist – *www.sipgate.de.*

VoIP-Anschluss gratis inklusive Festnetztelefonnummer

Nun zeige ich Ihnen, wie Sie sich einen VoIP-Telefonanschluss mit echter Festnetztelefonnummer besorgen, über den Sie dann aus dem herkömmlichen Telefonnetz von jedem beliebigen Telefonanschluss aus erreichbar sind – und zwar unter einer richtigen Festnetztelefonnummer mit örtlicher Vorwahl. Das Beste daran: Sie zahlen dafür keinen Cent.

Solange Sie nämlich niemanden von diesem Anschluss aus anrufen, ist Ihr VoIP-Anschluss für Sie als Privatperson kostenlos. Und selbst wenn Sie hin und wieder einen Anruf tätigen, bezahlen Sie nur für die geführten Telefonate nach dem Prepaid-Verfahren. Eine monatliche Grundgebühr entfällt.

Konto bei Sipgate erstellen

Ein Internettelefonie-Anbieter, auf den die vorhergenannten Aussagen vollständig zutreffen, ist der Dienstleister Sipgate, dessen kostenloses Angebot ich schon über mehrere Jahre hinweg testen konnte.

1 **VoIP-Konto eröffnen: Vorwahl und Vertragswahl**

Rufen Sie die Homepage des VoIP-Providers unter *www.sipgate.de* auf und klicken Sie im Bereich *sipgate basic* auf *Jetzt gratis anmelden.*

Im Anschluss geben Sie Ihre Ortsvorwahl ein (in meinem Beispiel ist es die 08856 für Penzberg) und klicken auf *Vorwahl prüfen.* Wählen Sie dann den Vertrag *sipgate basic* für 0,00 Euro und klicken Sie dazu auf *weiter mit sipgate basic.*

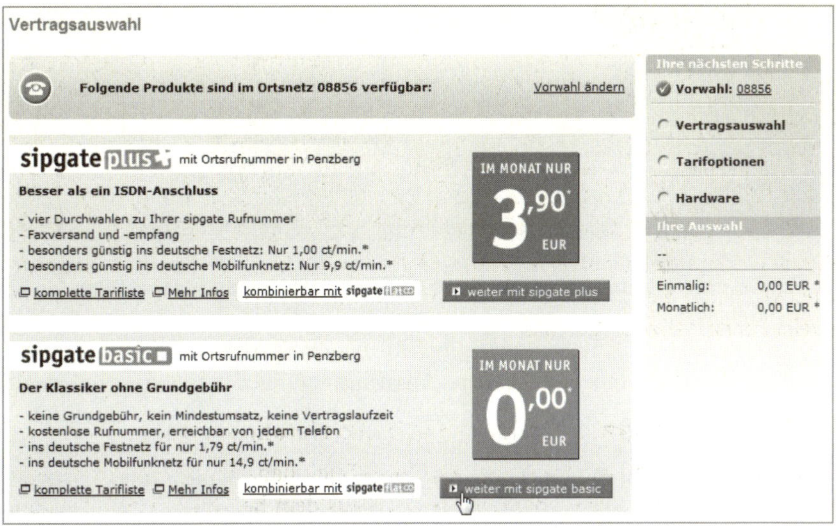

Bild 6.6: Entscheiden Sie sich zunächst für den 0,00-Euro-Tarif *sipgate basic.*

2 **VoIP-Konto eröffnen: Tarifoptionen**

Auch im folgenden Fenster entscheiden Sie sich zunächst für die kostenlose Variante *sipgate basic ohne flat* und klicken auf die Schaltfläche *weiter mit Standard-Tarif.* Das nächste Fenster zeigt eine Übersicht über Ihre einmaligen und monatlichen Kosten mit jeweils 0,00 Euro. Genießen Sie diesen erfreulichen Anblick für einen Moment, bevor Sie auf *Weiter* klicken.

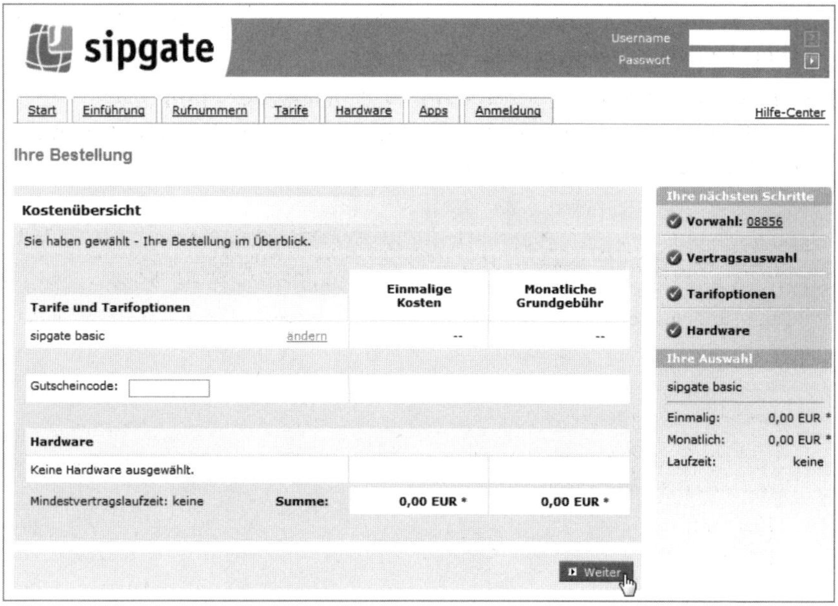

Bild 6.7: Kaum zu glauben: ein Telefonvertrag ohne jegliche Kosten ...

3 VoIP-Konto eröffnen: Zugangsdaten und Adressinformationen wählen

Im folgenden Fenster tragen Sie nun Ihre persönlichen Zugangsdaten ein. Denken Sie sich zunächst einen beliebigen *Usernamen* aus und vergeben Sie anschließend ein möglichst sicheres Passwort, das Sie dann noch ein zweites Mal eintippen müssen. Es sollte mindestens zehnstellig sein und sich aus Groß- und Kleinbuchstaben sowie Ziffern zusammensetzen. Außerdem sollte es kein Wort aus dem Wörterbuch sein. Notieren Sie sich Ihren *Usernamen* samt Passwort auf einem Zettel und verstauen Sie diesen an einem sicheren Ort.

Setzen Sie dann die Option auf *Ich bin Privatkunde* und tragen Sie alle erforderlichen mit einem orangefarbenen Stern gekennzeichneten Adressdaten ein. Wichtig: Geben Sie dabei unbedingt eine gültige E-Mail-Adresse an, denn an diese Adresse wird Sipgate gleich im Anschluss eine Aktivierungs-E-Mail versenden.

Sind Ihre Adressdaten vollständig, beachten Sie jeweils die *Allgemeinen Geschäftsbedingungen*, die *Hinweise zur Speicherung Ihrer Daten* und die *Widerrufsbelehrung*. Bestätigen Sie Ihre Kenntnisnahme jeweils durch Setzen eines

Häkchens. Nachdem Sie den am Ende der Seite abgedruckten Code abgetippt haben, bestätigen Sie schließlich mit *Weiter.*

4 VoIP-Konto eröffnen: Telefonnummer wählen und Datenprüfung
Im folgenden Fenster wählen Sie nun Ihre gewünschte Festnetztelefonnummer per Mausklick aus und bestätigen dann erneut mit *Weiter.*

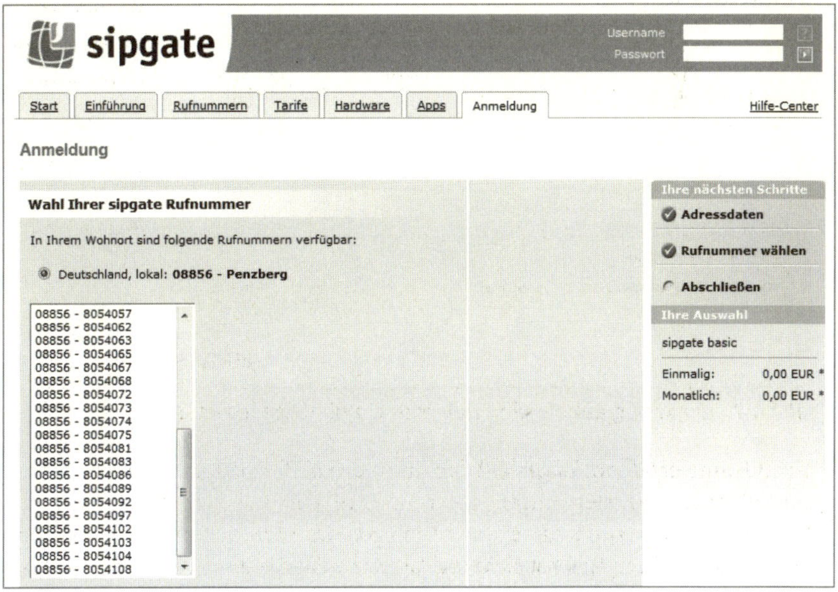

Bild 6.8: Aus einer ausreichend langen Liste von Telefonnummern suchen Sie sich mit einem Klick Ihre zukünftige Festnetznummer heraus.

Kurz darauf erscheint noch einmal eine Übersicht mit Ihren Einstellungen. Setzen Sie gegebenenfalls ein Häkchen vor die Option zum Einzelverbindungsnachweis und wählen Sie dann die Methode, mit der Sipgate Ihre angegebenen persönlichen Daten überprüfen soll. Am schnellsten funktioniert die Methode *Online.* Klicken Sie dann auf *Überprüfung jetzt vornehmen.*

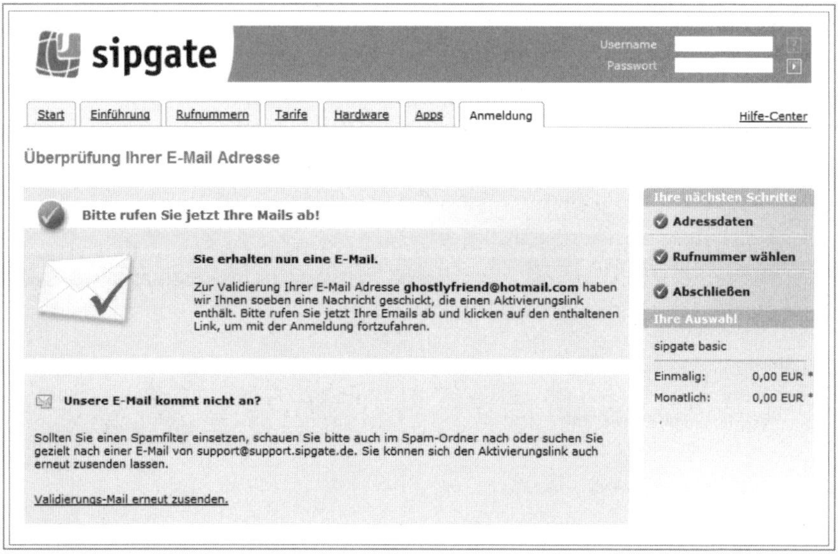

Bild 6.9: Dieser Screen erscheint, wenn alle Ihre Angaben korrekt sind und Sipgate die Onlineüberprüfung dieser Daten durchführen konnte.

⑤ VoIP-Konto eröffnen: Konto aktivieren

Kurz darauf sollte auch schon die Bestätigung erscheinen, und fast zeitgleich landet die Aktivierungsmail von Sipgate in Ihrem E-Mail-Postfach.

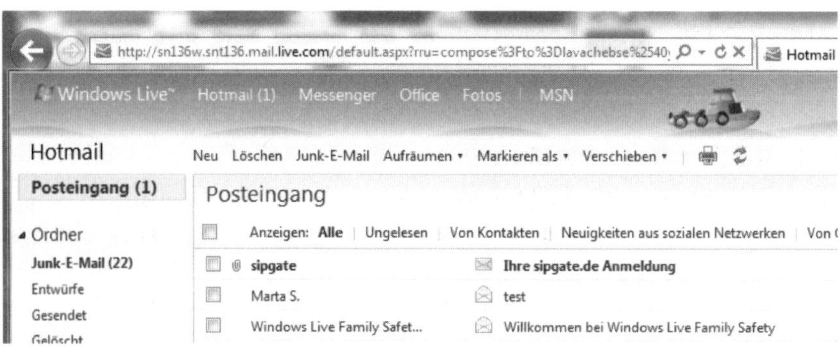

Bild 6.10: Sipgates Aktivierungsmail landet in Ihrem E-Mail-Postfach. Öffnen Sie sie und klicken Sie auf den Aktivierungslink.

Finden Sie die Mail nicht in Ihrem Posteingang, prüfen Sie auch Ihren Junkmail- oder Spamordner, da viele Filter diese Art von E-Mails als Spam ansehen und deshalb aus dem Posteingang fischen.

Ansonsten können Sie sich die E-Mail auch ein zweites Mal zusenden lassen. Klicken Sie dazu im Browser im letzten Schritt Ihrer Sipgate-Anmeldung einfach auf den Link *Validierungs-Mail erneut zusenden.*

Sobald Sie auf den Aktivierungslink in Ihrer Sipgate-Mail geklickt haben, ist Ihr Konto aktiviert und Ihr Anschluss bereits einsatzbereit. Hierzu erhalten Sie dann nochmals eine zweite Mail für Ihre Unterlagen.

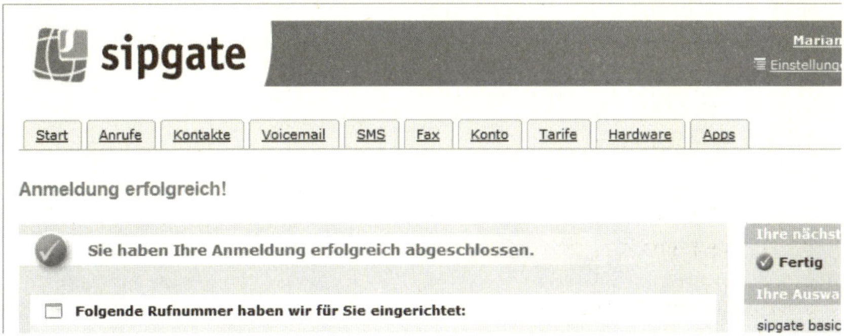

Bild 6.11: Nachdem Sie den Aktivierungslink in der Validierungsmail angeklickt haben, ist Ihr VoIP-Konto einsatzbereit.

Jetzt müssen Sie Ihre Zugangsdaten nur noch in einen entsprechenden VoIP-Client eintragen, damit Sie Ihren Anschluss auch nutzen können.

VoIP-Anschluss in VoIP-fähigen Router nutzen

Sie können Ihren VoIP-Anschluss sehr einfach und komfortabel nutzen, wenn Sie einen VoIP-fähigen Heimnetzrouter verwenden. An diesen können Sie nämlich ein ganz normales Festnetztelefon anschließen, über das Sie dann Ihre VoIP-Telefonate führen. Komfortabler und unkomplizierter geht es eigentlich gar nicht.

1 **Welche Modemrouter eignen sich für VoIP?**
Wie schon erwähnt, können Sie jeden FRITZ!Box-Modemrouter der Firma AVM verwenden, der das Kürzel »Fon« in der Modellbezeichnung trägt. AVM

war seinerzeit der erste Anbieter, der VoIP-fähige Modemrouter für deutsche DSL-Provider (Freenet, 1&1) in großem Stil produzierte.

Selbstverständlich gibt es auch diverse andere Routerfabrikate mit integriertem VoIP-Adapter. Unter *www.sipgate.de* im *VoIP-Shop* können Sie sich einen kleinen Überblick über aktuelle Geräte verschaffen.

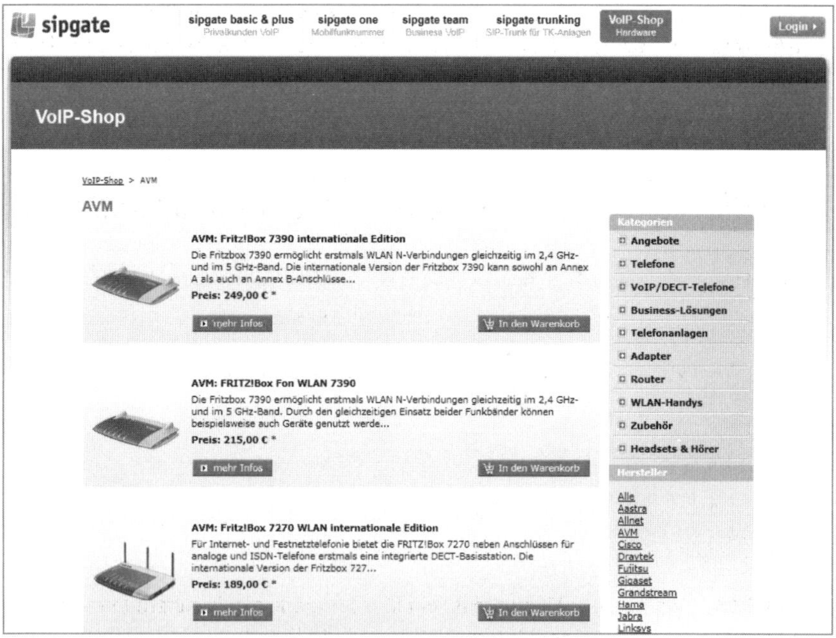

Bild 6.12: Im *VoIP-Shop* von Sipgate finden Sie unter anderem auch alle VoIP-fähigen AVM-Heimnetzroutermodelle.

Wenn Sie jedoch einen ausgereiften, komfortabel zu bedienenden und multifunktionalen Heimnetzrouter mit einfach einzurichtender VoIP-Funktionalität suchen, werden Sie automatisch bei AVM landen. Die Geräte zählen sicher nicht zu den günstigsten, doch von welchem Hardwarehersteller erhalten Sie heutzutage noch fünf Jahre Garantie? Außerdem versorgt AVM seine Produkte über Jahre hinweg mit neuen Firmwareversionen, die fast immer neue Funktionen mit sich bringen.

2 Firmware-Update des Heimnetzrouters

Bevor Sie nun Ihre Sipgate-Daten in den Heimnetzrouter eintragen und mit der VoIP-Telefonie starten, prüfen Sie am besten zunächst, ob ein aktuelles Firmware-Update des Herstellers vorliegt. Ein Heimnetzrouter, der zusätzlich auch noch VoIP-Telefonate entgegennimmt, sollte immer mit der aktuellen Firmware ausgestattet sein.

Bei AVM funktioniert dieses Update sehr einfach: Öffnen Sie im Browser mit *http://fritz.box* die Startseite des Routers und gehen Sie in der Spalte links auf *System/Firmware-Update*. Klicken Sie nun im rechten Bereich auf die Schaltfläche *Neue Firmware suchen*.

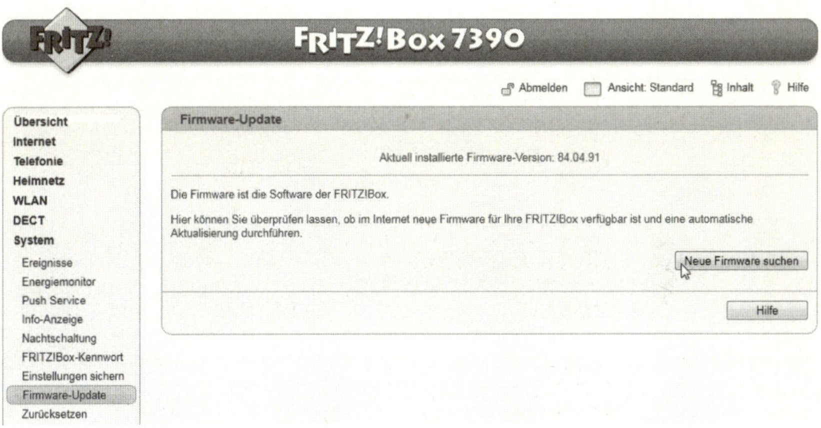

Bild 6.13: Eine aktuelle Firmware ist ein Muss für jeden Heimnetzrouter – das gilt umso mehr, wenn Sie damit Internettelefonie betreiben.

Falls tatsächlich ein neues Firmware-Update vorhanden ist, bestätigen Sie, dass Sie dieses installieren möchten. Das Herunterladen der Update-Datei und das Aufspielen auf die FRITZ!Box sind dann vollautomatische Abläufe. Nach wenigen Minuten ist Ihr Router wieder einsatzbereit. Trennen Sie ihn währenddessen bitte nicht von der Stromversorgung.

Ist kein neues Update vorhanden, klicken Sie einfach auf *OK* und nehmen nun die Eintragung für Ihren VoIP-Anschluss vor.

③ Der Eintragungsort für Ihre VoIP-Zugangsdaten

Um Ihren neuen Sipgate-Anschluss in ein FRITZ!Box-Fon-Modell einzutragen, gehen Sie in der Spalte links auf das Menü *Telefonie* und öffnen im Untermenü die Einstellung *Internettelefonie.*

Achten Sie darauf, dass im Kasten rechts die Registerkarte *Internetrufnummer* aktiviert ist. Klicken Sie nun in der rechten Ecke auf die Schaltfläche *Neue Internetrufnummer*, und das Fenster *Internetrufnummer* erscheint.

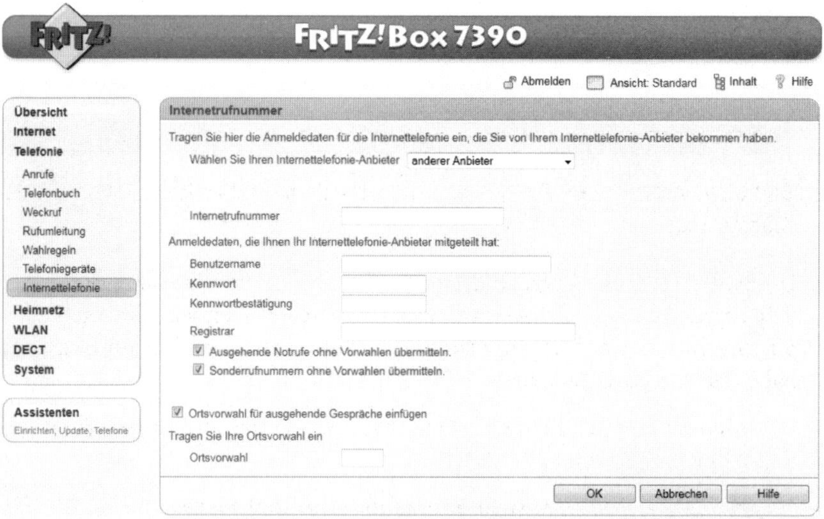

Bild 6.14: Diese Einträge sind der Schlüssel zu Ihrem neuen Telefonanschluss.

Auch hier macht es uns AVM wieder etwas einfacher, indem es bereits diverse VoIP-Anbieter samt deren Voreinstellungen (Name des Anbieters etc.) gespeichert hat – unter anderem auch Sipgate. Ersetzen Sie also zunächst im Dropdown-Menü ganz oben den voreingestellten Eintrag *anderer Anbieter* durch *sipgate*, indem Sie einfach auf den kleinen schwarzen Pfeil am rechten Rand des Eingabefelds klicken.

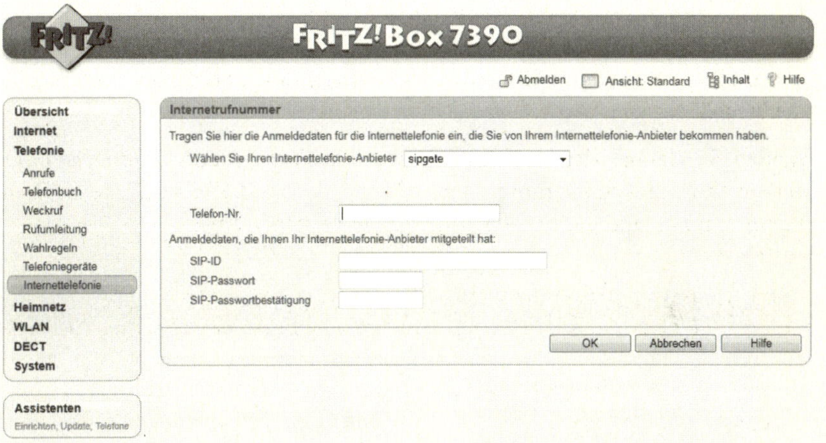

Bild 6.15: Achtung! *SIP-Passwort* und *SIP-ID* haben nichts mit den Daten aus der Sipgate-Mail zu tun.

Und wie von Zauberhand ist das Formular bereits um die Hälfte der ursprünglich vorgesehenen Einträge geschrumpft. Für die folgenden Einträge benötigen Sie nun Ihre Sipgate-Zugangsdaten, die Sie sich zuvor auf einem Zettel notiert haben, und zwar die folgenden:

- Ihren Sipgate-Usernamen (steht auf Ihrem Zettel und in der Aktivierungsmail von Sipgate),
- Ihr Sipgate-Passwort (steht nur auf Ihrem Zettel) sowie
- Ihre Telefonnummer inklusive Vorwahl (steht in der Aktivierungsmail von Sipgate).

Tragen Sie also zunächst in das erste Eingabefeld Ihre neue Sipgate Telefonnummer inklusive Vorwahl ein. Die beiden folgenden Einträge (*SIP-ID* und *SIP-Passwort*) haben allerdings nichts mit Ihrem Usernamen und Ihrem Passwort auf dem Zettel zu tun. Trotzdem benötigen Sie diese nun, um an die gewünschten Daten zu gelangen.

4 SIP-ID und SIP-Passwort in VoIP-Router übertragen

Um an SIP-ID und SIP-Passwort für Ihren VoIP-Anschluss zu gelangen, öffnen Sie ein neues Browserfenster (oder Tab) und klicken dann unter *www.sipgate.de* rechts oben auf die rote *Jetzt einloggen!*-Schaltfläche. Loggen Sie sich anschließend mit den Zugangsdaten (Username und Passwort) von Ihrem Zettel ein.

Bild 6.16: Den ursprünglich vergebenen *Usernamen* samt *Passwort* benötigen Sie nur für das Log-in zu Ihrem Sipgate-Benutzerkonto. Erst dort finden Sie dann Ihre persönliche SIP-ID und das SIP-Passwort.

In Ihrem Benutzerkonto klicken Sie nun oben rechts auf *Einstellungen.* In der folgenden Übersicht erscheinen nun alle wichtigen Zugangsdaten für Ihren VoIP- oder SIP-Account.

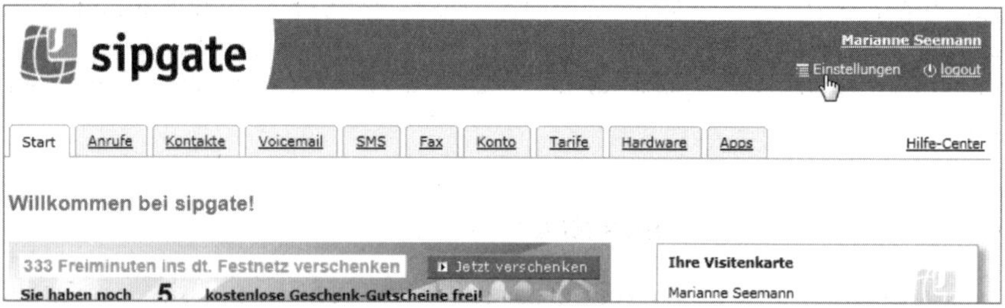

Bild 6.17: Unter *Einstellungen* in Ihrem Sipgate-Konto finden Sie sämtliche Daten, die VoIP-Endgeräte zur Verbindung mit dem VoIP-Provider eventuell benötigen könnten.

Gleich an erster Stelle finden Sie in gefetteter Schrift die SIP-ID für Ihren Telefonanschluss, direkt darunter das zugehörige SIP-Passwort. Markieren Sie nun zunächst die SIP-ID mit gedrückter linker Maustaste und kopieren Sie sie in das entsprechende Eingabefeld des anderen, noch geöffneten Browserfensters mit der FRITZ!Box-Oberfläche. Verfahren Sie danach ebenso mit dem SIP-Passwort.

Schließen Sie das Fenster mit Ihrem Sipgate-Account aber bitte noch nicht. Wir benötigen es gleich noch einmal.

Bestätigen Sie aber zunächst Ihre nun vollständigen Eingaben in der FRITZ!Box mit einem Klick auf *OK*. Das Fenster *Internetrufnummer* schließt sich, und Ihr neuer Anschluss sollte nun als aktive *Internetrufnummer* angezeigt werden.

5 **Testanruf**

Jetzt sollten Sie bereits über Ihre neue Telefonnummer erreichbar sein, sofern Sie ein Telefon an Ihre FRITZ!Box angeschlossen haben. Werfen Sie noch einmal einen kurzen Blick in den Einstellungen Ihres persönlichen Sipgate-Kontos im nach wie vor geöffneten Browserfenster nach.

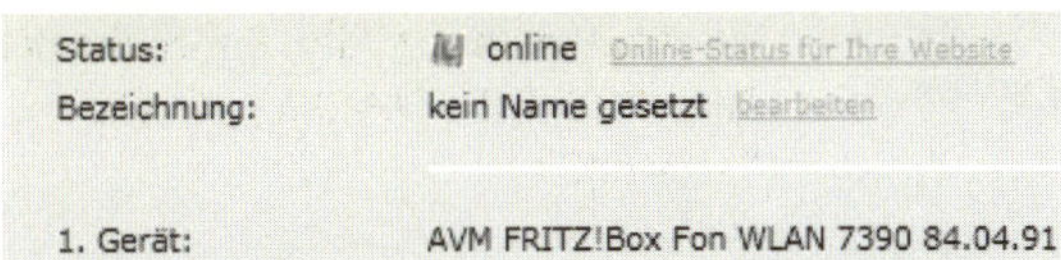

Bild 6.18: Geschafft: Ihr Anschluss ist *online* und somit auch anrufbar.

In der *SIP-Accountdaten*-Liste direkt unter *SIP-Passwort* sehen Sie den *Status*. Dieser müsste nun auf *online* gesetzt sein.

Am besten machen Sie gleich einen Praxistest. Nehmen Sie Ihr Handy zur Hand und wählen Sie Ihre neue Telefonnummer. Funktioniert alles, können Sie Ihre neue Festnetztelefonnummer gleich an alle Bekannten, Freunde und Verwandten weitergeben.

6.2 Der mobile Festnetzanschluss

Alternativ zum kostenlosen Festnetzanschluss am Router lässt sich so ein VoIP-Anschluss ebenso an einem modernen Smartphone nutzen. Der Vorteil gegenüber der Routermethode: Sie tragen das Smartphone immer bei sich und sind immer auf Ihrer Festnetznummer erreichbar, wenn Ihr Smartphone per WLAN mit einem Netzwerk verbunden ist. Dabei spielt es überhaupt keine Rolle, ob Sie sich zu Hause im eigenen Heimnetz, bei Bekannten im Nachbarort, in einem Eiscafé in Buxtehude oder im Hotelzimmer in Kalifornien eingebucht haben.

Internettelefonie über die mobile Datenflat

Doch es kommt noch besser: Denn wenn Sie möchten, können Sie den VoIP-Anschluss auch dann nutzen, wenn Sie über den UMTS-Datentarif (die Datenflat) Ihres Smartphones mit dem Internet verbunden sind. Denn VoIP funktioniert über jeden Internetzugang, ganz egal ob die Verbindung über DSL, TV-Kabel oder eben UMTS-Mobilfunk realisiert wird.

Damit wären Sie also immer über Ihre Sipgate-Festnetznummer erreichbar, wenn Sie mit Ihrem Smartphone UMTS-Empfang haben. Und falls Sie bei Ihrem VoIP-Provider ein Guthaben eingerichtet haben, könnten Sie dann sogar zu sehr viel günstigeren Tarifen telefonieren als über den herkömmlichen Mobiltelefonanschluss Ihrer Smartphone-SIM-Karte.

Das wiederum ist den Mobilfunknetzbetreibern natürlich ein Dorn im Auge, denn schließlich soll der Smartphone-Nutzer seine Telefonate ja über den teureren Mobilfunksprachtarif führen und nicht über den deutlich günstigeren Umweg über VoIP. Doch niemand hindert Sie daran, es einmal auszuprobieren – zumal Sie der Versuch ja nicht das Geringste kostet.

Sipgate-App: Vorher VoIP deaktivieren

Machen Sie die Probe aufs Exempel und installieren Sie sich die Sipgate-App auf Ihrem Smartphone – natürlich ebenfalls kostenlos. Wer zuvor seinen VoIP-Anschluss wie im Abschnitt »Festnetztelefonie ohne Festnetz« weiter oben beschrieben auf der FRITZ!Box eingerichtet hat, sollte seinen Anschluss dort vorübergehend deaktivieren.

Gehen Sie dazu wieder in die Benutzeroberfläche Ihrer FRITZ!Box Fon und wechseln Sie erneut in die Rubrik *Telefonie/Internettelefonie.*

Entfernen Sie im Bereich *Internetrufnummern* einfach das Häkchen in der Spalte *Aktiv* vor dem Anschluss mit Ihrer Internettelefonnummer. Bestätigen Sie die Änderung mit einem Klick auf *Übernehmen.* Damit ist Ihr VoIP-Anschluss in der FRITZ!Box deaktiviert.

Sipgate-App herunterladen

Der VoIP-Provider Sipgate bietet einen eigenen App-Bereich mit allen wichtigen und nützlichen Informationen zum Thema an. In diese Rubrik gelangen Sie zwar auch über den öffentlichen Homepage-Bereich, wir wählen jedoch den Weg über Ihr persönliches Sipgate-Konto.

1 App-Übersicht im Kundenbereich
Loggen Sie sich also mit Ihren Zugangsdaten in den Kundenbereich von Sipgate ein und wählen Sie oben rechts in der Kopfleiste das Register *Apps*.

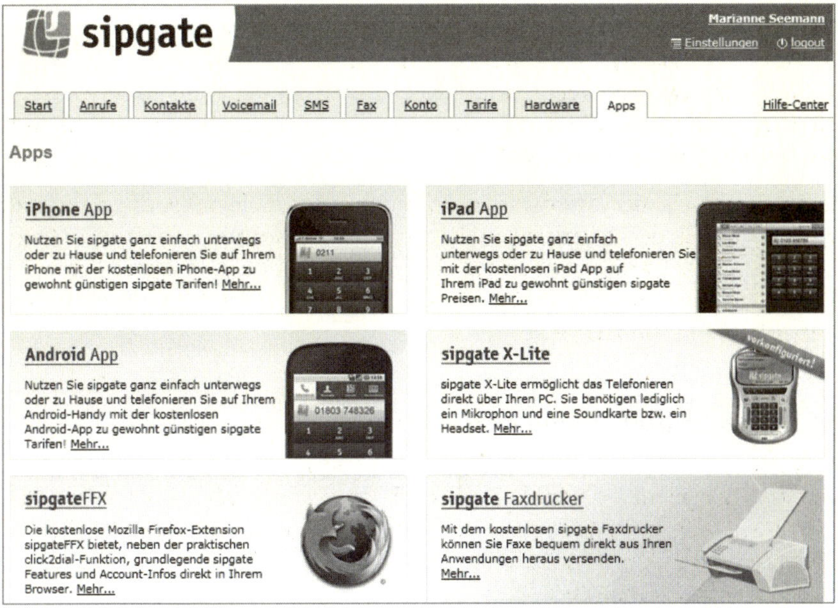

Bild 6.19: Sipgate bietet in seinem Kundenbereich Applikationen für iPhone, iPad und Android-Smartphones an.

Im Folgenden beschreibe ich die Installation der *Android App* auf einem Android-Smartphone. Allerdings dürfte die Einrichtung des VoIP-Clients auf den Geräten von Apple ebenso schnell und leicht nach dem gewohnten App-Installationsschema verlaufen.

Nach einem Klick auf den Link *Android App* erfährt man im folgenden Fenster, dass Sipgates VoIP-App erst ab der Android-Version 2.1 funktioniert. Ist auf Ihrem Smartphone diese oder eine aktuellere Version installiert, klicken Sie auf die Schaltfläche *Im Market herunterladen.*

2 App herunterladen und installieren
Im folgenden Fenster erscheint bereits der Download-Link im *Android Market.* Eventuell müssen Sie sich vorher noch mit Ihren Google-Zugangsdaten im Market einloggen.

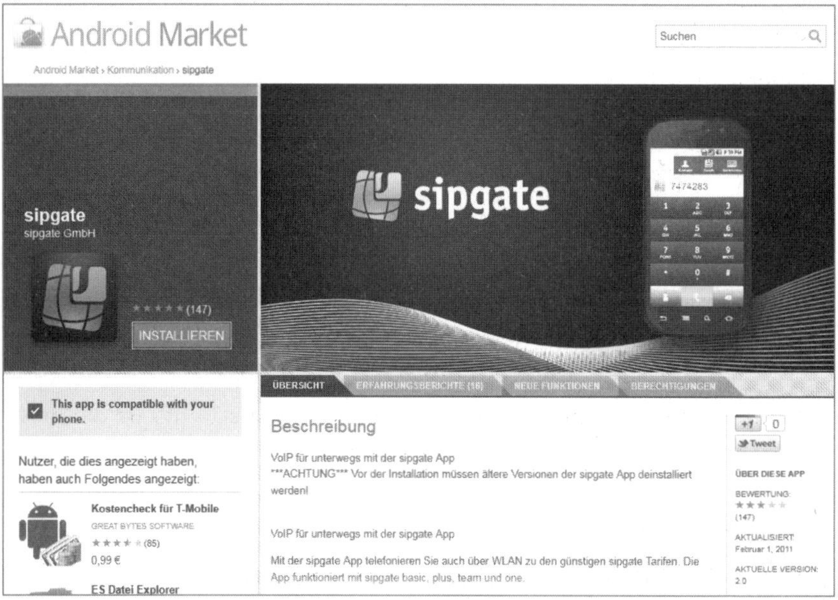

Bild 6.20: Der Download der Sipgate-App auf das Smartphone lässt sich praktischerweise direkt aus dem Browser Ihres Rechners heraus starten.

Nach einem Klick auf *Installieren* weist Sipgate in einer recht langen Liste auf alle notwendigen Zugriffsberechtigungen der App hin. Klicken Sie im Anschluss erneut auf *Installieren.*

Nun wird der Download-Vorgang auf Ihr Smartphone in Gang gesetzt. Eventuell müssen Sie sich nun noch einige Minuten gedulden, bis Ihr Smartphone schließlich mit dem Herunterladen beginnt.

3 Anmeldung des Sipgate-Kontos im Smartphone
Download und Installation der Sipgate-App auf Ihr Smartphone laufen vollautomatisch ab. Sind diese beiden Vorgänge erfolgreich abgeschlossen, öffnen Sie die App namens *sipgate* auf Ihrem Smartphone das erste Mal.

Und hier kommt gleich die erste Überraschung: Die App verlangt nur nach Ihrem Webbenutzernamen (*Username*) samt Passwort, also nach den Zugangsdaten zu Ihrem Sipgate-Log-in-Bereich. Nach einer SIP-ID und einem SIP-Passwort wird also gar nicht erst gefragt.

Tippen Sie Ihre Zugangsdaten für das Sipgate-Log-in in Ihr Smartphone ein und bestätigen Sie mit *OK*.

4 **Empfangsbereit**
Kurz darauf erscheint die Abfrage *Wählen Sie ein Telefon*, und eine Nummer (Ihre SIP-ID übrigens) wird angezeigt. Das ergibt Sinn, wenn Sie als zahlender Kunde mehrere VoIP-Anschlüsse bei Sipgate angemeldet haben.

In Ihrem Fall fällt die Wahl jedoch nicht sonderlich schwer, da Sie sowieso nur diesen einen Anschluss zur Verfügung haben.

Nach einer Bestätigung mit *OK* erscheint bereits die Wähloberfläche Ihrer VoIP-Telefon-App samt Ziffernblock, und Sie können über Ihr Smartphone Gespräche über Ihre Sipgate-Telefonnummer empfangen.

Anrufe tätigen können Sie nur, wenn Sie Ihr Prepaid-Konto im persönlichen Log-in-Bereich entsprechend aufgefüllt haben.

Bild 6.21: So präsentiert sich Ihr VoIP-Telefon von Sipgate in einem Android-Smartphone. (Quelle: *www.sipgate.de*)

6.3 Auf Festnetz über UMTS umschalten

Momentan sind Sie mit Ihrer Sipgate-Festnetztelefonnummer immer dann erreichbar, wenn Sie mit Ihrem Smartphone über WLAN mit dem Internet verbunden sind. Diese Einstellung erweitern Sie jetzt noch um den mobilen Internetzugang UMTS. Alles, was Sie hierzu erledigen müssen, ist eine kleine Änderung in den Einstellungen Ihrer Sipgate-App im Smartphone.

1 **Einstellungen-Menü**
Dazu betätigen Sie bei geöffneter Sipgate-App die Einstellungen-Taste auf Ihrem Smartphone. Diese befindet sich am unteren Handyrand und ist durch ein Listensymbol gekennzeichnet. Im unten abgebildeten Smartphone ist es das zweite Symbol von links. Die Position dieser Taste kann jedoch von Modell zu Modell variieren.

Im Anschluss erscheint ein kleines Menü, in dem Sie die Rubrik *Einstellungen* wählen. Nun erscheint das Menü, das in der Abbildung dargestellt wird.

Bild 6.22: Hier ist die VoIP-Telefonie über UMTS bereits aktiviert. (Quelle: *www.sipgate.de*)

2 **VoIP über UMTS (3G) aktivieren**
Aktivieren Sie in diesem Menü die Einstellung *VoIP via 3G*, sodass hinter dieser Einstellung ebenso wie in der Abbildung ein grünes Häkchen zu sehen ist. Zuvor erscheint die Meldung, dass *Datentransfer über das 3G-Netz mit Kosten verbunden sein kann*, die Sie mit *OK* bestätigen.

Die App möchte Sie darauf aufmerksam machen, dass VoIP-Telefonate über die UMTS-Datenleitung Ihres Handytarifs immer Traffic erzeugen und Sie mit jedem Telefonat von Ihrem monatlich zur Verfügung stehenden Volumentarif Ihres UMTS-Providers zehren. Diesen Traffic verbrauchen Sie übrigens auch dann, wenn Sie selbst nicht anrufen, sondern angerufen werden.

Behalten Sie deshalb immer den Verbrauch Ihres monatlichen Übertragungsvolumens im Auge. Verwenden Sie hierzu eine andere App wie zum Beispiel den »3G Watchdog«, den Sie sich ebenfalls kostenlos im Android Market herunterladen können.

Nicht jede App ist auf Stein gebaut

Bei der Nutzung der Sipgate-App, und vermutlich auch bei den Apps der meisten alternativen VoIP-Anbieter (Skype etc.), lässt es sich aktuell nicht vermeiden, dass Sie hin und wieder mit kleineren Verbindungsproblemen rechnen müssen oder dass Sie kurzfristig nicht erreichbar sind.

Gerade auch bei der Vielfalt der (Android-)Smartphones wird es immer wieder Modelle geben, die mit bestimmten Apps schlecht oder überhaupt nicht klarkommen. Hier sollten Sie Nachsicht walten lassen. Vor allem die hier vorgestellte Funktion der VoIP-Telefonie über eine Mobilfunkdatenverbindung ist eine verbindungstechnische Glanzleistung, deren Gelingen von sehr vielen Faktoren abhängt.

Sehen Sie sich einfach als einen Anwender, der durch das Ausprobieren dieser Funktionen mit ein kleines Stück Pionierarbeit leistet und zur weiteren Verbesserung der Funktionalität beiträgt.

Und bedenken Sie auch, dass Sie die meisten dieser Funktionen kostenlos nutzen können. Wenn Ihnen eine nicht zusagt, deinstallieren Sie sie einfach wieder – und probieren eine andere App aus. Es gibt jede Menge zu entdecken, und ich wünsche Ihnen viel Spaß dabei.

Stichwortverzeichnis

W

Z